Art
Thinking

창조적 습관을 만드는 예술적 생각법

Art Thinking

아트씽킹 에이미 휘태커 | 정지현 옮김

예문아카이브

일러두기

✚ 책 제목은《 》, 신문·방송·잡지·논문·연극·영화·노래·웹사이트 이름은〈 〉, 신문·잡지의 기사 제목은 " "
　로 묶어 표기했습니다.

✚ 외국 인명·지명·작품명의 독음은 외래어 표기법을 따르는 것을 원칙으로 했으나 비영어권 국가의 경
　우 현지 발음에 최대한 가깝게 표기했습니다.

내가 어떻게 예술가가 됐는지는 기억나지 않지만
예술가가 되겠다고 하니 사람들이 말린 것은 기억납니다.

_비크 무니스(Vik Muniz), 예술가

C O N T E N T S

어떤 삶을 선택할 것인가

이상적인 의식 상태가
되기만을 기다리지 마라.
현재의 수단과 그것이 만드는 실수로
시작해야만 한다.

_요제프 보이스(Joseph Beuys), 예술가

8

나는 어릴 때 '직업(job)'이 무슨 뜻인지 완전히 이해할 수 없었다. 부모님은 특이할 정도로 직업에 대한 열정이 대단했는데, 신경학자였던 아버지는 계좌 비밀번호를 '가장 좋아하는 효소'의 단백질 시퀀스(sequence)로 설정할 정도였다. 또 작업 속도를 느리게 한다며 점심을 거의 먹지 않았다. 중세사학자였던 어머니 역시 대학원 때 매일 점심을 거르면서 채식 필사본을 살폈다.

한번은 누군가가 아버지에게 어머니와 하는 일이 그렇게 다른 데도 사이가 좋은 비결을 물었다. 그러자 아버지는 '생명을 구하는 일'

을 하고, 어머니는 '구할 가치가 있는 삶을 만드는 일'을 한다고 대답했다. 보기만큼 완전히 다른 직업은 아니라고 말이다. 사실 부모님의 역할은 항상 바뀌었다. 아버지는 편두통이나 신체장애처럼 예측 불가능한 신경 손상을 줄여서 질적인 삶을 살 수 있도록 도와줬고, 어머니는 사람들에게 '완전한 문장으로 글쓰기' 같은 기본적인 삶의 기술을 가르쳐줬다.

내 부모의 경우처럼 생명을 구하거나 구할 가치 있는 삶을 만드는 직업은 과학과 문학이라는 상반된 관계를 묘사한다. 언뜻 보면 하나의 필수 요소에 나머지는 여가생활 같지만 사실 둘을 나누기는 어렵다.

2008년 1월 17일, 영국 항공의 조종사 존 코워드(John Coward)가 보잉 777기를 런던 히드로 공항에 착륙시켰다. 항공기는 중국에서 출발해 10시간 넘게 비행했다. 그런데 비행의 마지막 2분을 앞두고 엔진이 고장 났다. 코워드는 기장과 함께 신속하게 날개 플랩을 조정하고 공항 주변의 울타리 바로 위쪽으로 방향을 틀어 잔디 위에 동체 착륙을 했다. 다행히 심각한 부상을 입은 사람은 한 명도 없었다.

항공 전문가 필립 버터워스-헤이즈(Phillip Butterworth-Hayes)는 "조종사들이 훈련받지 않은 상황이고, 비상 장치가 전혀 도움 되지 않는 상황에서 잘 대처했다"고 말했다. 코워드는 미지의 영역에서 분석적이고도 창조적으로 행동했다. 150톤의 비행기는 과학기술이 만들어 낸 걸작이지만, 안전하게 착륙하려면 비행의 물리학에 독창성과 민첩성이라는 인간적인 도구와 협상할 필요가 있다. 영국항공조종사협회(British Airline Pilots Association)의 말처럼 코워드와 승객들을 잘 대피시킨 승무원들은 "특별한 일을 해낸 평범한 사람들"이었다.

MFA는 새로운 MBA

통계적으로 스페셜리스트 (specialist) 부모를 둔 아이들이 대개 그러하듯 나와 형제들은 제너럴리스트(generalist)가 됐다. 오빠는 군국주의적인 면이 있지만 기지를 지닌 경영인 유형이었고, 여동생은 진취적인 성격으로 마케팅과 비즈니스 기획 분야에 몸담았다. 그리고 나는 만물박사 유형으로 성장해서 예술가이자 작가, 경영학을 가르치는 교수가 됐다.

나는 어려서부터 그림 그리기를 좋아했지만, 그림으로 먹고 살기가 힘들 것이라고 생각했다. '생명 구하기와 구할 가치 있는 삶 만들기'라는 도덕적 문제들이 존재한다고 해도 공무원이 도로 수리와 암 연구, 예술 교육의 예산 순위를 정한다면 무엇이 제일 꼴찌일지 어렵지 않게 알 수 있었다. 아픈 사람을 돕거나 고장 난 것을 고치는 일은 즉각적인 필요성이 명백하게 보인다. 하지만 장기적으로 보면 예술은 상상이고, 상상은 암 치료법 같은 발명과 일치한다. 또한 창의성은 도로 건설을 가능하게 한 경제적 성공의 이면이다. 구할 가치 있는 삶을 만드는 것도 꼭 필요한 일이라는 의미다. 예술과 과학, 여가와 노동, 발명과 실행은 모두 동일한 시스템을 이루고 있다.

나는 대학을 졸업한 후 미술관에서 일하기 시작했다. 상상력을 다루는 곳이라고 생각했기 때문이다. 그런데 미술관의 운영 원리가 사실은 경제와 크게 관련돼 있다는 것을 알게 됐고, 미술관 관리자가 되겠다는 목표로 경영대학원에 들어갔다. 그러나 경영대학원을 졸업한 2001년 여름, 내 삶은 완전히 무너져 내렸다. 아버지가 갑작스레 돌아가셨고, 확정된 대기업 취업이 취소됐으며, 9.11 테러가 일어났다. 힘든 시기를 보내고 1년 후, 런던대학교 슬레이드미술대학원(Slade

School of Fine Art)의 회화 전공 MFA(Master of Fine Arts, 미술학 석사학위-옮긴이) 과정에 지원했다. 일을 위한 결정이자 내 삶을 위한 결정이었다.

내가 미술대학원을 졸업한 2004년에 다니엘 핑크(Daniel H. Pink)가 〈하버드비즈니스리뷰〉에서 "MFA는 새로운 MBA"라고 말했다. CNBC 〈매드머니(Mad Money)〉의 사회자이자 시장 분석가인 제임스 J. 크레이머(James J. Cramer)는 "월스트리트 저널리스트들은 위대한 모더니즘 작가들처럼 저평가된 AT&T 주가를 누구보다 먼저 발견할 수 있도록 미술 학위를 받아야 한다"고 주장했다.

경영대학원과 미술대학원의 문화는 익살맞다고 할 정도로 완전히 달랐다. 경영대학원은 인구 통계나 치약 마케팅에 똑같이 적용할 법한 일반적인 프레임워크로 가득했다. 내 면접용 정장은 감색에 아무런 특징이 없어서 비닐로 된 항공사 날개를 옷깃에 달아 할로윈 의상으로 수선해서 입을 정도였다. 반면 미술대학원은 패턴이 없는 특이한 사건들로 가득했다. 하루는 대학 건물의 꼭대기를 올라가고 있는데, 장엄하고 낡은 대리석 층계참에 누군가 "엉덩이에 넣어주세요!"라고 쓴 바나나를 놓아두었다. 이곳에서 정장을 입는 사람은 화가 닉 브라운(Nick Brown)뿐이었다. 그것도 스리피스 연미복 차림으로 벌레스크(burlesque) 스트립 클럽에서 밤새 있다가 작업실로 와서 그림을 그릴 때뿐이었다.

MBA에 이어 MFA까지 취득하게 돼 스스로도 놀랐지만, 더 놀라운 것은 '누구에게나 창의성과 비즈니스가 밀접하게 연결돼 있다'는 깨달음이었다.

이 책은 창의성이 중요한 예술이 비즈니스와 연결된다는 사실에 대한 명상이자 매뉴얼이고, 선언문이자 열렬한 사랑 이야기다. 실패할 수 있는 예술의 세계와 일을 끝내는 것에 그치지 않고 조직의 성장에 기여해야 한다는 구조적인 압박감이 있는 일의 세계 안에 '창조 공간'이 마련돼야 한다는 이야기이기도 하다. 즉 시장 경제의 실질적인 제약 속에서 독창적이고 의미 있는 삶을 만드는 방법에 관한 책이다.

나는 10년 이상 예술과 비즈니스라는 너무도 다른 두 세계에서 일하고 놀면서 그 둘이 하나로 합쳐질 때 최상의 결과가 만들어진다는 결론에 이르렀다. 결국 비즈니스는 '힘'을, 예술은 '유연성'을 상징한다. 운동선수 같은 전인적 인간이 되려면 힘과 유연함이 모두 필요한 것처럼 말이다. 예술과 비즈니스, 또는 발명과 실행을 융합하는 방법은 이 책의 끝부분에 이르러 여러 질문에서 나올 것이다.

∧∧ 예술이란 무엇인가

예술과 비즈니스를 함께 논하려면 우선 예술에 대한 다각도의 날카로운 정의가 필요하다.

전통적으로 '예술(art)'은 그림이나 조각 같은 대상을 뜻했지만, 최근에는 미술관이나 박물관에서 골똘히 쳐다보게 만드는 대단히 개념적이거나 단순화된 작품까지 포함시킨다. 예술에 대한 정의와 혼란은 새로운 것이 아니다. 1926년 콘스탄틴 브랑쿠시(Constantin Brancusi)의 조각품 〈공간의 새(Bird in Space)〉는 세관에서 '조리 기구 및 병원 용품'으로 분류됐다. "세상 모든 사람이 예술가"라고 주장한 것으로 유명한 독일의 화가 요제프 보이스는 1974년 뉴욕에서 3일 동안 담요를 두르고 살아있는 코요테와 지팡이, 〈월스트리트저널〉이 있는 방에서 창

밖을 바라보는 행위예술 작품을 만들었다. 내가 말하는 예술은 신문
과 동물이 있는 공간에 자신을 가둬두라는 뜻이 아니다.

　독일 철학자 마르틴 하이데거(Martin Heidegger)는 1947년에 발표
한 《예술 작품의 근원(The Origin of the Work of Art)》이라는 에세이에
서 예술의 범주를 규정하려고 했다. 그것이 얼마나 힘든 일인지에 대
한 증거로 하이데거는 1930년부터 1960년까지 내용을 거듭 가다듬
으면서 주기적으로 재출간했다. 나 역시도 예술을 정의하는 것이 무
척이나 힘든 일이라고 생각한다. 그도 그럴 것이 하이데거는 1976년
에 사망해서야 비로소 그 일을 그만두었기 때문이다.

**예술 작품은 세상을 바꾸는 새로운 무언가가 그 자체로서 존재하도록 허용
하는 것이다.**

이것이 하이데거가 마지막으로 내린 예술의 정의였다.

⋀⋀ 공간을 만들면
새로운 세계가 열린다

삶의 어떤 분야에서든 예술 작품을 만드는 것은 알려진 A 지점에서 새로운 A 지점으로 이동하는 것이 아니다. A 지점과 전혀 다른 새로운 'B 지점'을 만든다는 뜻이다. 회사나 학교, 집, 어디든 자신이 존재하는 곳에서 오직 스스로를 위한 공간이 마련돼야 새로운 무언가를 만들 수 있다. 그 공간을 만드는 행동은 크든 작든 세상을 바꾼다.

이런 정의에서 본다면 예술은 '물체(object)'라기보다 탐구하는 '과정(process)'에 더 가까워진다. 예술 세계 안에는 예술 시장에서 거래되는 고급 브랜드 상품들이 존재한다. 화폐 기능을 대신할 만큼 잘 알려지고 희귀성을 적절히 갖춘 예술품들 말이다. 그러나 반대로 컴퓨터와 비행기, 경영 모델, 암 치료제, 전자제품 등 발명은 예술 세계의 바깥에도 수많은 예술이 존재한다는 것을 말해준다.

⋀⋀ 혁신이 필요한 이유

비즈니스에서는 상품에 가격을 매기기 위해 가치를 미리 파악하는 것이 매우 중요하다. 하지만 삶의 어떤 영역이든 상관없이 B 지점을 만들 때는 A 지점에서 돈과 시간, 노력을 투자하는 순간에도 어떤 결과가 나올지 알 수 없다. 이것이 비즈니스의 모순이다. 경제의 핵심인 효율성 고도화와 생산성은 조직이 일정하게 유지되는 순항고도에 있을 때 가장 효과적이지만, 처음부터 비행기를 하늘로 띄울 수는 없다. 다시 말하자면 비즈니스의 역사, 즉 인류가 지금에 이르게 된 과정은 창의적인 발명과 개방적인 실행에 있다. 그런데 현재의 비즈니스 구조는 그 일을 어렵게 만든다.

혁신은 오랫동안 비즈니스 이론의 일부분이었다. 이론경제학자 조지프 슘페터(Joseph Schumpeter)는 1942년에 변화와 재발명의 지속적인 필요성을 나타내는 '창조적 파괴(Creative destruction)'라는 용어를 만들었다. 슘페터는 자본주의가 변화에 의존한다고 주장하며, 계속 똑같은 일을 하는 기업은 결국 파산할 수밖에 없다고 말했다. 발명은 생존에 필수적이다. 새로운 것을 만들지 않고 기존의 성공 패턴만 따라간다면 성장에 한계가 온다. 처음 패턴을 고안한 사람들이 일을 시작했을 때만 해도 견본이 존재하지 않았다. 1억 달러의 매출을 올린 사람을 똑같이 따라한다고 해도 똑같은 결과가 보장되지는 않는다. 모방은 창조의 시작이 될 수 있지만, 지속적으로 나아가는 것에는 무리가 따른다는 말이다.

변화와 재발명은 장기적인 성공에 필수적이다. 경제학자는 아웃풋(산출량)에 대한 인풋(노동과 자본)을 추적해 경제 성장을 계산하고, 아웃풋은 국내총생산(GDP)으로 측정된다. 자본과 노동을 차지하지 않는 GDP는 혁신으로 여겨진다. 미국과 영국에서 측정할 수 없는 상당수의 액수가 GDP의 절반 이상에 해당한다. 한마디로 투입된 자본과 노동 이상의 것, 즉 혁신이 세상을 돌아가게 만든다.

다르게 설명하자면 기업은 두 가지 수단에 따라 성장할 수 있다는 의미다. 우선 가장 효율적인 생산 수준을 확장해서 성장할 수 있다. 또는 발명의 연금술을 통해 예술적으로 성장할 수 있다.

⋀⋀ 효율성과 가치의 발견

비즈니스 구조와 예술의 개방된 프로세스 사이의 마찰은 두 가지 알레고리에서 나온다. 하나는 핀, 또 하나는 연필인데, 전자는 '효율성'을, 후자는 '가치'에 관한 것이다.

경제학의 아버지라고 불리는 애덤 스미스(Adam Smith)는 1776년에 발표한《국부론》에서 핀 공장을 방문했다가 한 노동자가 핀 하나를 혼자 만들면 하루에 20개를 만들 수 있지만, 핀 만드는 공정을 열명이 나누면 하루에 한 명당 4,800개를 만들 수 있다는 사실을 이야기했다. 무려 240배나 차이가 난다. 노동 분업은 핀을 빨리 만들게 해주지만 더 나은 핀을 만들거나 새로운 모양의 핀을 만드는 방법을 찾도록 해주지는 않는다. '핀'이 무엇을 상징하든 말이다.

연필 이야기는 레너드 리드(Leonard Read)가 1958년에 쓴 에세이《나, 연필(I, Pencil)》에 나온다. 이 책은 연필이 만들어지는 과정을 연필의 관점에서 투영하듯이 보여준다. 결론은 절대로 한 사람이 연필을 만들 수 없다는 것이다. 밀턴 프리드먼(Milton Friedman)이 1980년에 인용했던 '비용 시스템의 마법(magic of the price system)'만이 벌목꾼, 광부, 가마꾼, 칠장이 등 여러 행위자의 일을 합쳐준다. 비용 시스템이 효과적일 수 있는 이유는 가격이 가치를 상징한다는 믿음 때문이다.

하지만 무언가를 처음 만들 때는 그 가치를 미리 알기가 어렵다.

핀은 깊이에 대한 이야기다. 한 가지 일만 하면 빨리, 더 많이 만들 수 있다. 그런가 하면 연필은 너비에 대한 이야기다. 작은 부분을 여러 개 연결하고 조화시켜서 가치 있는 온전한 하나를 만들 수 있다. 핀과 연필은 실행의 효율성과 가치의 가능성을 설명해준다. 하지만 B 지점을 발명하는 일이 복잡하고 불확실하다는 사실 또한 말해준다.

전통적인 정의에 따르자면 예술 자체는 효율성이라는 개념을 뒤죽박죽으로 만든 오랜 역사를 가지고 있다. 사진술의 발명 이후로 그림은 의도된 비효율적 행위가 됐다. 정보화 시대는 애초에 효율성의 의미를 바꿔놓았다. 성공한 패션 브랜드인 자라(Zara)는 공장을 최대한으로 가동하지 않는다. 트렌드에 빠르게 반응할 수 있도록 공장의 가동 능력을 50~85퍼센트 정도 보류해둔다. 매장들로부터 잘 팔리는 제품에 대한 피드백을 받아서 여분의 가동 능력으로 인기 제품을 더 많이 생산하는 것이다. 여기서 효율성은 측면이 된다. 복잡한 시스템을 조직화하는 능력이 신속한 생산만큼 중요해졌다.

핀과 연필 이야기는 희귀 자원에서 가치를 뽑아내는 마법의 형태로 이어지거나 고개 숙인 채 자기가 맡은 단계를 작업하게 해주는 컨베이어처럼 창조와 발명의 역할을 보여준다. '아트씽킹(Art Thinking)'은 핀과 연필의 'before' 그림, 즉 왓슨과 크릭이 이중나선구조가 무엇이고 왜 중요한지 몰랐을 때처럼 창조와 발명이 만들어지기 전의 빈 공간의 가치를 알고 보호한다. 빈 공간을 보호하는 일은 새로운 것을 채우기 위한 지극히 인간적이지만 시장에 꼭 필요한 도구다.

〰 아트씽킹의
7가지 프레임워크

한마디로 아트씽킹은 탐구를 위한 '공간'을 지키는 프레임워크이자 창조적 습관이다. 공중에 붕 뜬 혁신을 추구하면서도 현실에 근거하는 커다란 꿈을 꾸게 해준다. 실패 위험도 있지만 개방적인 탐구를 조직하고, 그런 공간을 마련해 처음에는 엉성할지라도 중요한 질문을 거침없이 던짐으로써 앞으로 나아가게 해준다. 이 공간에서는 답을 찾는 것이 크게 중요하지 않다. 불확실함 속에서도 낙관적인 생각과 태도를 잃지 않고 꾸준히 앞으로 나아가는 것을 목표로 한다.

이런 사고방식을 갖춘다면 분명 새로운 것을 발견하고 만드는 과정을 진전시킬 수 있다. 아트씽킹은 경영 프레임워크의 내부에서 리스크와 수익, 투자 도구를 활용하기도 한다. 예술적 사고와 비즈니스 도구가 모여 미래의 취약성과 위험, 실질적인 실패, 타협에서 당신이 원하는 열린 삶과 일의 창조에 따르는 과정을 지원한다.

이 책에서 소개하는 일곱 가지 아트씽킹은 예술적 사고와 비즈니스 도구를 활용해 성취와 창조에 이르는 단계를 효과적으로 따라갈 수 있게 안내한다.

1. 넓게 보기: 줌 아웃을 통해 사고의 지평을 넓혀라

경제 이론은 객체에 근거한 효율적인 상품 생산의 모델을 제공하지만, 당신의 삶은 객체 주변을 이루는 전반적인 생태계다. 따라서 일과 여가는 분리되지 않는다. 여가 시간에도 일하라는 의미가 아니라 기회와 발견은 때를 가리지 않는다는 말이다.

풍선 카테터(balloon catheter)라는 의료 기구를 발명한 토머스 포가티(Thomas Fogarty)처럼 혁신적인 아이디어는 어디에서나 나올 수 있다. 그러기 위해서는 '스튜디오 타임(studio time)'을 습관화해야 한다. 자신의 한계를 넘어 진가를 발휘할 수 있는 시간이나 빈 공간을 남겨두는 방법이다. 그 장점을 완전하게 활용하려면 모순적이지만 시간 낭비라는 생각이 들 정도로 목표 완수와 효율성에 대한 집착을 유연하게 늦출 필요가 있다.

2. 과정 즐기기: 과정에 집중하고 다른 사람과 비교하지 마라

하퍼 리(Harper Lee)의 소설 《앵무새 죽이기(To kill a Mockingbird)》는 출간하자마자 4천만 부 이상 팔리며 퓰리처상을 수상하고, 그레고리 펙(Gregory Peck) 주연의 영화로 만들어지는 등 당대 최고의 걸작이었다. 하지만 리는 소설을 쓰기까지 수년간 항공사 예약 창구 직원으로 일했고, 소설을 쓸 때는 책상에 앉아 있으라 청바지 세 벌이 닳았다고 한다.

우리는 타인의 창작물을 볼 때 '완성된 이후'라는 외부적 관점으로 보게 된다. 반면 자신의 프로젝트가 진행 중일 때는 고전을 면치 못하고 있는 '내부적 관점'으로 보게 된다. 이러한 선입견을 이겨내려면 평가와의 관계를 바꾸고, 아직 끝에 이르지 않았다는 구조적 취약성을 받아들이는 생각의 전환이 필요하다.

3. 등대 찾기: 앞으로 인도해주는 질문을 정하라

앞이 제대로 보이지 않는 캄캄한 과정에 놓여 있을 때 길을 찾는 방법
은 '질문'에서 시작돼야 한다. 질문은 당신을 앞으로, 결과적으로는 'B
지점'으로 인도해주는 등대가 된다. 육상 1,600미터 경기에서 마의 4
분이라는 장벽을 깨뜨린 로저 배니스터(Roger Bannister)가 그랬듯 등
대는 "과연 가능할까?"라는 의심과 편견, 생각에서 나올 수 있다. 또
는 당신이 일하는 조직의 목적이나 개인의 경험과 지식에서 비롯될
수도 있다.

영화에서 플롯을 전개해주는 질문은 스토리 자체보다 심오하다.
시나리오 용어로 '중요한 극적 의문(major dramatic question, MDQ)'이라
고 한다. 당신의 등대가 되는 질문도 심오하다. 개인의 진정성과 외부
적 상황을 연결시켜서 인생의 플롯을 전개시켜주기 때문이다.

4. 보트 만들기: 안전하게 리스크를 관리하라

길을 인도해주는 등대가 있더라도 위험을 무릅쓰고 예술적 탐구에
시간과 자원을 투자해야 한다. 그런 결정을 어떻게 내리는가? 비즈
니스의 도구가 필요하다. 등대 기반의 프로젝트를 '포트폴리오 사고

(portfolio thinking)'와 '소유 지분(ownership stakes)' 관점에서 생각해야 한다. 단기적으로는 한 분야에서 나오는 고정 수익이 다른 분야의 투자를 지원해줄 수 있고, 장기적으로는 포트폴리오를 리스크가 있는 소득과 리스크가 적은 소득으로 섞어 위험에서 분산시켜줄 수 있다.

예술가들이 그렇듯 당신도 뭔가를 시작할 때 초기 단계에 필요한 자금을 조달해야 할 수 있다. 수익을 거두려면 어떤 형태로든 지분을 소유할 필요가 있다. 수익을 위한 계획은 매우 중요하다. 창조적인 작업의 경우 리스크가 대부분 실패로 표현되기 때문이다. 하지만 실패는 리스크의 한 유형일 뿐이다. 진정한 리스크 관리는 성공 가능성에 대한 계획을 잘 세운다는 뜻이기도 하다. 리스크를 잘 관리하려면 가장 불확실한 프로젝트를 고정 수익이 나오는 분야와 비교해봐야 한다. 또한 자신의 권리를 취득해 창작물에 대한 대가를 지불받는 방법이 필요하다.

실제로 대부분의 산업에서 소유권의 구조는 시대에 뒤떨어져 있다. 저작권 사용료를 받는 작곡가나 작가, 지분을 받는 기업가들을 제외하고는 창작물에 대한 정당한 몫을 소유하지 못하는 사람들이 많다. 소유 지분은 아직 알지 못하는 가치를 좀 더 쉽게 배정하도록 해준다.

5. 함께하기: 충분히 좋은 관리자가 되라

아트씽킹이 조직 환경에서 번성하려면 창조적 작업에 유리한 환경을 만들어야 한다. 예술학교 선생이나 가이드 같은 관리자가 필요하다. 그리고 애니메이션 스튜디오 픽사(Pixar) 같은 성공한 기업의 사례에서 보듯 동료(친구)가 필요하다.

동료는 당신의 분야를 이해하면서도 우정으로 연결될 수 있는 훌륭한 협력자다. 당신은 동료와 함께 창조의 이상과 실행의 현실을 연결할 수 있는 구체적 역할을 지정할 수 있다. 컴퓨터 프로그래머들이 사용하는 프로젝트 관리 도구를 이용하면 역할을 지정하고, 단계별 목표를 정의하는 데 용이하며, 개방적인 질문의 확장으로 더 큰 규모의 프로젝트를 조직할 수 있다.

6. 집 짓기: 예술적 비즈니스 모델을 만들어라

이 세상 모든 것에는 '비용 구조'가 있다. 의식주나 전자기기, 컨설팅 보고서, 대학교 등록금은 물론이고, 상업적이거나 애정에서 비롯된 창작물도 마찬가지다.

이런 것들의 생산은 고정비와 변동비로 이뤄진다. 고정비는 안경 몇 개를 생산하든 단기적으로 변화가 없는 공장 임대료 등이다. 안경을 이루는 렌즈나 금속 부품 등이 변동비에 속한다. 고정비와 변동비가 합쳐져 비즈니스의 내부 골격을 이룬다. 비용 구조를 충당할 만큼 수익을 올리지 못하면 사업체가 무너진다.

창조적 과정 또한 마찬가지다. 이런 자본주의의 가능성과 한계를 디자인 수단으로 삼아 예술적 비즈니스 모델, 즉 자신만의 독특한 집을 만들어야 한다. 비즈니스 모델 설계는 비용 구조라는 기계적 한계를 초월한다는 점에서 예술이라고 할 수 있다. 따라서 비즈니스 모델을 구축하는 사람들은 기업의 예술가가 된다.

7. 전체 그리기: 오늘날의 중요한 문제를 해결하라

복잡한 프로젝트는 한 사람 이상의 아티스트로 이뤄진 팀인 경우가 많다. 그렇다면 다수의 제너럴리스트로 이뤄진 팀, 즉 메타제너럴리스트(meta-generalist)는 어떻게 만들어지는가? 모든 사람이 제너럴리스트지만 저마다 자기 규정적이고 독창적인 제너럴리스트임을 알아야 한다.

대학은 삶의 환경이나 일하는 방식, 조직의 구조, 경제 설계 등 가장 큰 질문에 개입하기 위한 학문적 사고의 장이다. 교육은 개인의 지식을 채우는 것이 아니라 자유로운 실험실이 돼야 한다. 당신의 역할은 자신만의 은유를 갖고, 어느 분야에서나 스스로 질문을 떠올리며, 더 원대하고 개방적인 질문에 답하는 능력을 구축해야 한다.

누구나 예술가이자 사업가다

모든 사람, 그중에서도 특히 예술가와 사업가에게 해당하는 진실이란 시장 밖의 공간은 없으며 오로지 시장 내부의 공간에서만 가능성이 존재한다는 것이다.

시장 경제는 삶이다. 누구도 시장 경제에 관여하지 않고 사는 것은 거의 불가능하다. 사람들은 일해서 월급을 받거나 사업을 운영해서 돈을 번다. 번 돈으로 세금을 내고, 물건을 사고, 저금을 하고, 투자를 하며 속으로 부자를 꿈꾸기도 한다. 의사들은 보험 청구서 작성 방법을 익히고, 공무원들은 지원 예산을 관리한다. 예술가에게는 생업이 있고, 학생들에게는 학자금 대출이 있다. 자본주의에 반대하는 운동가들도 아이폰을 사용하고, 몬태나의 전통 천막에 사는 인디언도 강력 접착테이프를 구입한다.

이처럼 사람들은 매일같이 무언가를 사거나 반대로 만들기 위해 돈을 이용한다. 사상, 예술, 상품, 가치, 오락 같은 것을 내놓기 위해 깊은 밤에도 지구의 불빛은 꺼지지 않는다. 전통적인 경제사상은 수익 창출의 단일 벡터 시스템을 보여준다. 하지만 시장은 그보다 더 넓고 유연하다. 누구라도 예술가나 사업가가 될 수 있으며, 새로운 작품을 만들고 세상에 선보임으로써 스스로 디자인한 미래를 향해 한 걸음씩 나아가도록 해준다.

⋀⋀ 아트씽킹의 특별한 법칙

얼핏 아트씽킹을 디자인씽킹(Design Thinking)과 같다고 생각할 수 있지만 분명 다른 점이 있다. 디자인씽킹은 제품을 설계하는 과정에서 창조적인 문제 해결 도구로 일반화해주는 프레임워크다. 예술과 디자인의 차이는 학문적이라고 말할 수도 있다.

디자인씽킹은 상품화된 제품 디자인에서 비롯됐기 때문에 "이것을 위한 최선의 방법은 무엇인가?", "어떻게 고객을 만족시킬 수 있을

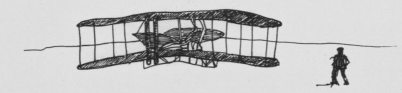

까?"라는 '외부적 지침'으로 시작한다. 반면 아트씽킹은 예술 또는 과학의 발명 같은 개인 중심에서 생겨나 "과연 가능한 일인가?"라는 '내부적 질문'으로 시작한다. 또한 디자인씽킹은 사용자의 욕구를 파악하고 소통하는 것을 중요시한다. 그래야 더욱 편리하고 안전한 비행기를 만들 수 있기 때문이다. 반면 아트씽킹은 불시착을 하고도 하늘을 나는 것이 가능하다고 믿는 라이트 형제의 신념처럼 창조적 과정을 중요시한다.

내가 생각하는 예술의 정의는 결과라고 할 수 있는 B 지점의 크기나 규모를 말하지 않는다. 창의성 전문가이자《몰입의 즐거움(Finding Flow)》을 쓴 미하이 칙센트미하이(Mihaly Csikszentmihalyi)는 창의성을 '창조하는 창의성(big C)'과 '독창적인 창의성(little c)'으로 나누고, 미켈란젤로의 위대한 작품을 일반인들의 할로윈 의상과 비교하기도 했다. 창의성이 일어나는 과정은 같지만 사회적 맥락의 범위에 따라 창의성의 수준이 결정된다고 말했다.

그러나 이러한 구분은 아트씽킹에 해당되지 않는다. 창의성의 구분은 예술가를 타고난 천재라는 고정관념으로 영속화시킨다. 그것은 이미 지난 과거에 대해 이러쿵저러쿵 훈수를 두는 점쟁이의 능력을 너무 많이 평가하는 것과 같다. 다만 칙센트미하이는 독창적인 창의성에 대해 "정신이 있고 사고할 수 있기에 모두가 공유하는 특징"이라고 정의했는데, 이는 모든 창작이 어디에서 비롯되는지를 말해주는 것이다.

정말로 무언가를 만들거나 시도하려고 할 때 처음에는 그것이 창조하는 창의성으로 이어질지 자신이 없을 수도 있다. 세계에서 가장 성공한 커피전문점 중 하나인 스타벅스도 1971년에 워싱턴 시애틀의 파이크플레이스마켓(Pike Place Market) 근처에서 시작할 때만 해도 단순히 독창적인 창의성에 속하는 작은 상점일 뿐이었다. 이 책에 등장하는 작가, 철학자, 부모, 교사, 기업가, 과학자, 영화제작자, 예술가 등은 시장 경제 속에서 창조적인 삶과 조직을 디자인하는 방법을 찾은 사람들이다. 천재에 대한 고정관념과 달리 그들의 삶은 미약한 시작에서부터 실패와 좌절, 부진, 다른 분야의 재능 등 평범한 나날들을 보여준다. 그들의 비즈니스 모델은 모든 예술가들의 창의성과 함께 누구나 가치를 지녔다는 믿음을 보여준다.

이 책에서 '비즈니스'는 경제에 소속된 모든 조직 형태를 뜻한다. 그것은 가정이 될 수도 있고, 비영리 조직이나 영세업체, 다국적 기업이 될 수도 있다. '예술'은 탐구와 독창성에 대한 인간의 역량, 즉 자신만의 고유한 사고와 창조 방식을 뜻하는 단어로 사용된다. '창의성' 같은 일반적인 용어에 기대지 않고 '예술'이라는 광범위한 단어를 자의적으로 사용했다. 예술을 모든 인류의 시작이자 전통으로 여기는 예술계의 정의를 빌리고 싶어서다. 그리고 '일'이라는 단어는 유급이든 무급이든, 공적이든 사적이든, 개인이 개입하는 모든 노동을 폭넓게 가리킨다.

나는 예술가와 디자이너, 예술 관련 행정관들에게 비즈니스를 가르치면서 이 책을 썼다. 특수해 보이지만 일반적인 직장과 마찬가지로 특정한 정치에 면역되지 않은 환경에서 한 명의 개인으로 일했다. 사랑과 상실도 경험했고, 상태가 좋은 적도 나쁜 적도 있었다. 창문에 에어컨을 설치하려고 한 적도 있고, 공과금을 처리하고, 인터넷으로 TV도 잔뜩 보면서 세상의 많은 사람 중 한 명으로 살아왔다. 이 모든 삶의 과정이 나를 진실한 안내자로 만들어주기를 바랐다. 이 책에 나오는 질문들도 꼭 답을 찾기보다는 스스로를 성장시키는 과정으로 거듭 살펴보기 위함이었다.

모순적이게도 아트씽킹에는 그 어떤 시도의 결과도 통제할 수 없으며 오히려 실패할 수도 있다는 생각이 들어 있다. 냉혹한 격려처럼 들릴지도 모르지만 시도와 실패가 허락된 환경에 놓여야만 정말로 중요한 질문을 할 수 있는 자유가 주어진다고 나는 확신하고 있다. 디자이너 드로 벤헤트리트(Dror Benshetrit)의 표현을 빌리자면 실패를 두려워하지 않는 창조야말로 "자신의 진실성을 발견하는 것"이라고 말할 수 있다.

나에게 가장 큰 힘이 되는 사실은 "예술은 길고 인생은 짧다"는 뜻의 라틴어 "ars longa, vita brevis(아르스 롱가 비타 브레비스)"가 지닌 말의 가치다. 이 말에 따르면 창조적인 일은 매우 인간적이며 삶의 근원에서 나온다는 사실이 된다. 그것이 예술이든 기술이든 의술이든 그 무엇이든지간에 진실성이 표현될수록 자신만의 삶과 일을 창조할 수 있는 가능성도 높아진다.

현실은 하루를 살아가기도 녹록지 않다. 살기 위해 돈을 벌어야 하고, 상사의 호통을 참아가며 일해야 한다. 월요일, 화요일, 수요일, 목요일, 매일이 쳇바퀴 돌아가듯 같은 패턴의 반복이다. 하지만 그렇게 단조로운 세상에서도 누구나 창의적인 예술의 도구를 사용해서 독창적인 비즈니스 모델, 편안한 인간관계, 보람 있는 오후, 맛있는 저녁식사, 성공적인 거래, 의미 있는 삶까지 뭐든지 만들 수 있다. "내가 이걸 만들었어!"라는 느낌을 일상에서 시작해서 더 큰 캔버스로 넓힐 수 있다.

우리는 인생을 창조하고, 일터를 구축하며, 사회를 설계하고, 세상을 만드는 사람들이다. 따라서 이 한 가지 생각을 단조로운 일상 안에 심어놓기를 바란다.

"아트씽킹은 과정이고, 비즈니스는 수단이다."

⋀⋀ 레오나르도 다 빈치라면

레오나르도 다 빈치는 역사상 가장 위대한 예술가 중 한 명으로 평가받으며, '천재'라는 수식어가 딱 들어맞는 인물이었다. 그는 예술가인 동시에 식물학자이면서 군사공학자, 건축가, 과학자였다. 단연 당대 최고의 박식가였다. 그의 두뇌는 모든 학과가 갖춰진 대학교 같았다.

나는 '레오나르도 다 빈치가 지금 이 시대를 살아가고 있다면 무엇을 하고 있을까' 궁금할 때가 많았다. 발목까지 올라오는 스니커즈를 신고 미대 건물 밖에서 담배를 피우고 있을까, 검은색 터틀넥을 입고 무대에서 최초의 아이폰을 소개할까?

내 유별난 궁금증에 프랭크 비탈레(Frank Vitale)가 매우 만족스러운 대답을 해줬다. 비디오 아티스트이자 뉴욕시각예술대학교(School of Visual Arts) 교수인 그는 레오나르도 다 빈치는 뭐가 됐든 뭔가를 알아내려고 하고 있을 것이라고 했다. 예술을 한다는 것은 바로 아이디어를 탐구하는 과정이다. 그 과정에서 어떤 물건을 만들 수도 있고 그렇지 않을 수도 있다. 결과가 아니라 시도하고 도전하는 과정 그 자체에 주목해야 한다. 그런 점에서 우리 모두에게는 예술가적인 면모가 있다.

그럼에도 레오나르도 다 빈치의 현대 모습을 상상하기 어려운 이유는 교육과 경제, 두 가지 이유에서였다. 요즘은 제너럴리스트 되기가 더 힘든 세상이다. 정보가 급증한 동시에 교육 경로는 더욱 특수화됐다. 레오나르도 다 빈치가 살던 시대에는 무엇이든 배움을 시도할 수 있었기에 그는 독특하게도 식물학자겸 군사공학자 등 10개가 넘는 직업을 가질 수 있었다. 그에게는 후원자들도 많았다. 어떤 이론을 증명하거나 상품을 개발할 때 투자를 받아서 진행하는 경우가 대부분이었다. 현대사회에서도 우리가 당연하게 생각하는 무수히 많은 예술가와 조직, 기업이 처음에는 투자로 시작했다.

레오나르도 다 빈치의 이야기는 창조적 과정 안에서도 수많은 지식 분야와 일에 따르는 경제적 리스크를 관리하고, 새로운 방법을 조

직화해주는 디자인이 필요하다는 사실을 알려준다. 다 빈치가 가진 재능은 소수에게 주어졌지만 무엇이든 질문하고 호기심을 갖는 것은 누구나 가질 수 있다. 창의적인 천재를 모방할 필요가 없다. 시작은 모방이 될지라도 결국 자신의 진실성을 찾아야 한다. 정해진 범주와 유명한 이름표에 끼워 맞추지 않고, 고유의 방식으로 자신을 묘사하고, 다양한 지식을 조합해서 '자기 소유'로 만들어야 한다. 그래야 우리는 맞춤 제너럴리스트가 되고, 자신만의 은유를 디자인할 수 있다.

다 빈치가 그랬던 것처럼 이탈리아의 후원자 가문이나 프랑스 왕에게 도움을 요청하는 대신 인증이나 특허, 인세, 지분 같은 대체적인 자금 조달 방안으로 프로젝트의 가치가 밝혀지기 전에 탐구 과정을 지원받거나 보호할 수 있다.

천재라는 수식어를 타인에게 투영하지 않아도 된다. 그보다는 자신의 위치에 솔직하고 투명해질 필요가 있다. 영화든 노래든 파워포인트 프레젠테이션이든 이미 완성된 멋진 프로젝트를 동경할 때는 그 작품이 복잡한 과정을 거쳐 완성됐다는 사실을 느끼지 못하기가 쉽다. 완성된 작품은 과정에 따른 끈기와 사건·사고라는 현실을 제거해버리기 때문이다. 그런 거리감은 우리의 창조적 과정에 해가 되고, 시작하기를 더 어렵게 만든다.

세상에는 똑똑하고 우아한 천재들이 있다. 그러나 세계는 한 명의 기적적인 레오나르도 다 빈치보다 현대판 창조자인 다수의 개인과 조직에 따라 움직인다. 그것은 종종 느리고, 조용하고, 미숙하고, 작게 시작하지만, 예기치 못한 순간 놀랄 만한 것들을 창조해낸다. 예술가이자 사업가가 될 수 있는 가능성과 가치는 공통적으로 주어진 인간의 본질이기 때문이다.

영국 작가 G. K. 체스터튼(G. K. Chesterton)은 "인간은 매일 언제나 더 새로운 경이를 원하면서 죽어간다"고 말했다. 시장 안이나 밖이나 경이로 가득하다. 무한한 가능성은 단지 일이 아니라 삶 전체라는 거대한 생태계에 집중하게 해주며, 앞으로 밀고 나아가는 힘을 증폭하는 질문을 떠올리게 해준다.

Chapter
One

넓게 보기

인간이라면 기저귀를 갈고 침략을 계획
하고 돼지를 도살하고 배를 조종하고
건물을 설계하고 시를 쓰고 장부를 결
산하고 벽을 세우고 어긋난 뼈를 맞추
고 죽어가는 이에게 위안을 주고 명령
을 하거나 받고 협동하거나 단독으로
행동하고 방정식을 풀고 새로운 문제를
분석하고 거름을 고르고 컴퓨터 프로그
램을 만들고 음식을 요리하고 능률적으
로 싸우고 용감하게 죽을 줄 알아야 한
다. 한 가지만 잘하면 인간이 아니라 벌
레다.

_로버트 A. 하인라인(Robert A. Heinlein), 《사랑하기에 충분한 시간(Time Enough for Love)》 중에서

막힌 혈관을 넓혀주는 의료 기구 '풍선 카테터'를 발명한 심혈관 외과의 토머스 포가티는 짓궂게 반짝거리는 눈빛에 1978년부터 캘리포니아 북부에 양조장을 소유한 사람다운 친근함을 풍긴다. A를 시원하게 발음하는 오하이오 특유의 억양은 뉴욕 지하철역에서 드럼 하나로 펼쳐지는 공연만큼이나 단순하면서도 리드미컬하다. 그러다 보니 말 한 마디 한 마디가 정곡을 찌르는 촌철살인처럼 들린다. 포가티 박사는 명쾌하면서도 표현력이 풍부한 사람이다.

그는 아침마다 장거리를 달리며 완벽하게 건강을 챙기는 마르고 강단 있는 의사 유형은 아니지만, 말하는 모습을 보면 의사의 표본 같다. "그 분은 직장암으로 돌아가셨습니다"라는 말을 마치 "오렌지 사러 슈퍼에 다녀올게" 하는 것처럼 자연스럽게 말한다. 그렇다고 그가 무정하다는 말은 아니다. 포가티가 여덟 살 때 아버지가 직장암으로 죽었다. 그보다 어린 다섯 살 때는 아버지가 구속복에 입혀진 채 정신병원으로 실려 가는 모습도 목격했다.

포가티 박사는 젊은 시절에 위대한 업적을 이룬 엘리트 집단에 속한다. 비록 어려서는 말썽을 많이 피웠지만, 창의성이 뛰어나 비삽입 심혈관 수술의 시대를 열고 해마다 30만 명의 목숨을 구하는 의료 기

구를 발명했다. 그의 성공은 내가 '전체의 삶(whole life)'이라고 부르는 사고방식의 대표적인 예다. 즉 그의 통찰은 일과 여가를 따로 구분 짓지 않고 결합하는 넓은 관점에서 나왔다.

1940~1950년대에 어린 시절을 보낸 포가티는 심각한 문제를 일으킨 적은 한 번도 없지만, 항상 어른의 감시가 필요한 자칭 '비행 청소년'이었다. 교사가 잠깐 한눈을 파는 사이에 창문을 뛰어넘어 낚시를 하러 간 적도 많았다. 당황한 교사는 일하고 있는 그의 어머니에게 전화를 걸었다. 포가티의 어머니는 드라이클리닝 가게에서 일하면서 세 자식을 키웠다. 포가티는 그곳을 "열악한 노동 착취의 현장"이라고 불렀다. 그 후 중학교 졸업반인 8학년 때 오하이오 주 신시내티에 있는 굿사마리탄종합병원에 취직했다. 그곳에 취직한 이유는 오로지 병원이 아동노동법 면제 대상이었기 때문이었다. 당시 그의 나이는 고작 열세 살이었다.

포가티는 시급 18센트를 받으며 병원의 각종 물품을 담당하는 중앙 공급실에서 위 세척기를 닦았다. 무척 고된 일이어서 작업 강도를 줄이고자 의료용 녹색 비누와 에테르, 베이킹 소다를 이용해 전용 세척제를 만들었다. 여러 도구가 있는 중앙 공급실에서 일하면서 그의 머릿속은 벤 다이어그램(Venn diagram, 부분 집합, 합집합, 교집합 등 집합 사이의 연산을 쉽게 설명하기 위해 나타낸 도식—옮긴이) 같은 백과사전이 됐다. 예를 들면 위 수술에 사용되는 가위의 크기를 줄이고 각도를 약간만 변경하면 눈 수술에 사용할 수 있겠다는 식이었다. 그의 뛰어난 관찰력을 발견한 의사들은 자신의 작업을 구경할 수 있게 배려해줬고, 열다섯 살 무렵에는 부검을 두 번이나 지켜봤다. 포가티는 그때를 회상하면서 이렇게 말했다.

"굳이 뭘 배우려고 하지 않아도 저절로 배울 수 있는 게 많아. 그냥 가만히 관찰하면서 감탄하면 되는 거야."

포가티는 이미 통합적인 사고방식을 가지고 있었고 빨리 행동으로 옮겨보고 싶었다. 그러다 잭 크랜리(Jack Cranley)의 조수가 되어 수술 보조를 맡게 됐다. 크랜리 박사에게는 열 명의 자식이 있었는데, 포가티는 그의 열한 번째 자식 같은 존재가 됐다.

크랜리 박사의 수술에서 가장 중요한 일 중 하나가 혈관에 응고된 혈액을 제거하는 일이었다. 혈전을 제거하려면 막힌 혈관을 가로로 완전히 절개해야만 했다. 그 과정에서 환자가 죽거나 팔다리를 절단해야 하는 경우도 있었다. 무사히 치유되어도 가슴이나 다리에 길쭉한 흉터가 남았다.

"약 8시간에 걸친 대수술을 무사히 마치고도 하루나 이틀 후 또다시 수술실로 들어가 다리를 절단해야만 하는 환자들이 생겼지. 그런 일이 반복되면 분명 이보다 더 좋은 방법이 있을 거라는 생각이 절로 들지."

포가티는 어려서부터 뭔가를 뚝딱 만들어내는 재주가 뛰어났고 사업 수완도 있었다. 단돈 18센트를 주고 산 조립 모형 비행기와 자

동차를 완성해서 7~8달러에 팔기까지 했다. 어머니는 집안에 손볼 일이 있을 때마다 그에게 부탁했다.

포가티는 오토바이 정비소에서 아르바이트를 하기도 했다. 주로 스쿠터를 수리하는 곳이었는데 스쿠터의 수동 클러치가 기어를 내릴 때마다 문제를 일으켰다. 부드럽게 변속할 수 있는 방법을 찾아야겠 다고 생각한 그는 친구들과 함께 오늘날까지도 널리 사용되는 '원심 클러치'를 발명했다. 하지만 정비소 주인이 '가게 권리'라면서 지식재 산권을 차지하는 바람에 금전적 이득을 얻지 못했다(나중에 크랜리 박 사의 조언에 따라 지식재산권 변호사를 선임했다).

혈전은 스쿠터보다 훨씬 심각한 문제였다. 크랜리 박사는 그에게 더 나은 방법을 찾아보라고 했다. 포가티는 작은 호스처럼 생긴 플라 스틱 요도 카테터와 5호 라텍스 장갑의 새끼손가락으로 실험에 돌입 했다. 막힌 혈관 사이를 실처럼 빠져나간 후 팽창시켜서 혈액 응고물 을 긁어낼 수 있는 장치를 만들고 싶었다. 그렇게 하면 훨씬 작은 절 개로 색전이나 혈전을 제거할 수 있다고 확신했다.

"두세 번 실패한 후에 그 아이디어가 떠올랐어. 성공할 거라는 확 신이 들었지."

1959년 의대 4학년에 재학 중이던 포가티는 다락방에서 풍선 카 테터를 만들고 있었다. 심장 전문의가 되기로 막 결심한 터였다.

"요즘은 심장 전문의가 하는 일이 많지만 당시에는 EKG(심전도 검사 결과)를 읽거나 사망선고만 내리면 됐거든."

풍선 카테터를 설계했지만 큰 난관이 있었다. 당시에는 라텍스와 비닐을 붙이는 접착제가 없었던 것이다. 어떻게 할까 고민하던 포가티는 학교를 빼먹으면서 배웠던 플라이 낚시를 떠올리며 문제의 돌파구를 찾았다. 그러고는 두 기구를 낚시할 때처럼 매듭을 지었다.

"미끼를 묶고 만드는 일을 항상 해왔기 때문에 지극히 자연스러운 발상이었지."

처음 등장한 후로 지금까지 2,000만 명이 넘는 사람들의 목숨 또는 사지를 구한 이 발명품은 특수 지식이나 큰 제약회사에서 만들어진 것이 아니었다. 학교 창문을 넘어 낚시하러 다닌 허클베리 핀 같은 자유분방함과 낚시의 매듭을 접착의 도구로 도약시킨 상상력에서 나온 결과물이었다.

포가티의 사례를 보면 일과 여가가 분리된 것이 아니라 수많은 경험의 조각이 교차되고 쌓아올려져 삶 전체에 중요한 의미를 차지한다는 것을 보여주며, 창조적인 일의 과정과 습관에 대한 폭넓은 질문을 열어준다. 이처럼 삶을 하나의 생태계로 생각하는 것이 넓은 관점을 가지는 첫 단계다.

〰️ 아트씽킹의 기본이 되는 전체의 삶

작가 데이비드 포스터 월러스(David Foster Wallace)는 2005년 케니언대학교 졸업식 축사에서 이런 이야기를 했다.

> 어린 물고기 두 마리가 나란히 헤엄쳐 가다가 반대편에서 오는 나이 든 물고기와 마주쳤다. 나이 든 물고기는 고개를 끄덕이며 인사하고는 이렇게 말했다. "안녕, 얘들아. 오늘 물은 어때?" 두 어린 물고기는 그냥 지나쳐 갔다. 계속 헤엄쳐 가다가 한 마리가 다른 물고기를 보며 물었다. "근데 도대체 물이 뭐야?"

경제학에서는 수익성 있는 상품만을 골라 가지고 있다. 그것은 '물'이 아니라 '물고기'의 세상을 의미한다. 반대로 전체의 삶은 물속을 광각렌즈처럼 넓게 보며 본바탕을 견본으로 삼는다. 물속의 모든 생명체를 고려한다는 뜻이다. 물고기는 보고서, 숫자, 상품, 가치, 성과, 순위 등 당신 삶에서 실제 배경을 대체한다. 이러한 객체 기반의 사고는 서로 다른 영역을 인위적으로 분리시킬 수 있다. 그러다 보면 일부만을 보게 되고, 무엇이 중요한지, 중요하지 않은지를 성급하게 판단하게 되고, 삶의 많은 영역에서 문제의 해결책이 나올 수 있는 기회를 놓치게 된다.

사회심리학자 리처드 니스벳(Richard Nisbett)은 《생각의 지도(The Geography of Thought)》에서 자신의 학생이었던 마스다 다카히코(增田貴彦) 박사의 연구가 어디에서 비롯됐는지 이야기했다. 일본에서 미시건대학교로 유학 온 마스다는 미식축구를 좋아해서 첫 빅 텐 경기에 큰 기대를 하고 있었다. 그러나 마스다는 미식축구 팬들의 열기로 가득한 앤아버 경기장에서 주변 사람들의 무례한 행동에 충격을 받았다. 마스다는 일본에서 '뒤를 보라'는 교육받았다. 어떤 공간에서든 자신의 위치가 사람들에게 영향을 끼칠 수 있다는 점을 주의하라는 뜻이었다. 그런데 미시건의 팬들은 그의 시야를 가린다는 사실을 전혀 의식하지 않고 자리에서 일어나 있었다.

이를 계기로 마스다는 동양과 서양의 문화적 차이를 알아보기로 했다. 그리고 동양은 타인에게 주의를 기울이며 전후 맥락을 알아차리는 일종의 광각 렌즈의 관점을 가진 반면, 서양은 행위 주체인 자신의 관점에서 보고 전후 맥락은 이미 정해진 것으로 보는 일종의 터널 시야에 집중한다는 가설을 세웠다. 그는 이 가설을 시험하기 위해 미시건대학교와 교토대학교 학생들로 이뤄진 두 집단을 모았다. 그리고 물고기, 식물, 바위, 거품 등 수중 생물과 환경으로 가득한 20초 분량의 여덟 가지 애니메이션을 만들었다.

각 장면에는 '중심'이 되는 한 마리의 물고기가 화면을 지나갔다. 다른 물고기들보다 크고 빠르고 화려한 색의 물고기였다. 마스다는

피험자들에게 애니메이션을 두 번씩 보여준 후 장면을 설명해보라고 했다. 미국 학생과 일본 학생들 모두 중심 물고기를 맞췄고 거의 비슷한 횟수로 언급했다. 그런데 일본 학생들은 미국 학생들보다 중심 물고기 외에 다른 요소를 60퍼센트나 많이 언급했다. 미국 학생들은 "송어처럼 보이는 큰 물고기 한 마리가 왼쪽으로 갔다"라는 식으로 설명을 시작하는 반면 일본 학생들은 "장소가 연못처럼 보였다"라는 식으로 전체적인 환경 이야기를 먼저 시작하는 경우가 많았다. 객체 기반의 세상에서 바닷속 사진을 보면 물고기나 산호, 상어 등을 말하고, 환경 기반의 세상에서는 바다 전체를 설명한다.

수익성은 한 마리 물고기를 찾는 것이다. 하지만 지속 가능성과 창의성은 전체 환경을 포함하는 경우가 많다. 전체를 광각으로 보는 관점은 그냥 물고기만 보는 것보다 시간과 분석적인 측면에서 효율성이 떨어진다고 생각할 수도 있다. 전체 그림을 보려면 많은 에너지가 필요하기 때문이다. 경영 컨설턴트에서는 불가능한 일이라는 의미로 "바다를 끓인다(boiling the ocean)"는 표현을 쓴다. 즉 비효율적이고 초점 없는 접근법이라는 것이다. 물은 필수적이다. 물이 없으면 물고기는 죽는다. 이것은 분명한 사실이지만, '8020 법칙'이 신조로 받아들여지는 결과 중심의 사회에서는 물고기에서 시선을 돌리는 것이 굉장히 위험하고 불필요한 일처럼 느껴질 수 있다.

8020 법칙은 빌프레도 파레토(Vilfredo Pareto)가 1906년에 처음 주장했다. 그는 이탈리아 땅의 80퍼센트를 단 20퍼센트의 사람이 소유하고 있다는 사실을 발견하고 전체 결과의 80퍼센트가 상위 20퍼센트의 원인에서 나온다는 8020 법칙, 이른바 '파레토의 법칙'을 세웠다. 20퍼센트의 집중이 결과의 80퍼센트를 생산한다는 이 이론은

하나로 초점을 맞춰야 한다는 압박감을 만들어낸다. '바다 끓이기'는 파레토 법칙을 뒤집은 형태다. 하지만 생각해보라. 지금까지 세상을 바꾼 중요하고 위대한 발명의 첫 시작은 비효율적이고 불가능하다는 평가를 받았다. 낮게 달린 과일을 따는 효율성의 틀을 벗어나지 않는다면 거대한 기회를 포착하기 어려울 수도 있다. 물고기가 아니라 호수에 들어 있는 어마어마한 기회 말이다.

어린 시절의 다양한 경험을 통해 과학 분야의 혁신을 일궈낸 포가티의 사례를 보면 삶의 전체성이 얼마나 중요한지 확인할 수 있다. 일이 여가보다 중요하다는 보편적인 생각도 뒤집는다. 여기서 좀 더 확대하자면 더 이상 과학이 예술보다, 단기 수익이 처음에는 소득이 없어 보이는 장기 투자보다 중요하다고 말할 수도 없을 것이다. 그것은 서로 유기적으로 연결되어 있기 때문이다. 니스벳은 'school'라는 단어가 '여가'를 뜻하는 그리스어 'schole'에서 왔다는 사실을 강조한다. 실제로 고대 그리스의 상인들은 자식의 호기심을 길러주기 위해 여가 활용을 중요하게 여겼다.

확실한 목적이나 계획 없이 느긋하게 수영이나 낮잠을 즐겨본 적이 언제인가? 사람은 어른이 될수록 순수한 호기심에 빠지는 일이 드물어진다. 새로운 기술을 터득하는 일도 줄어든다. 배움의 과정이 얼마나 힘든 일인지, 반대로 자신이 얼마나 빨리 배울 수 있는지 알아보는 것 말이다. 어떤 분야든 그렇지만 예술을 한다는 것은 더욱 막막하게 느껴질 수 있다. 그럼 어떻게 시작해야 할까? 개인이나 다른 부서와의 협업, 성과 지표, 체계적인 목표와 일치 등이 포함된 프로세스는 어떻게 설정해야 할까?

만약 삶의 모든 요소를 산과 계곡, 호수와 도시처럼 풍경으로 바라본다면 각 부분이 어떻게 연결되어 있는지를 확인하고 자신에게 필요한 도구를 찾을 수 있을 것이다. 전체의 삶은 시간과 에너지 관리에서 시작해 정신과 신체의 연마, 공간의 탐구와 관찰, 새로운 발견과 발명을 만들어간다. 궁극적으로 우리가 하는 모든 일은 삶이라는 각자의 예술 작품을 가장 아름답게 매만지는 과정이다.

︿︿ 에너지와 시간 관리

짐 로허(Jim Loehr)와 토니 슈워츠(Tony Schwartz)는 《몸과 영혼의 에너지 발전소(The Power of Full Engagement)》에서 전체의 삶에 대한 훨씬 더 개인적인 관점을 내놓으며, "삶이란 시간뿐만 아니라 에너지에 대해서도 끊임없이 관리가 이뤄지는 하나의 시스템"이라고 주장했다. 그리고 신체, 감정, 정신, 영적 에너지라는 네 가지 차원의 에너지가 있다고 말했다. 그들의 말에 따르면 대부분의 사람은 평소 두 가지 유형만 사용한다고 한다. 일하거나 운동할 때는 정신 에너지와 신체 에너지가 크게 작용한다. 사무직 직장인이라면 정신 에너지를 과하게 사용하고 신체 에너지는 덜 사용하게 된다. 육아를 할 때는 다른 에너지보다 감정 에너지와 신체 에너지를 더 쓰게 된다. '에너지의 법칙'은 고정된 '시간의 법칙'과 다르게 쓸수록 더 강한 에너지가 생성되고, 훨씬 더 많은 성취를 이뤄낼 수 있다고 강조했다.

로허와 슈워츠의 연구는 최고의 테니스 선수들을 관찰하며 시작됐다. 그들은 유독 테니스 세계 대회에서 일부 선수들이 독식하는 이유를 알아내고자 했다. 최고 선수들의 차이는 과연 무엇일까? 로허와 슈워츠는 최고 선수들에게 심전도 검사를 실시해 운동하는 동안의 뇌파를 관찰했다. 결과는 놀라우면서 동시에 일관성이 있었다. 최고 선수들의 성공 비결은 쉬는 법을 발달시킨 덕분이었다. 그들의 회복 방법은 운동을 쉬는 것이 아니라 새로운 방법으로의 전환이었다. 다시 말해 다른 형태의 에너지로 끌어당기는 의식을 연습하는 것이었다. 선수들은 서브할 때마다 특정한 자신만의 방식으로 공을 튕기거나 기합을 넣거나 라켓을 움직였다. 경기에 집중하기 위한 의식화된 습관이었다. 이 패턴은 운동선수뿐만 아니라 모든 사람에게 확대될 수 있다고 말했다.

로허와 슈워츠는 사람들이 삶을 재설계할 수 있도록 에너지 균형에 관한 컨설팅을 시작했다. 한 여성 고객은 능력 있는 커리어 우먼이었지만 하루 종일 일에 매진하는 탓에 신체 활동은 극히 드물었고 무력감을 느끼고 있었다. 그들은 그녀에게 운동을 권했고, 특정 운동 프로그램을 찾아서 화요일과 목요일마다 가는 것을 의식화하도록 도와줬다. 그녀는 억지로 헬스장에 갈 필요가 없었다. 의식이 그녀를 헬스장으로 이끌었고, 에너지 생태계는 제자리를 찾았다.

여러분은 삶에서 가장 많이 사용하는 에너지가 무엇인가? 머릿속으로 생각해도 좋고 종이에 네 개의 면을 그려서 신체, 감정, 정신, 영적이라는 네 가지 차원을 표시해도 된다. 서로 연관 있는 활동, 즉 서로 적극적인 회복을 제공하는 관계에 놓인 활동들을 화살표로 연결해보라. 그리고 평소에 잘 실행하지는 않더라도 기존 행동과 조화를 이루거나 개선해줄 수 있는 활동을 떠올려보면 자신에게 무엇이 필요한지 알게 된다.

활동을 짝짓고 조합해서 네 가지의 에너지를 최대한 높여주는 쪽으로 설계하는 것이 중요하다. 그렇게 되면 일상에 블랙박스(black box) 같은 공간이 만들어진다. 블랙박스는 단어 그대로 내부에서 어떤 일이 일어날지 알 수 없는 어둠상자로, 결과에 좌우되지 않고 맘껏 탐구하고 몰입할 수 있는 보호된 시간이나 공간, 의식을 나타낸다.

전경과 배경

그림의 경우 대상에서 작품으로 이동하는 모든 형태는 '전경(figure, 지각의 대상이 되는 부분)'과 '배경(ground, 그 외의 나머지)'으로 연결되어 있다. 예술뿐만 아니라 삶과 일이라는 작품을 구축할 때도 없어서는 안 될 도구다.

꽃병 그림을 예로 든다면 전경은 흔히 앞에 있는 물체이자 작가가 그린 사물, 즉 꽃병이다. 배경은 꽃병을 둘러싼 주변의 공간이다. 잘 그린 작품이라면 시선이 한 곳으로 들어갔다가 주변으로 이동한다. 초점 부분과 공간의 조화가 있어야 훌륭한 작품이 된다. 반면 전경과 배경이 '비슷비슷한' 그림은 주의를 분산시켜서 눈이 피로해지고 제대로 감상하지 못하게 만든다.

전경과 배경의 구분이 중요한 이유는 두 가지를 가능하게 해주기

때문이다. 첫 번째는 넓은 각도의 관점과 우선순위가 필요한 현실 사이의 균형을 맞춰준다. 두 번째는 삶의 빈 공간, 즉 의도적으로 배경으로 남겨둔 부분들이 유지되도록 해준다. 우선순위를 정하는 것과 빈 공간을 만드는 것은 우리가 좀 더 정교하고 창조적인 형태의 파레토 법칙에 접근하게 해준다. 효율성의 위력을 의식하면서도 한계에 구애받지 않게 되는 것이다. 어디에 초점을 맞출지 더 나은 선택을 하면서 나중을 위한 가능성의 공간을 남겨둘 수 있다.

레오나르도 다 빈치가 그림의 대가가 될 수 있었던 비결은 배경에 대한 지대한 관심 덕분이었다. 르네상스 시대에 그려진 자화상은 대부분 창문을 배경으로 넣어 풍경을 간접적으로 표현했다. 반면 다 빈치의 그림에 나타나는 배경은 자연에 대한 그의 상세한 연구를 드러내준다.

풍경에 대한 관심은 주변 공간을 의식한다는 큰 의미가 있다. 평소에 우리가 알아차리지 못하거나 대수롭지 않게 여기는 주변 공간은 그 자체로 매우 중요하다. 배경은 전경에 없어서는 안 될 존재이기 때문이다. 레오나르도 다 빈치는 〈모나리자〉를 그리던 1503~1504년에 이런 글을 남겼다.

"우리는 광활한 존재에서 둘러싸여 살아가지만 가장 중요한 것은 무(無)의 존재다."

다 빈치의 말은 넓은 관점으로 세상을 바라보기가 쉽지 않은 이유를 암시해준다. 이 글을 읽고 지나가는 짧은 순간에도 우리 삶의 풍경은 여전히 북적거리고 있다. 그런데 앞만 보이는 특수 안경을 쓰기라도 한 듯 오로지 눈앞의 작은 시야에 걸린 사물밖에 보이지 않는다. 배경은 없고 전경만 꽉 찬 공간에 놓인 것이다. 그곳에는 사용되지 않은 공간이 없다. 테이블 위에 여러 꽃병들이 빈 공간 없이 꽉꽉 들어차 있는 것처럼 말이다.

고층 건물이 즐비하고 건물들이 다닥다닥 붙어 있는 뉴욕은 모두 전경일 뿐 배경이 없다. 빈 땅도 있지만 대개는 소유자가 있거나 공원인데, 그곳을 녹지로 남기는 대신 바로 옆에 수익성 높은 고층 건물을 짓도록 정부가 허락해줬기 때문이다. 맨해튼에는 건물 상공에도 토지처럼 사용권이 있다. 도시의 공간은 중간 시간이 없는 일정표나 마찬가지다. 달력에 일정이 꽉꽉 들어차 있고 취소될 경우를 대비한 예비 계획까지 마련돼 있다. 지하철로 걸어가면서 메일을 확인하고 식사를 하면서도 휴대폰에서 시선을 떼지 않는다. 많은 사람들이 전경만 있고 배경이 없는 삶을 살아간다.

세계 각국의 차를 취급하는 리퍼블릭오브티(Republic of Tea)의 공동창업자이자 요식업 기업가들을 교육하는 푸드비즈니스스쿨(Food Business School)을 운영하고 있는 벤처 투자가 윌 로젠츠바이크(Will Rosenzweig)는 성공한 친구들의 대다수가 삶에 빈 공간이 없다는 사실을 발견했다. 개인의 여가는 물론 새로운 지인과 술 한잔할 틈이 없을 만큼 스케줄이 꽉 차 있었다. 그 역시도 예외는 아니었다. 그래서 그가 선택한 방법은 유대인의 전통을 활용해 '빈 공간'을 만드는 것이었다. 로젠츠바이크는 예상치 못한 손님을 위한 공간을 만들어놓는 것이 삶에 매우 중요한 역할을 한다고 말하며 '빈 의자(유대인이 할례 의식을 치를 때 선지자 엘리야도 입회하는 것으로 믿으며 존경과 환영의 뜻으로 그가 앉을 빈 의자를 함께 준비한다-옮긴이)'를 준비했다.

각박한 삶과 피곤한 일의 무게는 창조적인 일을 위한 뜻밖의 행운이 지나가지 않도록 빈 공간을 두는 일을 어렵게 만든다. 그러나 로젠츠바이크의 빈 의자처럼 당신의 삶 역시 의도적으로 열어둔 일종의 보호 공간이 필요하다. 쉬운 예로 잔디밭에 자유롭게 앉는 야외 콘서트를 떠올려보자. 그럼 당신이 제일 먼저 할 일은 무엇일까? 야외 콘서트에 도착한 당신은 탁 트인 잔디밭을 둘러보며 좋은 자리를 살핀 다음 돗자리를 깔고 앉을 것이다. 얼른 자리를 맡지 않으면 잔디밭이 꽉 차버리기 때문이다.

창의성에는 행동이 중요하지만 이는 존재적인 차원에서 하는 행동이다. 고층 건물과 수직 상승 대신 돗자리를 펼쳐서 탐색 공간을 마련하는 것이 중요하다. 쉽게 말해 달력 안에 공간을 두는 것이다. 하지만 그 공간에 대한 대가가 없듯이 그 시간에는 돈벌이가 되는 일을 하기 어렵다는 것을 알아야 한다는 뜻이기도 하다. 그 공간은 오로지 당신에게 소속된 연구개발 부서인 셈이다. 그 공간에서 당신은 생산이나 결과에 대한 압박 없이 자유롭게 아이디어를 탐구해볼 수 있다.

공간의 효과는 예술가와 디자이너들에게 비즈니스 과목을 가르치면서 내가 직접 목격한 결과이며 모든 사람에게 적용된다고 자신 있게 말할 수 있다. 예술가나 디자이너들은 자신들이 하는 일을 비즈니스 모델로 설명하려고 고전하다가 하나의 사실을 깨닫는다. 자신들에게 필요한 것은 이미 아는 것을 만들어 돈을 버는 방법이 아니라 위험을 무릅쓰고 새로운 창의적인 목표를 개발하는 것이라고 말이다. 이러한 공간 의식, 즉 약간의 유연성과 생산적인 태만, 일시적인 멈춤은 내가 '스튜디오 타임'이라고 부르는 것의 토대를 이룬다.

∧∧ 스튜디오 타임

스튜디오 타임은 삶의 구성에서 배경으로 보호된 부분이다. 그것은 당신이 실제로 방문하는 물리적 공간일 수도 있고, 의식이나 습관으로 유지되는 정신적 공간일 수도 있다. 어떤 생각이나 계획을 탐구해볼 수 있는 공간으로 예술가들의 작업실처럼 개별적인 특징을 가진다. 작업실의 특징은 신체적으로나 정신적으로, 시간과 경제에서 자유롭다는 것이다.

사무용품과 의료용품으로 유명한 3M 설립 초창기에 리처드 드루(Richard Drew)라는 직원이 클라이언트를 만나기 위해 자동차 정비소에 갔다. 당시 3M은 연마재인 샌드페이퍼 제조 회사였다. 드루는 그곳에서 한 직원이 두 가지 색깔의 줄무늬를 곡면형의 차체에 칠하느라 애먹는 모습을 보고, 만약 테이프로 먼저 칠한 색을 '가리고(mask)' 다른 색을 칠하면 흘러내리거나 서로 섞이지 않아서 작업이 훨씬 쉬워질 것이라고 생각했다.

드루는 관리자의 허락을 얻어 테이프 개발에 착수하게 됐다. 자동차 정비소를 다시 찾은 그는 자신이 만든 테이프가 너무 뻣뻣해서 곡면형의 차체에 제대로 붙지 않는 단점을 발견하고 실패했다. 그래도 드루는 유용한 테이프를 만들고 싶다는 생각을 지울 수가 없었다. 그래서 자신의 업무가 아닌데도 작업을 계속했다.

관리자는 한동안 그런 그를 모르는 척해줬다. 1970년대에 나온 양육 방식인 '선의적 방치(benevolent neglect)'를 일터에서 연습한 셈이었다. 선의적 방치란 부모의 감독이 느슨한 상태에서 아이들이 스스로 놀이를 발명하도록 하는 것이다. 어느 날 드루는 3M 사무실을 걷다가 사포의 뒷면에 사용되는 재료를 보고 신축성 있는 테이프를 만들 방법을 찾아냈다. 그렇게 해서 '마스킹 테이프'라는 혁신적인 제품이 탄생했다. 이때 탄생한 3M의 접착 제품 부서는 포스트잇 메모지와 스카치테이프 등 우리에게 익숙한 접착 제품의 발상지가 됐다.

이 성공에서 우리가 눈여겨볼 것은 관리자가 업무에서 벗어나는 드루의 행동을 모른 척함으로써 탐구에 필요한 공간과 시간, 그릇(container)을 제공했다는 것이다. 결과적으로 드루는 혁신적인 제품 개발을 위한 스튜디오 타임을 확보했다.

'20퍼센트 타임제(20 percent time)'라는 아이디어 또한 일종의 스튜디오 타임으로 볼 수 있다. 구글이 가진 '창조력의 비밀'이라고 불리며, 근무시간 중 20퍼센트를 좋아하는 일에 몰두할 수 있게 시간을 제공하는 것이다. 이러한 정책은 직원들에게 스스로 선택한 프로젝트를 추진할 수 있는 약간의 시간을 허락한다. 시간과 에너지라는 풍경에 놓는 돗자리나 마찬가지다. 결과가 아닌 과정에 집중할 수 있도록 자유를 주는 20퍼센트의 시간은 구글의 중요한 혁신에 기여했고, 탐구 공간과 여유 시간이 예술가뿐만 아니라 누구에게도 유익할 수 있음을 알려줬다.

20퍼센트 타임의 가장 대표적인 사례는 구글의 엔지니어 폴 부케이트(Paul Buchheit)가 개발한 지메일(Gmail)과 애드센스(AdSense)다. 부케이트는 구글에 입사한 후 20퍼센트 타임을 이용해 그동안 자신이 만들고 싶었던 프로젝트 작업에 착수했다. 그는 구글 키워드 검색의 특정한 형태를 인식해 포르노라고 판단하는 모든 것을 거르는 필터를 만든 적이 있었다. 위 수술용 가위를 조금만 수정하면 눈 수술에 사용할 수 있겠다고 생각한 포가티의 관찰처럼 부케이트는 포르노 필터를 수정하면 검색어와 관련된 특정 광고를 일치시켜 노출할 수 있겠다고 생각했다.

그것이 바로 '애드센스'다. 검색어와 맞춤 광고를 연결시켜주는 프로그램으로 구글 비즈니스 모델의 근간으로 알려져 있다. 애드센스로 광고 수익을 창출한 덕분에 지메일을 무료로 제공할 수 있었다. 부케이트의 20퍼센트 타임 프로젝트는 유료 저장 공간에서 '웹 기반 메일'이라는 혁신적이고 생산적인 비즈니스 모델로 이어졌다. 부케이트는 자신의 프로젝트가 성공하리라는 것을 전혀 예상하지 못했다. 단지 시도해볼 수 있는 시간과 공간이 있다는 것만 알았다.

"나는 구글이 알타비스타에 완전히 눌릴 거라고 생각했어요. 하지만 사람들이 정말 똑똑했어요. 그래서 많은 걸 배울 수 있겠다고 생각했습니다."

당신의 스튜디오 타임에서도 이처럼 혁신적인 프로젝트가 나오리라는 보장은 없다. 하지만 특정하거나 타고난 사람들에게만 허용된 전유물 또한 아니다. 그들처럼 자신과 삶을 둘러싼 배경을 활용해 흥미롭고 재미있는 가설을 세우고 빈 공간에서 마음껏 즐겨보자. 시작은 생각하지 않으면 진정 시작되지 않고, 가장 가치 있는 일은 여백에서 이뤄진다.

︿︿ 창의성의 10가지 유형

스튜디오 타임을 활용하는 첫걸음은 자신에게 맞는 창의적 활동 분야를 선택하는 것이다. 로허와 슈워츠의 주장처럼 누구나 정신, 감정, 신체, 영적 에너지를 가지고 있고, 여러 가지 형태의 창의적인 활동을 활용하면서 자신에게 효과적인 조합을 찾아야 한다.

　다음의 창의성 유형에서 당신이 탐구해보고 싶거나 관심을 유도하는 게 있는지 살펴보라. 그리고 여러 질문에 대답하며 자신이 갖고 있는 창의성이 무엇인지 알아보자.

사회적 창의성: 친밀감 형성과 놀이의 발명

사회적 창의성은 직접 얼굴을 맞대고 한 장소에서 대화로 사람들을 모으는 것을 말한다. 이 책에 창의성의 범주를 추가하는 것이 좋겠다고 제안한 내 친구 사브리나는 만들기 모임을 시작했다. 또 다른 친구 제시와 그의 딸은 땜장이 모임(Tinkerer's Club)을, 친구 제니퍼는 술 마시는 여자들의 모임(Ladies Drinking Club)을 만들어 운영하고 있다. 당신은 요리해서 사람들을 초대하는 것을 좋아하는가? 스포츠 동호회 활동을 좋아하는가? 동호회나 친구들 모임을 만들고 주도적으로 이끌어가는가?

조직적 창의성: 인사관리, 시스템 디자인, 프로세스 운영

알프레드 챈들러(Alfred Chandler)는 《전략과 구조(Strategy and Structure)》에서 대기업의 전형으로 여겨지는 M형 구조(multidivisional form, 다중 사업부 조직)를 처음으로 설명했다. 어떻게 하면 업무 배정이나 조직 관리를 개선할 수 있는가? 모든 부분이 어떻게 맞아떨어지는가? 문제를 조정하는 가장 효율적인 방법은 무엇인가? 팀원의 재능을 활용하거나 잡무 처리 일정을 세우는 등의 시스템 디자인은 창조적인가? 프로젝트를 관리하고 팀원이 함께 목표를 달성하는 방법을 창의적으로 떠올리는가?

시민적 창의성: 직접 개입과 사회 변화의 영역

월스트리트 점령 시위(Occupy Wall Street)는 조직의 선동이 아닌 학생과 시민들의 독자적 참여로 규모를 확대시켰다. 버락 오바마(Barack Obama)는 자원봉사자들의 자발적 활동과 지지로 2008년 대선을 성공적으로 치루며 미국 대통령이 됐다. 사회는 어떻게 변화를 창조하는가? 사람들은 어떻게 참여하는가? 당신이 일상에서 발휘하는 창의성에 시민운동가의 성향이 있는가?

분석적 창의성: 제약 속에서의 문제 해결, 논리와 독창성의 교차점

분석적 창의성에는 정밀 공학이나 실험·설계 수단, 결과 의식 등 과학적 방법이 포함된다. 다수의 학문 연구가 방법론에 따라 여기에 해당된다. 과학적 연구는 창의성보다는 논리적으로 보일 수 있지만, 예상치 못한 방향으로 전진하거나 문제에 맞닥뜨릴 때 독창적인 해결 방법을 찾아낼 수 있다. 이를테면 항생제 대신 스테로이드로 자가면

역질환을 치료하는 것이 그렇다. 제약 속에서 무언가를 증명할 방법을 찾는 데는 논리적인 창의성이 필요하다.

영적 창의성: 종교와 휴식, 자기계발의 영역

영적 창의성은 밀란 쿤데라(Milan Kundera)가 '우리 내면에 품고 있는 무한성'이라고 표현한 것처럼 존재에 관한 호기심이나 탐구와 관련돼 있으며, 명상이나 독서, 자연에서의 휴식, 자기계발, 종교 등의 영역에 속한다. 사회적 창의성과 겹쳐 생각하기 쉽지만, 영적 창의성의 중심에는 지식과 신념, 사실과 신뢰, 희망과 절망, 의도와 수용, 소속과 고립, 집착과 관용의 균형을 맞추는 연습이 자리한다. 신앙과 씨름하는 무신론자 또는 과학이나 증명과 씨름하는 신자의 내면에서도 볼 수 있다.

신체적 창의성: 모든 유형의 움직임을 통한 육체 탐구

미국의 암벽 등반가 토미 콜드웰(Tommy Caldwell)과 케빈 조지슨(Kevin Jorgeson)은 2015년에 요세미티 국립공원에서 가장 어려운 코스로 손꼽히는 돈 월(Dawl Wall) 암벽을 맨손으로 등반하는 데 세계 최초로 성공했다. 그들은 매 순간의 선택에 따라 가파른 직벽을 올랐다. 스포츠와 야외 활동에는 신체적 창의성이 개입되는 경우가 많다. 창의력 컨설팅 기업 크리에이티브씽크(Creative Think)의 최고경영자 로저 본 외흐(Roger von Oech)는 《꽉 막힌 한쪽 머리를 후려쳐라(A Whack on the Side of the Head)》에서 '창의성은 뇌를 위한 섹스'라고 표현했다. 마찬가지로 섹스는 몸을 위한 창의성이다. 물론 춤도 마찬가지다.

미학적 창의성: 디자인, 예술, 형태 배치의 영역

미학적 창의성은 예술뿐만 아니라 디자인, 개인의 취향, 책상 위에 놓인 물건의 배치까지 모든 시각디자인이 포함된다. 또한 공간, 선, 모양, 색깔, 형태의 구성 도구가 된다. 미학적 창의성은 예술을 위한 예술처럼 보일 수 있지만, 누구나 어렵지 않게 접근할 수 있다. 2014년 뉴욕장로병원의 한 간호사가 두 달 동안 복강경 수술받은 환자들의 붕대를 전부 하트 모양으로 잘랐다. 수술 후 두렵고 지친 상태에서 깨어난 환자들은 자신의 배에 작고 하얀 하트가 덮인 모습을 발견하고는 금방 안정을 되찾았다. 이처럼 미학적 창의성에는 즐거움을 위한 디자인도 포함되고, 기차 시간표나 시계처럼 단순하고 목적이 분명한 디자인도 포함된다.

물질적 창의성: 물질을 독창적으로 다루는 영역

물질적 창의성은 물감을 흩뿌리며 그림을 그린 잭슨 폴락(Jackson Pollock)이나 대리석으로 사람 형태를 만든 미켈란젤로 같은 예술가가 포함된 영역이다. 뿐만 아니라 수리공이나 배관공, 전기기사, 상품 디자이너, 재단사 등의 영역이기도 하다. 2012년 큐리오시티 로버(Curiosity Rover)가 화성에 무사히 착륙한 것도 물질적 창의성 덕분이었다. 또 물질적 창의성은 잘 찢어지지 않는 타이벡(Tyvek) 소재로 된 서류봉투를 탄생시켰고, 요리할 때 설탕이나 소금을 넣어 맛을 내는 것도 마찬가지다.

서술적 창의성: 과거나 미래, 실제나 허구의 이야기 창작

라디오와 영화, TV 프로그램 같은 미디어는 물론 책이나 친구들과의 대화는 우리를 재미있고 흥미진진한 이야기의 세계로 잡아당긴다. 대부분의 사람이 서술적 창의성을 가진 이야기꾼이라고 할 수 있다. 우리는 말이나 행동, 글쓰기로 과거의 사건을 이해하려고 하고 미래에 대한 새로운 이야기를 한다. 하퍼 리는 1962년 인터뷰에서 미국 남부 사람들에 대한 일반적인 견해를 밝혔다. "남부는 타고난 이야기꾼들이 있는 지역입니다. 단순히 이야기를 하는 것만으로 서로를 즐겁게 해주죠."

하모니 창의성: 리듬과 화음의 영역

하모니 창의성은 음악과 춤, 또는 글이나 말의 패턴, 노래를 다스린다. 당신을 시적으로 끌어당기는 언어의 일부분이자 음악의 전체 음역이다.

∧∧ 창의성을 발견하는 시간

내가 지금까지 소개한 창의성을 탐구하거나 계발하려면 얼마만큼의 스튜디오 타임으로 시작해야 할까? 지금 당신의 삶에서 잃어도 상관없는 시간은 얼마나 되는가?

출퇴근 시간이나 어딘가로 이동하는 시간에 무엇을 하는지 생각해보라. 하루 중 TV 시청 같은 소극적인 회복에 빠져 있는 시간을 살펴보라. 스케줄을 보면서 1주일에 한 번씩 있는 회의를 2주일로 바꿀 수 있는지 고민해보라. 아무리 바쁜 사람이라도 효과적으로 활용하지 않는 자투리 시간이 있을 것이다. 하루에 단 5분이든 1주일에 2시간이든 빼낼 수 있는 시간을 '스튜디오 타임 예산'이라고 생각하고, 그 시간 동안 당신만의 '20퍼센트 타임제'를 실시하는 것이다.

앞에서 설명한 창의성 유형에 뛰어들어 자기계발을 해도 되고 전혀 상관없는 재미있는 일을 추진해도 된다. 새로운 요리를 배우거나 친구들과 취미를 함께하는 모임을 만들 수도 있다. 그 일로 무엇을 배울 수 있는지, 오랫동안 유지할 수 있는지, 설레고 즐거운지, 아니면 계획을 확대해 다른 영역에 도전하고 싶은지를 스스로에게 물어보고 확신을 가져야 한다. 한마디로 당신의 일정에 또 다른 일을 추가하거나 고정시키지 말고, 경험을 위해 잠시 시간을 빌리라는 뜻이다.

창조적 과정은 당신이 지금껏 시도해보지 않은 미지의 영역에 뛰어드는 데 의의가 있다. 처음에는 불편하거나 무의미하게 느껴질 수도 있고, 반드시 구체적인 방향과 목표로 이어져야 한다고 스스로를 압박할 수도 있다. 그러나 스튜디오 타임을 일이라고 생각하거나 결과를 고민하는 순간 창의성은 하기 싫은 숙제가 되고 스트레스 중 하나로 전락하게 될 것이다.

스튜디오 타임을 통해 지메일 같은 혁신적인 작품을 만들거나 골치 아픈 문제의 해결책을 곧바로 찾는다면 더없이 좋겠지만 성공에 대한 꿈은 잠시 접어두고 실제 행동으로 옮겨야 한다. 당신이 좋아하는 것 그 자체로 시작하되 거기에 실험적인 태도를 더해본다면 도움이 될 것이다.

나는 이 책을 마무리하던 시기에 스튜디오 타임으로 비디오 수업을 들었다. 월요일 저녁마다 사람들과 우스꽝스러운 장면을 촬영하면서 카메라 사용법을 배웠다. 다들 자신이 찍은 영상을 모두에게 보여줄 때 마치 속마음을 들킨 기분이었을 것이다. 창의적 활동의 과정은 어설프고 미숙한 모습을 드러내지만 지극히 인간적인 경험이다.

자신감을 잃지 않고 적극적으로 달려들어 끝까지 해보겠다는 자세를 가져야 한다.

스튜디오 타임은 꼭 특별하지 않아도 된다. 작은 공예나 가구 만들기, 동호회 운영이든 야심찬 연구 프로젝트든 자신이 관심 있는 영역을 선택해 의식화된 시간과 공간을 마련하고 시도하는 것이 스튜디오 타임의 정신이다. 그 시간은 시험이 아닌 실험이며, 성공과 실패에 상관없이 무엇이든 배우고 실행하는 기회다.

예술에 대해 잘못 알려진 사실들

사람들이 예술가가 되는 것을 망설이는 이유는 빈 종지에서 출발해 곧바로 걸작을 만들어야 한다는 생각 때문이다. 하지만 예술은 연속체로써 반복과 진화를 통해 존재했고, 화가들은 그림을 완성하기 위해 수없이 지우고 덧칠하기를 반복했다. 소질이 있다면 텅 빈 캔버스에 걸작을 만들 수도 있지만, 최근 성인들 사이에서 유행하는 컬러링북도 예술에 포함된다. 마찬가지로 당신은 이상이 다스리는 어떤 범주에도 들어갈 수가 있다. 예술가의 천재적이고 신화적인 세계 속으로 들어가 창조적인 활동에 접근할 수 있다. 전문 예술가들도 자판기에서 음료수를 고르듯이 버튼 하나로 작품을 뚝딱 만들지는 못한다. 그들도 파일 정리나 행정 업무, 영화 관람이나 산책, 심지어 대출 신청이나 공과금 납부 같은 우리와 같은 일상적인 시간을 보낸다는 사실을 기억하자.

1943년 사회심리학자 에이브러햄 매슬로(Abraham Maslow)는 인간의 동기를 설명하는 '욕구 단계' 이론을 내놓았다. 피라미드 모양으로 구성된 5단계는 맨 아래부터 생리적 욕구, 안전 및 안정의 욕구, 애정과 공감의 욕구, 존중의 욕구, 자아실현의 욕구로 완성된다. 마찬가지로 창조적 활동을 단계로 나누면 모방에서 시작해 조정, 통합을 거쳐 꼭대기에는 무에서의 창조가 있다.

모방은 '다른 것을 관찰하고 본받는 것'이다. 창조를 위한 선행 연습으로 현대의 전문 미술 교육에서 필수적인 부분이다. 1600년대 중반부터 1800년대 중반까지 유럽의 상류층 자제들은 그랜드 투어(Grand Tour)를 떠났다. 유럽의 대표적인 도시와 장소를 여행하며 문화·예술적 소양을 쌓기 위해서였다. 그들은 대부분 박물관에서 본 것을 모방함으로써 배움을 얻었다. 모방은 가까이 들여다보는 것이다. 대상이 어떻게 만들어졌는지 보고 쉽게 모방할 수 없는 부분, 또는 신중해야만 모방할 수 있는 부분을 이해하게 된다.

모방의 한 단계 위인 능동적 복제(emulating)는 '정신을 모방하는 것'이다. 구글의 인사부문 수석부사장인 라즐로 복(Laszlo Bock)은 "이력서를 잘 쓰고 싶다면 훌륭한 이력서를 골라 그것을 능동적으로 복제하라"고 장려한다. 모방이 진실한 형태의 아첨이라면, 능동적 복제는 진실한 형태의 칭찬이다. 원본의 패턴을 참고해 자신만의 패턴을 만들어 용도를 넓혀 보자.

통합은 '서로 다른 두 가지 분야를 합치는 것'이다. 나는 1980년대 '리세스 피닛 버터 컵스(Reese's Peanut Butter Cups)'라는 초콜릿의 TV 광고를 좋아했다. 카운트 초쿨라(Count Chocula, 초콜릿 시리얼의 일종-옮긴이)와 구니스(Goonies, 보물을 찾아 떠난 아이들의 모험을 그린 1985년작 영화-옮긴이)가 합쳐진 광고로 "누가 내 땅콩버터에 초콜릿을 넣었

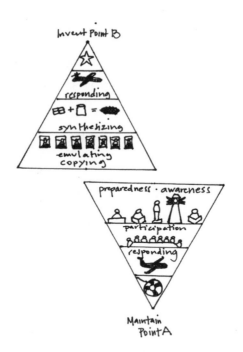

Invent Point B

responding

synthesizing

emulating
copying

preparedness · awareness

participation

responding

Maintain
Point A

어?"라는 바리톤의 목소리가 나오는 순간 얼마나 환상적인 조합인지 깨달을 수 있었다. 보는 순간 입맛이 자극되는 느낌이었다. 통합은 두 가지 이상의 다른 것을 합쳐서 독특한 세 번째 것을 만들어내는 것, 비유하자면 리세스 피넛 버터 컵스를 만드는 과정이다.

반응은 '새로운 해결책을 생각해내는 것'이다. 해결책이 필요한 상황에 대한 즉각적인 반응으로써 말이다. 나는 조직에서 다양한 직책을 맡고 있는 사람들이 평소보다 심한 제약이 있는 상태에서 창조적인 해결책을 찾아낼 때 더 큰 성공을 느낀다는 말을 자주 들었다. 제약이 있는 상태는 마치 구속복을 입은 것처럼 굉장히 답답하고 난처할 것이다. 그런 상황을 빠르게 돌파하기 위해서는 순간적인 반응이 반드시 필요하다. 단 내가 말한 반응이란 주어진 환경에 대한 반응이 아니라 스스로 내놓은 질문에 대한 반응이 전제한다. 그것이 삶이든, 작품이든, 일이든, 타인이나 환경이 아닌 스스로 만든 질문에서 비롯돼야 매슬로가 말하는 창조적인 자기실현이 된다. 예술적 창조는 이 단계에서 위아래를 왔다 갔다 하게 된다.

그럼에도 빈 캔버스에 무엇을 그려야 할지 두렵고 막막할 것이다. 생각나는 아이디어가 없다면 우선 일상에서 자신이 좋아하는 작은 일에서부터 시작할 수 있다. 음식을 공들여 만들거나, 산책하며 새로운 길을 찾거나, 감정이나 느낌을 글이나 음악으로 표현하는 등 자기 일상에 관심을 갖는 것이다.

뉴욕의 하프마라톤 코스를 보면 재치 있는 응원도구와 표지판, 우스꽝스러운 복장의 사람들까지 선수들의 힘을 북돋워줄 수 있는 수많은 아이디어로 가득하다. 이처럼 애정과 즐거움을 창조적인 놀이로 실험해볼 수 있다. 그러면 일상의 수준이 올라간다. 또는 지메일을 개발한 부케이트처럼 평소 거슬리는 문제를 해결하는 것에서부터 시작할 수도 있다.

> 어떤 제품을 사용하면서 약간의 불편이나 짜증을 느낀다면 그 부분을 잘 살펴보라. 사소한 골칫거리를 마주하는 순간을 말이다. 우리가 지메일에 넣은 특징은 대부분 내가 이용하면서 짜증을 느꼈던 것들이었다. 그에 대한 해결책을 찾으려고 했다.

어느 쪽이든 스튜디오 타임을 습관화하기 위한 브레인스토밍 목록이라고 생각하면 된다. 그러면 편안한 마음으로 시작할 수 있다.

세상에 그냥 낭비되는 것은 하나도 없다

스튜디오 타임의 핵심은 모든 부분이 합쳐져서 더 위대한 것을 만들어낸다는 깨달음이다. 곧바로 결과가 보이지 않을지라도 이런 부분들이 모여 전체에 기여한다. 수치심과 취약성에 대해 연구하는 전문가이자 《마음 가면(Daring Greatly)》의 저자인 브레네 브라운(Brene Brown)은 2014년에 일에 대한 열정 없이 오직 취직을 위한 취직을 걱정한다는 한 학생에게 공개 편지를 썼다.

> 나는 '세상에 그냥 낭비되는 것은 하나도 없다'는 신조로 살아갑니다. 배움을 목표로 한다면 공부와 인턴십도 당신에게 도움이 될 거예요. 나는 연구하는 사람이지만 바텐더와 식당 종업원, 고객센터 야간 근무, 사회복지사와 교사로 일했던 짧은 경험 덕분에 지금의 성공에 이르렀다고 생각합니다. 그 직업들이 사람들의 행동과 공감에 대해 많은 것을 가르쳐줬기 때문이죠.

스튜디오 타임에서는 시간이 절대로 낭비되지 않는다. 배움을 위해 사용되는 시간이고 연습이기 때문이다. 포가티는 학교 창문으로 탈출해 낚시를 하러 갔던 자신의 취미가 훗날 혁신적인 의료 기구 발명에 기여하리라고는 전혀 생각하지 못했다. 관심이 있거나 좋아하는 일을 하는 것은 절대로 낭비가 아니다.

발명의 역사에는 시간 낭비처럼 보이는 것들이 잔뜩 포함돼 있다. 라이트 형제는 '하늘을 나는 기계'에 열정을 불태우며 세계 최초로 비행기를 발명했는데, 그때 사용된 도구의 대부분이 그들이 오하이오

주 데이턴(Dayton)에서 운영하던 자전거 수리점에서 나왔다. 만약 그들이 자전거 수리점을 하지 않았다면 비행기를 발명하지 못했을지도 모른다.

미국의 26대 대통령이 되는 시어도어 루스벨트(Theodore Roosevelt)는 1884년 2월 14일 한날에 아내와 어머니를 잃었다. 상실감에 사로잡힌 그는 현재의 노스다코타에 있는 목장으로 가서 자연에 기대 3년을 살며 슬픔을 이겨냈다. 정치를 하는 사람이라면 정사에 관련된 일이나 기부자를 설득해야 할 때를 제외하고는 워싱턴 DC를 벗어나지 않는다는 사실로 볼 때 루스벨트가 미래의 야망을 계획하지 않고 단순히 자신의 삶을 살았다는 사실이 무척 새롭게 다가온다. 그의 뛰어난 업적 중 하나는 환경보존에 앞장선 것인데, 삼림청을 만들어 2억 3,000만 에이커에 달하는 광활한 땅을 국립공원으로 지정하고 공공 목적으로만 사용하도록 용도를 제한했다. 이런 개혁은 그가 노스다코타에서 보낸 시간이 낭비가 아니었음을 증명한다.

당신의 삶에도 일어날 수 있는 일이다. 과거는 현재를 넘어 미래로 이어진다. 이런 일들은 마치 추리 소설 속 사건의 중요한 단서처럼 현재의 우리 주변에서 나타난다. 작고 사소해서 지나친 내용이 갑자기 사건 전개에 필수적인 역할을 하듯이 삶의 구석에서 중앙으로 이동한다. 작은 것이라도 관심 있는 일들에 열정을 쏟으면 더욱 다양한 풍경을 볼 수 있는 관점을 갖게 된다. 하고 싶은 일에 도전하거나 문제의 해결책을 찾아야 할 때처럼 무언가를 새로 시작할 때의 마음과 의미는 행동을 움직이는 강력한 엔진이 될 것이다. 프란치스코 교황은 이렇게 말했다.

"일에는 수익이라는 경제적 목표가 있지만, 무엇보다도 인간과 그의 존엄성에 관련된 목표가 있다."

문자 그대로 단순 업무든 관심 분야를 추구하는 것이든 모든 일에는 존엄성이 포함돼 있다. 프란치스코 교황도 신학교에 들어가기 전에는 화학공장 기술자로, 나이트클럽 경비원으로 일하기도 했다. 물론 존엄성만 가지고 일을 진행하거나 문제를 해결할 수는 없다.

〈월스트리트저널〉에 "열 개의 총알"이라는 창조적 과정에 대한 글을 기고한 톰 삭스(Tom Sachs)는 창조적 프로젝트가 항상 순수한 노력을 일으키지는 않는다고 말한다. 집요한 노동이 필요하지만 예상치 못하게 해결될 때도 있기 때문이다. 그가 내놓은 아홉 번째 총알은 다음과 같다.

> 미뤄라: 처음에 성공하지 못하면 곧바로 포기하고 다른 일로 넘어가라. 그리고 도저히 참을 수 없을 때 다시 첫 번째 문제로 돌아가라. 휴식이나 수면 중에 당신의 잠재의식이 작용하게 될 것이다.

무수히 많은 창조적 일들이 휴식을 취한 후에 해결된다. 일과 휴식은 앞에서 말한 것처럼 따로 분리할 수 없다. 각 부분이 전체를 이룬다. 이것은 교육과 비즈니스, 신경과학 같은 서로 동떨어진 분야의 연구에서도 증명된 사실이다. 1929년 독일의 신경학자 한스 베르거(Hans Berger)는 세계 최초로 휴식을 취할 때도 뇌가 활동한다는 것을 증명했다. 1990년대에 fMRI(기능적 자기공명영상)를 통해 혈액이 이동하는 뇌 모습을 볼 수 있게 됐다는 점을 생각하면 상당히 놀라운 연구 결과였다. 결과적으로 뇌에 '디폴트 모드 네트워크(default mode network)'가 있다는 이론이 나왔다. 뇌가 휴식을 취하는 것처럼 보여도 활동하고 있다는 뜻이다. 이러한 활동은 뇌가 배운 것을 합치고 정리해서 한곳으로 모으게 해준다. 의도적인 미루기는 시간을 버리는 것이 아니라 반대로 늘리는 비결이 될 수 있다.

⌇⌇ 휴식의 놀라운 효과

아무것도 하지 않는 것이 생산적일 수 있다는 연구 결과도 있지만, 우리는 일하지 않는 것에 두려움을 가지고 있다. 할 일을 하나씩 지워나가면 내 삶의 통제권을 쥐고 있는 느낌이 들기도 한다. 하지만 창조적인 자아에게 정말로 필요한 것은 휴식과 멈춤이다. 개별적인 경험 조각을 이어 붙여서 의미 있는 전체를 만들 수 있도록 빈 공간이 필요하다.

2012년 국제 학술지 〈심리과학조망(Perspectives on Psychological Science)〉에 실린 메리 헬렌 이모르디노-양(Mary Helen Immordino-Yang)과 조애나 A. 크리스토돌로(Joanna A. Christodoulou), 바네사 싱(Vanessa Singh)의 논문 〈휴식은 게으름이 아니다(Rest Is Not Idleness)〉에서 뇌의 디폴트 모드가 자아 형성의 토대가 된다고 밝혔다. 외부 세계의 과제 달성에 너무 집중하면 자아를 유지하는 데 필요한 '깨어 있는 휴식'과 성찰을 위한 시간이 없어진다고 말했다.

그 이전에 하버드 경영대학원의 레슬리 A. 펄로(Leslie A. Perlow) 교수는 글로벌 기업들이 쉴 새 없이 일하고, 온갖 미팅과 회의가 빼곡하다 보니 직원들이 퇴근할 때도 일거리를 가져가서 제대로 쉬지 못한다는 사실을 알고, 휴식의 중요성을 확인하기 위해 보스턴컨설팅그룹(Boston Consulting Group)의 직원들을 대상으로 다년간에 걸친 연구를 실시하고 2009년에 결과를 발표했다. 실험은 경영 컨설턴트들에게 잠깐의 휴식이 아니라 규칙적인 일정의 휴식을 제공하도록 고안됐다. 한 그룹은 한 주의 중반에 하루를 쉬게 했다. 또 다른 그룹은 특정한 날을 지정해 저녁 6시 이후로 이메일 확인을 비롯한 업무 처리를 못하게 했다.

처음에는 직원들이 불안감을 보였지만(당시 인수합병 후 구조조정으로 한창 스트레스를 받고 있어서 의도적으로 실험에 선택된 팀도 있었다), 결과적으로 두 팀 모두 활기를 되찾고 일의 성과도 올라갔다. 또한 고객과의 의사소통과 신뢰도가 월등하게 향상됐다는 결과를 확인했다. 실험 이후 보스턴컨설팅그룹은 전 세계 지점을 대상으로 조정된 휴식제를 실행하고 있다.

현대의 사무실 환경은 24시간 대기를 요구하는 경우가 많다. 실제로 24시간 내내 일하는 것은 아니지만 갑자기 호출이 올 수도 있고, 이메일을 분 단위로 확인해야 할 때도 있다. 휴식의 중요성을 확인한 펄로 교수는 2014년에 휴식이 개인의 성과 및 행복에 끼치는 영향과 팀 전체의 생산성에 끼치는 영향에 대한 또 다른 연구를 실시했다. 결과적으로 교수는 조정된 휴식을 '생산성 향상 시간(enhanced productivity days)'이라고 칭하며, 팀원들이 동시에 휴식을 취할수록 팀 전체의 생산성이 크게 개선될 뿐만 아니라 팀의 만족도가 커지고 이직률이 줄어든다고 말했다.

이 같은 사실은 휴식이 뇌라는 엔진의 기본적인 역량을 길러주고 어쩌면 모자란 부분을 손봐주기도 한다는 것을 알려준다.

︿︿ 시작할 수 있는 힘

포가티 박사는 현재 캘리포
니아에 있는 엘카미노병원(El Camino Hospital)에서 혁신 연구소를 운
영하고 있다. 그가 늘 입에 달고 다니는 "환자 우선, 환자 우선, 환자
우선"이라는 말처럼 환자들을 가까이에서 돌보기 위해 지역 병원 내
에 보금자리를 마련하고, 의료 기구뿐만 아니라 의사들의 수련 방법
같은 전체적인 의학 시스템도 개발하고 있다.

그는 복잡한 문제에 대해 토론할 때 그 분야에 대해 전혀 모르는
사람을 동참시켜서 대화의 개선을 유도해낸다고 한다. 다양한 분야
의 사람들을 모으는 것은 '전체의 삶'이라는 사고방식의 지적인 형태
라고 할 수 있다. 삶의 공간을 만들기 위해 엘리야의 빈 의자를 놓아
두는 것과 같은 이치다.

간과하기 쉬운 사실이지만 풍선 카테터를 처음 만들었을 때는 성
공에 대한 확신이 없었고, 외과의들은 그것을 사용하는 데 큰 용기가
필요했으며, 상품화되지 않을 수도 있었다. 풍선 카테터를 제조하고
보편화시키는 작업은 발명하는 것에서 그치지 않고 의학 학술지나
제조업체, 의료진 등 포가티가 몸담은 분야의 경로를 통해 세상에 내

놓는 과정도 포함돼 있다.

풍선 카테터를 가장 먼저 사용한 사람은 그의 스승인 크랜리 박사였다. 그럼에도 포가티는 그 결과를 실어줄 의학 학술지는 물론 지속적으로 생산할 업체도 찾을 수 없었다. 스무 개 업체에서 거절당한 후에야 업체를 찾았다.

포가티의 여정은 창조의 시작점을 상기시켜준다. 일과 성공의 비율이 항상 1 대 1이어야 한다는 생각을 버리고 마음껏 탐구할 수 있는 호기심과 관찰을 위한 공간을 마련해야 한다는 것을 말이다. 포가티는 초기 시도에 대해 이렇게 말했다.

"모르는 게 너무 많아서 과연 성공할지 알 수가 없었어. 그게 바로 시작할 수 있는 힘이자 단념하지 않는 방법이었지. 새로운 시도는 모르는 상태에서 이뤄지는 경우가 더 많다고 생각해."

그의 이야기는 창의적 결과물이 예술이 고립된 목표보다 삶의 전체적인 영역이 합쳐진 데서 나올 가능성이 높다는 가르침을 준다. 언덕과 계곡으로 이뤄진 삶의 큰 풍경에는 이것저것 손대고 만져볼 수 있는 작은 공간이 들어가 있어야 한다. 주말이든 출퇴근 때의 자투리 시간이든 지속 가능한 시간을 만들고 꾸준히 경험해나간다면, 큰 풍경의 일부분들이 서로 연결되어 새로운 길을 열어줄 것이다.

과정 즐기기

어떠한 삶이든 내적인 관점에서 보면
패배의 연속이다.

_ 조지 오웰(George Orwell)

1949년 앨라배마 출신의 평범한 스물세 살 여성이 대학교를 중퇴하고 뉴욕으로 건너갔다. 그녀는 어퍼 이스트 사이드(Upper East Side)에서 온수설비가 없는 아파트를 구하고 서점에 취직했다. 다음 해에는 급여가 두 배로 높은 이스턴 항공사 예약 창구 직원으로 일하기 시작했다. 항공사에서 몇 년간 일하다 영국 항공(British Airways)의 전신인 BOAC(British Overseas Airways Corporation)로 이직했다. 그녀와 함께 일한 사람들은 그녀가 내성적이고 눈에 띄지 않는 평범한 사람이었다고 말했다. 한 친구는 "그녀가 책을 쓴다고 말하기는 했지만 다들 대수롭지 않게 여겼어요"라고 말했다.

그녀는 10년 동안 항공사에서 일한 후 그동안 쓴 소설을 출간했다. 담당 편집자는 큰 기대는 하지 말고 잘하면 2,000부 정도가 팔릴 것이라고 말했다. 데뷔 소설의 판매 부수가 대부분 그 정도였다. 그런데 소설이 나오자마자 폭풍 같은 찬사를 받으며 〈시카고트리뷴(Chicago Tribune)〉과 〈뉴욕타임스〉 베스트셀러가 됐고, 그 이듬해에 문학 부문 퓰리처상을 수상했다. 이 소설은 바로 1960년에 출간된 《앵무새 죽이기》였다. 그저 평범한 사람이라던 그녀는 미국 문학의 역사를 다시 썼다는 평가를 받은 작가 '하퍼 리'였다.

1964년 한 인터뷰에서 하퍼 리는 소설이 어떤 반응을 얻을 것이라고 생각했느냐는 질문에 다음과 같이 대답했다.

《앵무새 죽이기》로 이렇게 성공을 거둘 줄은 전혀 예상하지 못했어요. 책이 팔린다는 생각조차 못했죠. 그저 평론가들의 손에서 신속하고 자비로운 죽음을 맞이할 수 있기를 바랐어요. 하지만 그러면서도 누군가 내 책을 보고 나를 격려해줬으면 하는 마음도 있었어요. 공개적인 격려 말이에요. 적은 것을 바랐는데 너무도 큰 것을 얻었어요. 하지만 어떤 면에서는 내가 기대했던 신속하고 자비로운 죽음만큼이나 두려운 일이었죠."

지금은 하퍼 리가 A 지점에서 B 지점으로 이동한 경로를 지도에 핀으로 표시한 것처럼 확실하게 알 수 있지만 그녀가 일하며 날마다 글을 썼던 1950년대에는 B 지점이 존재하지 않았다. 그녀는 자신의 삶이 어떻게 될지 항공사진처럼 훤하게 볼 수가 없었다. 한마디로 그녀는 '캄캄한 과정'에 놓여 있었다.

아트씽킹의 두 번째 사고방식은 한눈에 훤히 보이는 관점과 지금의 위치밖에 보이지 않는 관점의 사이에 있다. 창조적인 공간에서 살아가려면 아직 '진행 중'이라는 구조적 취약성에 익숙해져야 한다. 무언가를 시도하는 경험은 하퍼 리가 집필 과정에 대해 말한 것처럼 청바지 세 벌이 닳아서 구멍이 날 정도로 의자에 앉아 있어야 하는 것과 가깝다. 용감하게 직업을 바꾸고, 배우자를 찾고, 창업을 하고, 아이디어를 발전시키고, 책을 쓰는 일도 마찬가지다. 어떤 분야에서든 생산성을 발휘하려면 결과가 아니라 '과정'에 집중해야 하며, 이것을 도와주는 생각의 도구가 필요하다.

첫째, 평가에 대한 생각을 바꿔야 한다. 비평가의 비판을 창조자인 자신의 분별로 바꿔서 작품이 좋은가, 나쁜가에 대한 평가는 제쳐두고, 잘되어가고 있는 것과 개선 가능성이 있는 것을 우선으로 생각하는 의도적인 노력이 필요하다.

둘째, 좋고 나쁜 것에 대한 스스로의 판단에 철학적인 관점을 추가해야 한다. 판단이란 시간의 흐름에 따라 얼마든지 바뀔 수 있다. 처음에는 실패 또는 성공처럼 보이다가도 나중에 보면 반대가 되기도 하고, 긴 여정의 한걸음에 불과하다는 사실을 깨닫기도 한다.

셋째, 현재에 집중하는 습관을 길러야 한다. 이것은 명상과 비슷한 과정이다. 현재에 주의를 집중하면 과정에 머물러 있는 지금의 상태가 편안해진다.

이 세 가지 도구를 사용하면 캄캄한 과정을 두려워하지 않고 스튜디오 타임에 머무르는 힘이 생긴다. 하퍼 리의 경우처럼 내적인 관점에서 한 단계씩 발견하며 나아가야 하는 과정이다. 과정은 분야를 막론하고 모든 예술의 본질이다. 그것은 자신을 완전히 믿는 일이기도 하다. 진정한 자신과 이어져 온 마음을 다한다면 가치 있는 무언가를 만들어낼 수 있다고 믿는 것이다. 도중에 실패하든 성공하든 상관없다. 시도하는 행위 자체가 곧 승리고, 과정에 있을 때는 판단을 미루면 미룰수록 성공도 더 크게 다가온다.

알지 못하고 잘하지 못한다는 취약성이야말로 사실은 돌파구가 일어나는 유일한 문이다. 하퍼 리는 《앵무새 죽이기》에서 주인공 스카우트의 아버지 애티커스의 입을 빌려 이렇게 말했다.

"시작하기도 전에 불리하다는 걸 알지만, 그래도 시작하고 무슨 일이 있어도 끝까지 완수하는 그것이 바로 용기야. 드물지만 가끔 이길 때도 있지."

창조적 과정에 있는 시간은 용기와 긍정적인 태도, 위험을 무릅쓰고 선택한 질문에 대한 확고한 탐구 자세를 필요로 한다.

〰〰 결과가 과정을 방해한다

1971년 사회심리학자 에드워드 존스(Edward Jones)와 리처드 니스벳은 행위자와 관찰자의 편향에 대해 설명했다. 그것은 전체적 관점과 제한적 관점의 차이를 보여준다. 존스와 니스벳은 사람들이 자신의 행동은 상황에 따라 다르게 보고, 타인의 행동은 고정적으로 바라본다고 말했다. 예를 들면 '오늘 자신이 한 이상한 행동은 컨디션이 좋지 않아서였고, 남들의 행동은 얼간이라서 그렇다', '불법 유턴을 한 이유에 대해 자신은 아이가 학교 끝나는 시간에 맞춰서 가야 했기 때문에 어쩔 수 없었고, 남들은 형편없는 운전자라서 그렇다'고 생각하는 것이다. 이처럼 자신의 행동은 상황적 요인으로 설명하는 반면, 타인의 행동은 근본적인 인성을 드러낸다고 생각한다.

행위자와 관찰자, 과정과 완전한 결과라는 편향된 시선은 잘못된 시각을 만들어내 시작과 끝을 혼동하고 실수하기가 쉽다. 대표적으로 타인의 완성된 작품을 자신의 진행 중인 작품과 비교하는 것이다. 그러면 애초에 시작하는 것 자체가 불가능해진다. 노래를 만들려고 하는데 비틀즈의 앨범과 비교한다면 어떻게 되겠는가? 무언가를 만드는 도중의 제한적 관점과 완성된 후의 전체적 관점의 차이를 알면 대부분의 시작은 투박하고 허접하고 하찮다는 사실을 알 수 있다. 이야기를 쌓아가지 않으면 작품이 완성되지 않는 것처럼 말이다.

언젠가 참석했던 결혼식이 무척이나 아름다워서 감명받은 적이 있었다. 신랑과 신부는 정말 행복해보였고 한눈에도 사랑에 푹 빠진 것이 보였다. 축사 또한 진실하고 감동적이어서 옆에 있던 친구에게 저렇게 사랑하는 커플은 처음 본다고 말했다. 그랬더니 친구가 "신랑이 처음 프러포즈했을 때 신부가 거절했었는걸" 하고 대답했다. 창조적 과정도 이와 비슷하다고 이해하면 된다.

하퍼 리는 1926년 4월 28일 앨라배마 주 먼로빌(Monroeville)에서 태어나 자랐다.《앵무새 죽이기》의 배경인 메이콤(Maycomb)과 매우 비슷한 시골 마을이었다. 그녀의 아버지도 애티커스와 매우 비슷했다. 작가 트루먼 커포티(Truman Capote)가 이웃집에 살아서 친해졌고, 그녀가 뉴욕으로 건너간 후에도 활발하게 교류했다. 그녀는《앵무새 죽이기》를 쓰기 전까지 학생 신문에 글을 써본 것이 고작이었지만 어려서부터 언어에 관심이 많았고, 아버지가 준 검은색 타자기를 커포티와 함께 어디든 가지고 다니며 놀았다.

하퍼 리는 여성들의 예비 신부 학교였던 헌팅턴칼리지(Huntington College)를 마치고, 앨라배마대학교에 들어가 교내 유머 잡지 〈래머재

머(Rammer Jammer)〉에서 인종 간의 관계에 대한 글을 쓰기 시작했다. 그녀는 여학생 사교 모임에 가입하고 남자용 파자마를 즐겨 입으며 줄담배를 피우고 욕을 좋아하는 등 독창적인 성격을 가진 자립적인 여성이었다. 당대의 티나 페이(Tina Fey) 같은 유형이었다. 이처럼 나는 그녀의 삶에 대해 쓸 수 있지만 오직 외부적인 관점에서만 가능하다.

1956년 크리스마스 때 그녀는 일이 너무 바빠서 집에 갈 수 없었다. 그래서 할 수 없이 뉴욕에 남아 친구 조이, 마이클 브라운 부부와 크리스마스를 함께 보냈다. 조이는 발레리나였고, 마이클은 산업 뮤지컬 작곡가였다. 그해 브라운 부부는 경제적으로 매우 큰 성공을 거뒀다. 평소에는 서로 형식적인 선물을 주고받을 뿐이었는데, 부부는 아이들이 선물을 다 뜯어본 후에 하퍼 리에게 크리스마스트리 아래에 놓인 봉투를 열어보라고 했다. 봉투 안에는 그녀가 집필에 전념할 수 있도록 1년치 급여를 지원하고 싶다는 글이 적혀 있었다.

그녀는 몇 주 후 다른 친구에게 보낸 편지에 이렇게 적었다.

"그들은 내가 쓴 책이 한 푼도 벌지 못해도 상관없대. 그저 내 재능을 진지하게 써보기를 바란다는 거야. 그러면 내 성격 중 무엇인가가 파괴되겠지만,

내가 원했던 길로 나아갈 수 있겠지. 이 제의에 감사하기도 하고 놀랍기도 하고 만감이 교차하지만, 나를 성장시켜줄 기회라는 끔찍한 느낌이 들어."

집필을 끝낸 후에도 편집자를 구하고, 단편 소설을 장편 소설로 다시 써야하는 과정이 기다리고 있었다. 그녀가 처음에 쓴 원고는《파수꾼(Go Set Watchman)》의 일부가 됐다.《앵무새 죽이기》가 완성되기까지 너무도 많은 부침이 있었기에 어느 날은 좌절하며 창밖으로 원고를 집어 던졌다. 그러고는 담당 편집자인 테이 호호프(Tay Hohoff)에게 전화를 걸어 그간의 설움을 토로했다. 편집자가 겨우 달래줘서 그녀는 방수용 덧신을 신고 눈 내리는 밖으로 나가서 원고를 도로 주워왔다. 그렇게 완성된 원고가 전 세계에서 4,000만 부 이상 팔리며 그녀는 한순간에 세상에서 가장 영향력 있는 작가 반열에 올랐다. 하지만 그녀는 책이 완성되기 전까지 그저 바쁘게 글을 썼을 뿐, 미래의 성공에 대해서는 전혀 알지 못했다.

〰〰 평가와 분별의 정의

창조적 작업의 초기 단계에서 일을 평가하는 두 가지 형태가 있는데, 바로 '평가'와 '분별'이다. 평가는 작품을 이해하려는 행동인 동시에 작품을 '좋거나, 나쁜 것'으로 가치를 규정하는 행동이기도 하다. 그래서 당신을 행위자에서 관찰자로 바꾼다. 창조자로서 앞으로 나아가려면 평가보다 분별이 필요하다. 평가가 성공을 순간적으로 판단해서 고정하는 것이라면, 분별은 잘되고 있는 것과 그렇지 않은 것을 헤아리는 과정이다. 한마디

로 평가가 이름표를 붙이는 과정이라면, 분별은 배움의 과정이라고
할 수 있다.

구글의 연구기관인 구글 X는 초기 단계에서 분별의 역할을 잘 보
여준다. 심리학자인 리카르도 프라다(Ricardo Prada) 박사가 구글 X의
중앙 디자인 팀을 이끌어 가는데, 온화하고 사려 깊은 연구자로 제품
이 시장에 나오기 훨씬 전부터 프로젝트의 실행 가능성을 파악하는
일을 한다. 지극히 미래적으로 보이는 자율주행자동차 같은 프로젝
트가 언론에 처음 보도됐을 때 프라다 박사 팀은 이미 그 아이디어를
오래 전부터 봐왔다. 디자이너, 개발자, 연구원들로 이뤄진 그의 팀원
들은 B 지점에 도달할 가능성이 매우 모호한 초기 단계에서 프로젝
트를 맡을 것인지 고려하라는 요청을 받는다.

아이디어를 실제 상품으로 세상에 내놓으려면 분별이 필수적이다.
또한 그들의 업무에는 반드시 평가가 개입된다. 모든 프로젝트를 추
진할 수 없기에 '거절'해야 하는 것도 있기 때문이다. 하지만 그들은
좋거나 나쁜 이름표만 붙이는 고정적인 비평가는 아니다. 프라다는
작업 과정에 대해 이렇게 말했다.

"물론 아무것도 하지 않는 것보다는 낫지만, 사람들에게 아이디어
가 좋은지, 나쁜지를 평가해서 말해주는 것은 별로 큰 도움이 되지 않
습니다. 나쁘다면 어디가 나쁘고, 어떻게 고치면 될지를 이야기해야
합니다. 아니면 그중에서 좋은 부분을 어떻게 하면 더 개선할 수 있는
지 방향을 제시해야 합니다."

이러한 분별 과정은 연구의 산물이라 스프레드시트나 다양한 사
회과학적인 방법에 의존해 분석할 수도 있지만, 기본적으로 인간적
인 관점에서 출발해야 하다. 그의 팀은 결국 과정을 헤쳐 나가는 사람

들의 집단이기 때문이다.

평가와 분별의 중요한 차이는 스탠퍼드대학교의 사회심리학 교수 캐롤 드웩(Carol Dweck)의 '성장 마인드세트(growth mindsets)'와 '고착 마인드세트(fixed mindsets)'의 차이에 대한 연구에서 잘 드러난다. 드웩은 성장 마인드세트(마음가짐)를 가진 사람들은 결과보다 노력을 중요시하기 때문에 실패해도 크게 좌절하지 않는다는 사실을 발견했다. 반면 고착 마인드세트를 가진 사람들은 노력보다 타고난 능력에 영향을 받기 때문에 실패하면 자신의 지성과 능력 부족으로 판단했다. 그래서 그들은 절대로 실패로 얼룩지지 않고 연이은 성공으로 나아갈 수 있는 삶만을 배열해놓고서 스스로 똑똑하다는 믿음을 강화했다. 하지만 성장 마인드세트를 가진 이들은 스스로를 평가하거나 이름표를 붙이지 않고, 그저 또 다른 정보로써 받아들이며 경험을 통합시켰다.

어떤 종류의 창조적 작업을 실행 중이든 그것은 당신의 지능이나 기본적인 능력에 대한 시험이 아니다. 무언가를 만들고, 나아가 더 좋은 방법으로 개선하려는 탐구 과정이다. 현대의 직장 환경은 성장 마인드세트를 기르기 어렵게 한다. 대부분의 학교에서는 높은 성적을 강요하고, 회사에서는 성과를 중심으로 인사평가를 한다. 자신이 하고 있는 일에 대해 늘 평가하며 결과적으로만 설명해야 한다면 방어적이거나 무력해지기가 쉽다. 물론 회사에서 평가가 수행하는 역할이 분명히 있지만, 어떤 일의 시작점에서 작용해야만 이상적이다. 예를 들면 인재를 채용하거나 새로운 프로젝트를 맡거나 인수합병에 동의할 때 등이다.

방어적이거나 무력한 상황에서 단기적으로 당신을 꺼내줄 수 있는 동력은 바로 호기심이다. 언제든 정확하려고 하기 보다는 스스로에게 호기심을 허용해라. 호기심을 장려하는 문화를 만드는 방법은 아래에서 다시 살펴보겠다.

분별을 이해하는 가장 쉬운 방법은 스스로 화가라고 생각해보는 것이다. 화가는 캔버스가 놓인 이젤 앞에 있을 때 붓이 닿을 정도로 가까이 다가가기도 하고, 멀찍이 떨어져서 전체 그림을 바라보기도 한다. 보통은 이 두 가지를 동시에 할 수 없다. 그래서 예술가들의 작업실에는 대부분 오래된 안락의자가 있다. 안락의자에 앉아서 느긋하게 작품을 관찰한다. 이 부분이 중요하다. 안락의자에 앉으면 전체 그림이 보여서 잘돼가고 있는 부분을 식별하는 데 도움이 된다. 하지만 너무 자주 앉으면 작업을 끝낼 수가 없다.

레오나르도 다 빈치의 노트에는 분별과 작업을 왔다 갔다 하는 연습에 대한 조언이 적혀있다.

"자신의 작품에 끈덕지게 붙어 있으면 스스로에게 기만당한다."

뒤로 물러날 틈 없이 계속 작업만 하면 자신이 만든 작품에 대해 제대로 알 수 없다는 뜻이다. 다 빈치는 화가들에게 평면거울을 옆에 두고 주기적으로 작품을 거울에 비춰보라고 말했다. 좌우를 거꾸로 보면 너무도 익숙해서 알지 못했던 작품의 강점과 약점을 알 수 있다. 이젤 앞에 서 있는 시간과 안락의자에 앉아 있는 시간, 즉 작품을 만드는 일과 진행 상태를 살펴보는 일에 균형이 필요하다.

분별은 평가가 아니라 의식이라는 것을 꼭 명심하자. 그림을 그릴 때, 즉 은유적으로 어떤 프로젝트를 실시할 때는 자신이 만든 작품을 관찰할 수 있어야 한다. 관찰은 분별에서 가장 중요한 부분이다. 관찰을 건너뛰고 평가로 넘어가는 것은 과정에 머무르지 않고 결과로 돌

진하는 것이나 마찬가지다.

예술은 본래 관찰과 직접적으로 연결돼 있다. 그린다는 것은 자세히 본다는 뜻이다. BBC 역사 다큐멘터리 〈문명(Civilisation)〉의 진행자로 유명했던 영국의 미술사학자 케네스 클라크(Kenneth Clark)는 1930년대에 쓴 레오나르도 다 빈치에 관한 책에서 이렇게 말했다.

"레오나르도 다 빈치가 그림을 잘 그린 이유는 아는 것이 많아서라고 하지만, 그림을 잘 그렸기 때문에 아는 게 많았다는 표현이 더 정확하다."

예술가는 보기 위해서, 그리고 그리기 위해서 수없이 보는 과정을 거친다. 분별은 호기심 넘치는 관찰 행위와 작품을 만드는 행위를 연결해준다. 클라크는 다 빈치에 대해 "의심할 여지없이 지금까지 살았던 인간 중 가장 호기심 많은 인간"이라고 표현했다. 이처럼 호기심은 분별의 동력으로써 과정을 진행시켜준다.

당신은 혼자 또는 팀원들과 같이 일할 때 안락의자에 앉거나 이젤 앞에 붓을 들고 서 있는 시간이 있는가? 또는 의자에 단단히 들러붙은 것처럼 집요하게 빠져 있는 순간을 알아볼 수 있는가? 만약 뒤에

서 누군가가 쳐다보며 일일이 평가한다면 당신은 작업을 제대로 할
수 있겠는가? 이 질문에 수월하게 대답했다면 당신은 창조적 작업의
과정을 충분히 이해한 것이다. 이제는 과정을 즐기면서 내가 만든 게
무엇인지, 어떻게 하면 좀 더 낫게 만들 수 있을지를 고민하며 가끔씩
뒤로 물러나 바라보면 된다.

평가를 피해야 하는 가장 중대한 이유는 초기 단계의 작품에는
보호가 필요하기 때문이다. 픽사의 공동설립자인 에드윈 캣멀(Edwin
Catmull)은 작품의 보호에 대해 이렇게 말했다.

독창성은 취약해서 부서지기 쉽다. 그리고 처음에는 아름다움과 거리가 멀
어 보이는 경우가 많다. 내가 우리 영화의 초기 모형을 '못난이 아기들'이라
고 부르는 이유도 그 때문이다. 그것들은 어른으로 성장했을 때의 미니어처
버전이다. 정말 못생겼다. 어설프고 형태도 미숙하고 취약하고 불완전하다.
가끔씩 영화의 초기 영상을 최종본과 비교하고 싶은 충동을 느낀다. 초기 작
품을 완전한 작품만이 충족할 수 있는 기준에 대려는 것이다. 못난이 아기들
이 너무 빨리 평가 당하지 않도록 지켜주는 것이 우리의 임무다. 새로운 작
품은 지켜줘야 한다.

새로운 작품을 지킨다는 것은 평범한 작품을 사수한다는 뜻이 아니라 엄격함을 내려놓고 너그러운 태도를 갖춘다는 의미다. 엄격함은 초기 작품에 턱없이 높은 기준을 들이대는 것이다. 반면 너그러운 태도는 현재 상태가 전부가 아니라는 생각으로 가능성에 긍정적이며, 판단을 보류한다는 뜻이다. 나는 예술가들에게 비즈니스를 가르칠 때 너그러운 마음을 가지라고 조언한다. 처음에는 수익을 바라지 말고 오로지 작품을 세상에 내놓으라고 말이다. 그러나 대부분의 기업 전략에는 너그러운 태도가 포함돼 있지 않다.

큰 상을 받은 사람들이 새로운 프로젝트를 시작하는 모습을 지켜보면 성장 마인드세트에 대해 많은 것을 배울 수 있다. 언젠가 미국의 소설가 앤서니 도어(Anthony Doerr)와 이야기를 나눌 일이 있었다. 당시 그가 《우리가 볼 수 없는 모든 빛(All the Light We Cannot See)》으로 2015년 퓰리처상을 수상했을 때였다. 그는 수상에 대해 감사함을 느끼지만, 예전에 쓴 네 권의 책보다 퓰리처 수상작에 더한 애정을 느끼지 않는다고 말했다. 그러면서 자신이 할 일은 언제나 책상에 앉아 다음 책을 쓰는 것이라고 했다. 그는 매번 글을 쓸 때마다 이야기가 중간에 끊어질지도 모른다는 위험을 감수하며 작업한다고 했다. 글을 쓰기 시작할 때는 이야기가 어떻게 될지 알 수 없고, 마찬가지로 다 쓴 후에도 반응이 어떨지 모른다는 의미였다.

신제품을 출시하거나 회사를 창업하려는 사람들도 비슷한 입장에 놓여 있다. 상이나 연봉 인상, 승진, 성공 같은 삶의 변곡점을 미리 알아볼 수 있기를 바랄 것이다. 하지만 그러면 월계관을 쓴 채 그 어떤 평가에도 무기력해지는 고착 마인드세트에 머물러 있기가 쉽다. 그런 순간에 분별의 마인드세트를 선택해야 한다. 실패든 성공이든 작품이 완성되면 다음 작품을 하고 싶어야 한다. 그것이 과정의 성공을 좌우하는 길이다.

〰️ 유예 기간을 정하라

분별의 마인드세트를 수용하는 효과적인 방법은 평가를 미래로 미루는 능동적인 선택을 내리는 것이다. 즉 '유예 기간'을 정해서 평가를 연기해야 한다. 지금 리포트나 기획안을 완성해 제출하거나 완벽하게 해결해야 하는 중요하고도 겁나는 일이 있는가? 끝마치기 전까지 시간을 얼마나 끌어모을 수 있는가? 경우에 따라서 빠르면 단 30분일 수도 있고, 길면 1년 이상일 수도 있을 것이다.

유예 기간을 쉽게 이해하기 위해 우리가 진로를 결정해야 하는 졸업을 앞둔 대학원생이라고 가정해보자. 쉽게 결정할 수 있는 문제가 아니라는 것을 잘 알고 있지만, 진로라는 질문을 하는 순간 결정에 몰두해서 다급함을 느낄 것이다. 만약 나라면 앞으로 2주 동안, 심지어 꽤 오랫동안 결정을 내리지 않아도 된다고 할 것이다. 미래의 일을 결정해야 하는 중요한 순간이기 때문에 유예 기간을 파악한 후 구체적인 계획을 세울 것이다. 캄캄한 과정에 있는 시간을 허용한다

면 그동안은 결과에 상관없이 진실한 배움을 시작할 수 있다.

'아직도 모르겠어? 답이 뭐지?'라는 평가에 머무르지 않고 결정을 내리기 위해서 필요한 정보를 구하고 자문하고 수집해나갈 것이다. 우리가 처한 상황에서는 자신과의 대화와 떠올려야 할 질문, 해볼 수 있는 실험이 있다. 이러한 탐구 과정에서 진로에 대한 답이 나올 가능성이 높다. 결말로 건너뛰려고 하지 않은 덕분에 안락의자에 앉아 전체 그림을 살피고, 이젤 앞에서 붓을 휘두르며 스스로의 결정을 향해 나아갈 수 있다.

목표 이전에 유예 기간을 정하고 프로젝트를 시작하면 어떤 일이 벌어질까? 1901년에 라이트 형제 중 형인 윌버 라이트(Wilbur Wright)는 "인간은 앞으로 50년 동안 날지 못할 것이다"라고 했다. 하지만 불과 2년 후인 1903년 12월 17일에 약 37미터에서 260미터까지 4차례 시험 비행을 했다. 물론 일을 마치기 위해서는 마감기한도 중요하지만, 마감기한에 대한 압박감 때문에 최소한의 기준을 충족하는 정도의 성과밖에 이루지 못하는 것도 사실이다. 만약 1905년까지 비행에 성공해야 한다고 정했다면 라이트 형제는 비행기가 아니라 글라이더를 만들었을지도 모른다.

유예 기간을 정하는 전략은 린 스타트업(lean start-up, 자원이 한정된 상황에서 아이디어를 신속하게 시제품으로 내놓고 시장 반응을 체크한 후 개선에 반영하는 전략-옮긴이)이 유행시킨 '최소기능제품(minimum viable product, MVP)'과도 상호보완적이다. 린 스타트업 창시자인 에릭 리스(Eric Ries)는 《린 스타트업(The Lean Startup)》에서 MVP는 말 그대로 가능성 있는 제품의 가장 간단한 버전이라고 말했다. MVP 제작은 아이디어를 실험하고 수정해 나가는 매우 효과적인 도구가 된다. 하지만 MVP를 만들 때 손실을 두려워하고 몸을 사린다면 새로운 것을 창조해내기 힘들 것이다. 라이트 형제 역시 계획에 확신을 갖기 위해서 비행 장치의 프로토타입(prototype)을 만들어 수차례 시험했다.

내 친구인 예술가 코리나(Corinna)는 작업실을 한동안 떠나있으면 자신이 만들고 싶은 것들이 거대한 도면처럼 머릿속에 펼쳐진다고 했다. 마감기한을 옮겨서 평가를 미루면 창조를 위한 생산적인 공간, 즉 행복한 여유가 생긴다.

◠◠ 에베레스트에 오르는 길

오랜 기간을 두고 과거의 일을 생각해보면 그때의 판단이 잘못됐다는 것을 깨달을 때가 있다. 좋거나 나쁘다는 판단과 정반대의 결과가 나올 수 있다.

엘비스 프레슬리(Elvis Presley)는 음악 과목에서 항상 낙제했고, 그랜드 올 오프리(Grand Old Opry)의 무대에 딱 한 번 오르고 나서 해고됐다. 오프라 윈프리(Oprah Winfrey)는 방송 초기에 TV 앵커로 일하다 해고됐다. 프레드릭 스미스(Frederick W. Smith)는 예일대학교에 다닐 때 페덱스의 사업 아이디어를 넣은 학기말 리포트로 C 학점을 받았다. 마이클 조던(michael Jordan)은 고등학교 농구 대표팀 선발에서 탈락했다. 닥터 수스(Dr. Seuss)의 첫 번째 책은 27번이나 거절당했다. 프레드 아스테어(Fred Astaire)는 첫 번째 오디션 후 "노래도 안 되고 연기도 안 되고 약간 대머리가 있고 춤 실력은 조금 있음"이라는 평가를 받았다.

외부의 평가는 정신력이 강한 사람이라도 스스로를 평가하게 만들기 쉽다. 스티븐 킹(Stephen King)의 처녀작《캐리(Carrie)》는 30개 출판사로부터 거절당했다. 이에 상심한 스티븐 킹이《캐리》의 원고를 쓰레기통에 버린 일화도 놀라운 일은 아니었다. 마찬가지로 닥터 수스의 첫 번째 동화책《내가 그것을 멀베리 거리에서 본 것 같은데(And To Think That I Saw It On Mulberry Street)》가 출판사들에 혹평을 받아서 미국 초등학교의 교재가 된《모자 쓴 고양이(The Cat and the Hat)》시리즈 같은 기발한 작품이 나오지 못할 뻔했다. 이 같은 사례를 보면 아트씽킹이 실패나 거절을 잘 받아들이는 것만 아니라, 승리나 패배가 훨씬 기나긴 과정의 일부라는 '깨달음'이 필요하다는 것을 알 수 있다.

무언가를 만드는 과정에 있을 때는 성공과 실패의 여부, 또는 그 정도를 잘못 판단하기가 쉽다. 부케이트는 구글의 초창기를 떠올리며 이렇게 말했다.

"처음 구글은 아무도 모르는 작은 스타트업이었습니다. 사람들에게 일일이 설명할 때면 야후랑 비슷하지만 검색 기능만 빼고 다른 특징은 없다고 했죠. 그랬더니 다들 진짜 직장에 취직한 게 맞느냐고 안쓰러운 표정을 짓던 게 기억나네요."

1915년 윈스턴 처칠(Winston Churchill)은 해군장관에서 물러나야 했다. 그 후 취미로 그림을 그리고, 에세이《취미로 그림 그리기(Painting as a Pastime)》를 썼다. 그러다 1939년에 다시 해군장관이 됐고, 다음 해에 총리에 올라 제2차 세계대전에서 자유세계를 지킨 비공식적인 구세주가 되리라고는 스스로도 전혀 예상하지 못했다. 처음 해임됐을 때 처칠의 입장에서 보면 실패했다고 느끼거나 최악의 상황을 상상해서 실패가 영원하리라고 좌절할 수도 있었을 것이다.

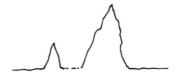

하지만 그는 언제가 '가장 좋은 순간'인지 모른다고 말했다. 에베레스트 정상인 줄 알았는데 사실은 베이스캠프였을 수도 있다. 처칠의 경우 갑작스러운 추락이 아니라 큰 길에서 그저 발을 헛디딘 것이었다.

나중에 알고 보니 에베레스트 정상으로 향하는 길이었음을 알게 된다고 해도 그런 순간이 언제 찾아올지 알려주는 메모는 존재하지 않는다. 알렉산더 그레이엄 벨(Alexander Graham Bell)은 스물아홉 살에 전화기를 발명했다. 루스 핸들러(Ruth Handler)는 마흔세 살 때 최초의 바비 인형을 디자인했다. 루이즈 부르주아(Louise Bourgeois)는 70대에 조각가로서 박물관에서 첫 전시회를 열었다. 아론 소킨(Aaron Sorkin) 은 유명 시나리오 작가가 되기 전에는 아무도 찾지 않는 배우였다. 레 이먼드 챈들러(Raymond Chandler)는 40대에 석유 회사 간부에서 해 고되고 나서야 범죄 소설을 쓰기 시작했다. 데이비드 세이들러(David Seidler)는 일흔셋에 〈킹스 스피치(The King's Speech)〉로 아카데미 각본 상을 수상하고 이렇게 말했다.

"아버지는 항상 제가 대기만성할 거라고 말씀하셨죠."

창업한 지 얼마 안 된 시점에서 3M의 성패를 평가한다면 당시 3M은 미네소타의 광산을 통째로 구입했지만, 그곳에 매장된 광물질 이 사포를 만들기에 적합하지 않아서 다른 방법을 찾아야만 하는 상 황이었다. 1901년 4월에 첫 기업 공개를 했을 때 3M의 주식은 1주당 10달러였지만, 현재는 100년 넘게 건재하고 시가총액이 800억 달러에 이른다.

2008년 10월, 미국의 신용 시장은 리먼 브라더스의 파산과 세계 금융 위기의 촉발로 숨 막히는 상황이었다. 금융 거래를 찾기가 파도 없는 바다에서 서핑하는 것과 비슷했다. 토머스 프리드먼(Thomas L. Friedman)은 〈뉴욕타임스〉에 신용 시장이 완전히 메마르지 않도록 은행에게 위기를 감수하라는 사설을 실었다. 은행은 기본은 탄탄하지만 아직 성공을 거두지 못한 기업들의 자금 조달에 대응해야 할 책임이 있었다.

프리드먼은 1998년쯤 티셔츠를 입은 두 청년이 은행에 가서 '구글'이라고 이름 붙인 '검색 엔진'을 만들기 위해 대출받고 싶다고 한다면 어떤 반응이 나올지 생각해보라고 물었다.

"컴퓨터 화면의 빈 칸에 아무 검색어나 입력하고, '운 좋은 예감(I'm feeling lucky)'이라고 이름 붙은 버튼을 누르면 검색어와 연관 있는 웹사이트가 잔뜩 뜬다고 말이다."

프리드먼은 신생 기업을 성공 단계에 접어든 기업과 비교하는 것은 공정하지 않다고 은행을 설득하려고 했다. 에드 캣멀이 픽사 영화에 대해 했던 말처럼 성숙한 구글만이 충족할 수 있는 기준을 풋내기 구글에 갖다 대면 안 된다는 뜻이었다.

캄캄한 과정에 있는 상태는 어디에서나 보편적으로 찾아볼 수 있다. 지금 우리가 보고 사용하는 모든 것이 한때는 캄캄한 과정에 머물러 있었다. 전화, 스마트폰, 인터넷, 코카콜라도 마찬가지다. 현재 당신이 아는 사람도 대부분 예전에는 존재하지 않았다. 예외가 있다면 직장인은 현재의 직업에 이르기 위해 면접을 거쳤다는 것이다. 세계적인 대기업 CEO의 첫 번째 직업은 무엇이었을까? 당신이 가장 존경하는 사람의 첫 번째 직업은 무엇이었는가? 세상은 줄곧 경도와 위도만이 존재했고, 불과 150년 전부터 세계적으로 통일된 기준의 본초 자오선을 사용하게 됐다. 8트랙 테이프나 워크맨 등 이제는 사라진 기술도 한때는 캄캄한 과정에 놓여 있었다.

당신이 만나는 어른들이 어렸을 때는 어떤 모습이었는지, 당신이 사는 곳이 300년 전, 50년 전, 5년 전에는 어떤 모습이었는지 상상해보라. 화려한 맨해튼은 매립지가 상당 부분을 차지한다. 보스턴의 대부분은 식민지 시대 때의 저항으로 추진된 매립 사업의 역사로 이뤄졌다. 런던에는 1평방 마일당 6톤에 달하는 석탄재가 강가에 쌓여 있었다. 당신이 사는 동네가 예전에 초원이나 목초지, 강, 매립지였는가? 당신이 시간을 보내는 장소에는 어떤 과거가 담겨 있는가? 비즈니스 과목을 가르치다 보면 요즘 흔하게 사용되는 스프레드시트를 수십 년 전에 새로운 아이디어라고 소개하는 책이나 논문이 있다는 사실에 학생들이 항상 깜짝 놀란다. 모든 아이디어가 처음에는 새로운 발명이었다는 사실은 당신의 사고가 창조적으로 움직일 수 있는 공간을 허락한다.

캄캄한 과정에 놓여 있는 상태는 다른 사람들도 마찬가지라는 것을 기억한다면 절반은 해결된 셈이다. 나머지 절반은 과정이 영원하지 않다는 의식과 계속 앞으로 나아가는 능력을 기르는 데 있다. 겉으로 어떻게 보일지라도 다른 사람들도 과정에 있는 것은 똑같다. 만약 그들에게 과정이 없었다면 지금 우리가 편리하게 누리는 모든 것이 존재하지 않았을 것이다. 과정에 놓여 있다는 것은 살아있다는 증표다.

〰〰 집중하는 힘

　　　　　　　　　　　　　　시인 메리 올리버(Mary Oli-
ver)는 "영혼은 존재하며 온전히 주의를 기울여야만 성장한다. 이것은
내가 가장 확실하게 알고 있는 가장 멋진 사실이다"라고 했다. 시적
으로 말해서 주의력(attentiveness)은 영혼의 구성이다. 경제적으로는
인간이 가진 가장 희귀한 자원이다.

　주의력은 과정에 머물러 있을 때 생산성의 엔진이 된다. 그것은
곧바로 단계를 건너뛰지 않고 일 자체에 머물러 있도록 붙들어준다.
캄캄한 과정에 있다 보면 조바심이 날 수밖에 없다. 어떻게 진행되고
있는지 긍정적으로 생각하지 않는다면 일을 계속하기가 어렵다. 이
젤 앞에 서 있는 것이야말로 작품을 완성하는 유일한 방법이다. 그때
집중이 당신을 작업에 머물러있게 해준다.

　1974년 틱낫한 스님은 한 베트남 학교의 관계자로부터 명상에 대
해 가르쳐달라는 요청이 담긴 편지를 받았다. 스님은 1960년대에 '참
여하는 불교'에 대해 가르치는 '사회봉사청년학교'를 설립했다. 졸업
생들은 불교계로 나아가 자비(compassion) 실천으로 종파간의 갈등을
해결하는 데 힘썼다. 하지만 그들의 방식은 오해를 받았고, 일부 승려
들이 납치돼 목숨을 잃었다. 스님은 그 편지를 받았을 때 프랑스로 망
명해 생활하고 있었다. 그래서 답장으로 대답을 대신하게 됐는데, 따
뜻함이 담긴 그의 긴 답장은 모비호가 영어로 번역해《틱낫한 명상
(The Miracle of Mindfulness)》으로 출간됐다(원제는 '마음 챙김의 기적'이라
는 뜻이다-옮긴이).

　틱낫한 스님이 적은 구절 중에서 특히 인상 깊은 부분이 있다.

　"설거지하는 방법은 두 가지가 있습니다. 하나는 그릇을 깨끗하게

하려고 설거지하는 것이고, 다른 하나는 설거지하려고 설거지하는 것입니다."

주의력은 그릇을 깨끗하게 하려고 설거지하는 연습이다. 거품 묻은 손으로 싱크대 앞에 서 있는 순간에 온 마음을 다해 호기심을 보이는 것이다. 오로지 그릇을 깨끗하게 하려는 것에만 마음을 쏟으면서 말이다. '마음 챙김(mindfulness)'이라는 단어 자체에 거부감을 느끼는 사람도 있을 수 있다. 어떤 사람들에게는 명상이 그 자체로 '정설'처럼 들릴 수도 있다. 올바른 방법대로 따라하면 곧바로 확실하고 진실한 이득을 얻을 수 있다고 말이다. 하지만 마음 챙김은 그런 것들과 정반대의 의미를 지닌다.

나는 마음 챙김이 매너에 관한 고지식한 조언과 비슷하다고 생각한다. 1926년 레이디 트로브리지(Lady Troubridge)가 쓴 《에티켓에 관해(The Book of Etiquette)》에는 이런 내용이 나온다.

> "사회 법칙에 대한 진정한 지식과 이해는 그것을 어겨도 친절함의 법칙 같은 위대한 법칙에 따라 처벌 받지 않을 때가 언제인지 알려준다. 그저 보고만 있는 것보다 법칙을 위반하는 것이 더 정중한 행동으로 받아들여지는 특별한 상황이 있다."

만약 옆에 앉은 사람이 손을 씻으라고 준 물은 마신다면 틀렸다고 말하는 것보다 자신도 따라서 물을 마시는 것이 매너의 반응이다. 매너는 법의 시행이 아니라 상대방을 편하게 해주기 위한 배려이기 때문이다. 마찬가지로 마음 챙김의 목적은 올바른 명상이 엄격하게 시행되도록 하는 것이 아니라 명상으로 정신을 수련하는 습관을 만들기 위함이다.

내가 주의력이라고 부르는 것은 사람에 따라 마음 챙김이라고도 생각할 수 있는데, 정신이 깨어 있으면서 자신에게 온전히 집중한다는 뜻이다. 그러면 과정에 오래 머물러 연약해질 때에도 중심을 잃지 않을 수 있다.

자신에게 집중하는 것은 경계가 모호한 연습이기도 하다. 쉽게 설명하자면 놀이와 참여의 형태를 가지고 있다. 앞에서 소개한 엘리야의 빈 의자처럼 공간을 마련해두는 또 다른 방법이다. 운동하는 것도, 일하다 잠시 시간을 내어 스트레칭을 하거나 차를 마시며 정신을 맑게 하는 것도 다 명상이 될 수 있다. 의사 크리스토퍼 슐츠(Christopher Schultz)의 명상은 '노 젓기'다. 그리고 의료용 손 세정제를 가리키며 30초 동안 바라보고 있으면 집중되며 침착해진다고 말했다.

그렇게 잠시 멈추는 순간은 행위(doing)가 아니라 존재(being)를 뜻한다. 대단하지 않더라도 사물을 있는 그대로 바라보고 받아들인다는 의미다. 멈추는 순간이 만들어내는 안정감과 자유로움을 통해 창조적 유연성이 나오고 최선의 잠재력을 발휘할 수 있다.

2000년대에 미국 기업들 사이에서 마음 챙김 수련이 큰 인기를 끌었다. 애플이나 나이키, 구글, 타깃, 맥킨지, 도이치은행, 골드만삭스, HBO 등 수많은 기업이 복지 프로그램을 제공하면서 명상을 알렸다. 미국 100대 기업에 속하는 건강보험회사 애트나(Aetna)의 회장 마크 베르톨리니(Mark T. Bertolini)는 마음 챙김 수업을 개설한 일이

2004년 스키 사고로 죽음의 문턱에 이른 후에 추구한 수많은 변화 중 하나였다고 말했다. 지난 몇 년 동안 애트나의 1만 3천 명에 이르는 직원들이 요가와 명상 수업에 참여했다. 건강관리산업 부문에 몸담은 기업인만큼 애트나는 명상의 효과를 알아보는 실험을 시작했다. 직원 중에서 239명의 지원자들을 요가하는 사람들과 마음 챙김 수업을 듣는 사람들, 그리고 아무것도 하지 않는 그룹으로 나눴다. 3개월 후 요가나 마음 챙김 명상을 하는 직원들의 스트레스 수치가 아무것도 하지 않은 그룹보다 크게 감소한 것으로 나타났다.

2015년 1월에 베르톨리니는 회사의 최저 임금을 시간당 12달러에서 16달러로 인상했다. 그는 토마 피케티(Thomas Piketty)의 《21세기 자본(Capital in the Twenty-First Century)》에 영향을 받은 결정이라고 말했다. 창의적인 경영의 위험을 무릅쓰게 된 것이 명상 덕분이라고도 했다.

1980년대 후반에 심리학자 마샤 리네한(Marsha Linehan)은 인지행동치료(cognitive behavioral therapy, CBT)에 마음 챙김을 적용시켰다. 주의력의 중요성을 지지하면서 자신의 판단에 따라 반응하게 하는 원리였다. 리네한이 마련한 변증법적행동치료(dialectical behavioral therapy, DBT)는 하나의 사건을 일반화해서 부정적인 결과를 예측하는 폐쇄적인 생각 패턴을 마음 챙김으로 알아낸 후 인지행동치료의 도구를 이용해 마음을 재정립하도록 했다.

DBT에 사용되는 마음 챙김에는 '좋은 자각(good noticing)'이라는 습관이 있다. 삶이나 일, 스튜디오 타임, 탐구 등 자신에게 일어나는 어떤 일이든 좋은 방향으로 의식하는 것이다. 아무리 실망스러운 일이라도 '좋게 생각하자!'라는 지시에 따라 스스로 마음가짐을 긍정적인 방향으로 전환하면 자신의 경험에 친밀함이 느껴진다. 현실과 다르기를 바라거나 과정에 안달하거나 결과로 건너뛰고 싶은 마음을 억지로 거부하지 않고 집중해서 일에 개입하기 위한 긍정적인 방법이다. 마음 챙김의 권위자 타라 브랙(Tara Brach)의 표현대로라면 '좋은 자각'은 지금 이 순간을 있는 그대로 받아들이는 '근본적 수용(radical acceptance)'이다.

창조적 작업에는 실패도 있지만 걱정할 필요가 없다. '좋게 생각하자!'라는 주문으로 다시 시작하면 되기 때문이다. 이렇게 중요한 사실을 사람들이 더 많이 이야기해야 한다. 영화를 만들 때도 편집으로 버리는 일이 스크린에 넣는 일만큼이나 중요하다. 과정에 놓여 있을 때는 하고 있는 일에 최선을 다하고 필요하면 방향을 바꾸며 다시 해야 한다.

창의적인 사상가들이 주의력을 어떻게 활용하면서 성공했는지를 참고하면 도움이 된다. 뛰어난 방송작가이자 프로듀서인 노먼 리어(Norman Lear)는 작업할 때 정신 습관을 '끝과 다음'이라고 표현했다. 리어는 〈올 인 더 패밀리(All in the Family)〉, 〈더 제퍼슨스(The Jeffersons)〉 등 대히트한 시트콤을 만들었다. 외부에서 보자면 그의 그런 습관은 커다란 문화, TV 자체를 바꿔놓았다. TV의 역사라는 전체적인 관점으로 볼 때 리어는 비행기 창문으로 내려다보이는 화려한 도시라고 할 수 있다. 하지만 그도 우리와 마찬가지로 초기에는 과정을 헤쳐 나가야 했다. 대히트를 기록한 작품을 만들었지만 조기 종영된 프로도 있었다. 그의 딸 케이트는 아버지에 대해 "삶의 험난한 봉우리와 계곡도 똑같은 경이로움으로 걷는 분"이라고 말했다. 리어는 자신의 마음에 자리하는 나침반에 대해 다음과 같이 설명했다.

대단하든 대단하지 않든 어떤 일이 끝나면 '끝'에 후회가 없어야 한다. 곧바로 '다음'이 찾아올 수 있도록 하기 위해서다. 나는 그 사실을 떠올리며 '끝과 다음' 사이에 해먹이 있다고 상상했다. 현재에 집중하기 위한 노력이 자리하는 곳이다.

리어의 해먹은 작업을 상상하고 행동으로 옮기는 공간이다. 탐구하고 만들 수 있는 공간을 찾는 곳이기도 하다. 과정을 즐기는 비결은 자신의 생각과 친구가 되는 것이다. 긍정적인 자세는 '인정하고 덧붙이기(yes, and)'라는 말을 사용하거나 중간에 절대로 '부정(no)'하지 않는 습관도 도움이 될 수 있다. 부정적인 생각은 좋은 자각으로 전환하거나 '인정하고 덧붙이기'처럼 그냥 흘러가도록 내버려두면 한결 대하기가 쉬워진다. 생각은 피하려고 하면 더 악착같이 매달린다. 아무리 긍정적인 사람이라도 끝까지 꼬리를 무는 생각은 앞으로 나아가는 길을 막는다.

결국 생각과 친해지기는 평가하는 태도가 아니라 분별하는 태도로 생각을 대한다는 뜻이다. 생각을 영구적인 견해가 아니라 배움의 기회로 인식하는 것이다. 그러면 이건 나쁘고 저건 좋고 하는 마음의 시끄러운 참견이 보류되면서 하던 일에 집중할 수 있게 된다.

〰 경험이 만든 성공

창조적 과정에 머무를 때 필요한 마지막 도구는 성공적인 경험을 창작이라는 공간에 펼쳐놓음으로써 관점을 '역설계(reverse-engineering)'하는 것이다. 앞에서 소개한 부케이트의 지메일 개발 같은 성공적인 결과를 마음에 담아두었다가 꺼내봐야 한다. 구글의 동료였던 크리스 웨더렐(Chris Wetherell)이 부케이트의 지메일 프로젝트에 대해 한 말만 봐도 알 수 있다.

"2년 동안 매달려 있는 게 상상이 되나요? 햇빛도 없고 피드백도 없고 무수한 반복이었죠. 게다가 절대로 런칭하지 못할 거야. 이건 최악이야, 말하는 나쁜 사람들도 있었죠."

뉴욕 마라톤대회 같은 국제적 행사도 한때는 힘든 과정에 머물러 있었을 때가 있었다. 2015년 대회에는 약 5만 명이 참가했고, 구경꾼은 100만 명, 자원봉사자는 1만 명, 대회의 기획을 대부분 맡고 있는 뉴욕로드러너스(New York Road Runners)라는 단체의 직원 175명이 동원됐다. 대회에 사용된 물과 스포츠 음료는 각각 230만 리터와 110만 갤런이었고, 약 94톤의 버려진 옷이 비영리단체 굿윌(Goodwill)에 기부됐다.

그러나 뉴욕 마라톤대회가 처음으로 열린 1976년에는 고작 2천여 명이 참가했다. 당시 보스턴 마라톤대회 3회 우승자인 빌 로저스(Bill Rodgers)는 준비물을 집에 두고 오는 바람에 임시로 빌린 축구선수용 반바지를 빌려 입고 결승선을 통과했다. 로저스는 대회가 진행되는 동안 견인 당한 자신의 차를 찾느라 대회 설립자인 프레드 르보(Fred Lebow)에게 100달러를 빌리기까지 했다. 그리고 모든 참가자가 컴퓨터로 신청서를 작성하도록 준비했는데, 이 시스템을 관리하던 남자 직원이 여자 친구와 헤어지며 컴퓨터를 돌려받지 못한 바람에 일일이 수기로 작성하며 진행이 지연됐었다.

더 오래 전으로 거슬러 올라가면 1970년에 센트럴 파크에서 처음으로 열린 마라톤 우승자는 게리 머크(Gary Muhrcke)라는 소방관으로

10달러짜리 손목시계와 볼링 트로피를 재활용한 트로피를 상으로 받았다. 그보다 더 오래 전으로 거슬러 올라가면 프레드 르보 자신이 처음 마라톤한 때가 있다. 1970년 브롱크스에서 열린 체리 트리 마라톤대회였는데 그는 모든 참가자가 그렇듯 내복 바지에 터틀넥을 입은 우스꽝스러운 모습으로 주최측 자원봉사자들이 건네주는 물이 아닌, 한 바퀴 돌 때마다 구경꾼이 건네는 버번을 마시면서 달렸다.

이렇게 과정에 있는 순간들은 장거리 코스에서 내딛는 한걸음이었고, 모든 과정이 합쳐져 한 편의 영화가 됐다.

실패는 또 다른 가능성

처음에 계획했던 일이 실패하더라도 생각지도 못한 다른 것이 성공하는 경우도 있다. 나는 이 책을 쓰기 위해 하퍼 리의 이야기를 조사하고자 그녀의 고향 앨라배마 먼로빌을 찾았다. 5월의 주말이었는데 1년 내내 그러하듯 시내 광장에 위치한 법원 바로 옆 잔디밭에서 〈앵무새 죽이기〉 연극을 상영하고 있었다. 결과적으로 먼로빌 여행은 내 인생의 신나는 모험이 됐는데, 처음에는 애정을 담아 '하퍼 리 스토킹'이라고 이름 붙였다. 하지만 장난으로라도 그런 여행이 되려면 엄청난 노력이 필요하다는 것을 깨달았다. 하퍼 리의 이웃집 사람은 내 계획에 협조해주지 않았다. 그래서 할 수 없이 역사협회의 돈(Dawn)이라는 여성에게 도움을 청하기 위해 전화를 걸기로 했다. 그러다 그녀의 전화번호를 잃어버려 잠시 당황했지만, 전체 주민이 6,400명밖에 안 되는 먼로빌에 같은 성을 가진 사람이 단 세 명뿐이어서 다행히 법원 밖에서 레모네이드를 팔고 있는 그녀를 만날 수 있었다.

먼로빌 여행이 하퍼 리를 만나는 것이라면 분명 실패였다. 하지만 나는 그곳에서 예상하지 못한 경험을 했고, 나에게 참여라는 선물을 줬다. 나는 하퍼 리를 슈퍼마켓의 시리얼 코너에서 마주치지 못한 대신 수의사이자 시내 광장의 연극에서 커닝햄을 연기한 '닥(Doc)'을 만나 어울렸다. 나는 그를 비롯한 배우들과 함께 '백스테이지'에서 보기도 했다. 격자무늬로 둘러싸인 네모난 나무통 모양의 진한 초록색 쓰레기통을 술집으로 꾸민 곳이 있었는데, 그들의 백스테이지는 그 옆이었다. 배우들이 무대로 올라가기 전에 서던 컴포트(Southern Comfort)라는 남부의 대표적인 술을 같이 나눠 마셨다. 연극 둘째 날에는 보닛을 쓰고 트럭 뒷칸에 탄 엑스트라로 출연까지 했다. 감리교회의 소풍에도 따라가고, 친구가 된 돈의 소파에서 낮잠을 자고, 농가에서 점심을 먹고, 트루먼 커포티의 사촌과 목초지를 거닐고, 애티커스 역을 맡은 은행 관리자와 부 래들리 역의 경찰관, 스카우트 역을 한 소녀 두 명도 만나볼 수 있었다.

어떤 모험이나 창조적 과정이 그러하듯 내 모험 또한 일상적인 일에서 일어났다. 원래 하려고 한 일에는 실패했지만 실제로 일어난 일은 훨씬 더 흥미진진했다. 진심 어린 시도가 중요한 결과로 이어지지 않고 그냥 잊힐 수도 있다. 평생 연구실에서 실험만 해온 과학자가 자신의 탐구의 영역이 장래성이 없다고 인정하는 것은 고귀한 일이다. 새로운 발견을 한 사람이라도 그의 전체 생애에서 돌파구를 찾기 전 느릿느릿한 시간은 보통사람들과 크게 다르지 않다. 게다가 돌파구의 순간이 정말로 온다면 기정사실처럼 보이기 시작한다. 우리의 뇌는 인지 부조화를 싫어하고 일관성을 찾으려는 경향이 있어서 어떤 결과에 대해 예전부터 일어날 일이었다고 생각하기 쉽다. 하퍼 리는 1955년에는 아무도 모르는 작가였지만 1961년에는 전 세계적으로 유명한 작가가 됐다.

증명된 방법이 없는 프로젝트를 추진하는 위험한 일을 비즈니스에서는 '개척'이라고 한다. 그래서 완전히 새로운 것을 개발하기보다는 기존의 것을 개선해나가는 안정을 택하기가 쉽다. 거대한 질문에 대한 도전에는 위험이 따르지만 예상하지 못한 곳으로 이어질 수도 있다. 건축가 버크민스터 풀러(Buckminster Fuller)는 이렇게 말했다.

"처음에 출발한 곳과 다른 곳에서 정말로 가야할 곳을 찾을 때가 많다."

평가와 과정에 대한 생각을 바꾸면 가능성의 공간이 열린다. 항상 그렇다는 의미는 아니다. 운동선수에 비유한다면 도전에 대한 개방성과 유연성이야말로 강인한 힘을 길러준다. 과정에도 장점이 있다는 것, 아니 우리는 어쩔 수 없이 과정에 놓일 수밖에 없다는 현실을 받아들인다면 다음 선택은 과정을 어떻게 헤쳐 나가느냐가 된다. 캄캄한 과정에서 가장 훌륭한 항해 도구는 당신을 앞으로 끌어당기는 등대다.

Chapter
Three

등대 찾기

실패는 성공만큼 흥미진진하다. 최대
수준의 온전하고 순수한 노력이 들어
있기 때문이다.

_ 로저 배니스터, 《최초의 4분(The First Four minutes)》 중에서

아트씽킹은 본질적으로 귀결이 아닌 '질문'을 지향한다. 질문은 창작에서 가장 중요한 부분이다. 비즈니스가 질문의 해답을 최대한 활용하는 쪽이라면 예술은 끊임없이 질문을 만들어내는 쪽이다. 비즈니스는 목표물을 명중시키고, 예술은 목표물이 존재하는 세상을 만든다. 비즈니스가 화살이라면, 예술은 작은 물결들이 만들어낸 거대한 파도와 같다. 창작이나 예술과 관계없을 것 같은 스포츠도 예술의 범주에 속한다. 운동선수는 가능성에 대한 질문에서 시작해 새로운 B 지점을 만들고, B 지점은 또 다른 가능성의 문을 연다.

1954년 5월 6일, 영국의 육상선수 로저 배니스터가 옥스퍼드대학교 이플리 로드(Iffley Road) 트랙에서 세계 최초로 1,600미터를 4분이내에 주파하는 데 성공했다. 그는 전문 선수가 아니라 신경학을 공부하는 의대생으로 점심시간을 이용해 운동하는 아마추어 육상선수였다. 당시 세계 기록은 4분 1.4초로 9년 동안 깨지지 않고 있었다. 그래서 사람들은 1,600미터를 4분 안에 주파하는 것은 인간의 능력으로는 불가능하다고 믿었다. 4분의 장벽이 거스를 수 없는 자연의 법칙처럼 보일 정도였다. 그러나 마의 4분은 깨졌다. 배니스터의 성공은 불가능에 대한 인식을 순식간에 바꿔놓았다.

경기가 끝나고 재미있는 서문과 함께 결과가 발표됐다.

신사 숙녀 여러분, 육상 1,600미터 경기 결과입니다. 41번 아마추어체육협회 (Amateur Athletic Association) 소속 로저 배니스터가 새로운 기록을 세웠습니다. 영국 토박이, 영국 시민, 영국인 선수, 유럽인, 대영 제국, 그리고 전 세계의 신기록입니다. 기록은 3분….

사회자의 말이 끝나기도 전에 우레와 같은 환호가 쏟아졌다. 배니스터는 3분 59.4초의 기록을 세우며 기적 같은 일을 성공적으로 해냈고, 그렇게 B 지점이 탄생됐다. 그의 성공은 가능성에 대한 신념의 위력을 보여주며 전 세계에 돌풍을 일으켰고, 또 다른 기적의 장을 열었다. 그것은 그의 신기록이 45일밖에 가지 못했다는 점이다. 배니스터가 세운 신기록이 두 달도 지나기 전에 호주의 육상선수 존 랜디(John Landy)가 3분 58초로 신기록을 갱신한 것이다. 불가능하다고 믿고 있었던 벽을 한 사람이 깨는 순간 사람들을 가로막고 있던 미신과 편견, 부정이라는 심리적 장벽이 함께 무너졌다. 마의 4분은 더 이상 기적이 아니라 누구나 기대할 수 있는 기록이 됐고, 지금까지도 기록은 깨지고 있다.

배니스터는 할 수 있다는 신념이 있었고 실제로 보여줬다. 미지에 다가가서 인간이 할 수 없는 것처럼 보였던 일의 진상을 증명한 것이다. 존 랜디에게도 똑같은 희망과 믿음이 있었고, 경쟁은 그들에게 큰 도움이 됐다. 결과적으로 배니스터가 가능성을 증명해보였고, 랜디가 가능성을 확신하며 더 크게 확장시켰다.

이 이야기는 긍정적인 자세의 힘이라는 교훈에 그치지 않고 새로운 질문을 내놓는다. 두 사람은 모두 성공을 이뤘고 위대한 세계 신기록을 세웠다. 하지만 B지점을 만든 것은 배니스터뿐이다. 그 차이는 무엇일까? 단순히 운이 좋아서 또는 노력이 더 커서 배니스터가 먼저 B 지점에 도달한 것일까?

△△ 지도 없이 항해할 때
꼭 필요한 것

배니스터처럼 한 번도 이뤄진 적 없는 일을 할 때는 본보기가 존재하지 않는다. 지도가 없으면 어떻게 항해할까? 그럴 때는 가능성을 끌어당겨 신념으로 바꿀 수 있는 내부적 질문을 정의함으로써 앞으로 나아갈 수 있다. 질문은 어두운 바다에서 배를 인도하는 등대와 같다. 이 장에서는 질문과 등대가 같은 의미로 혼합돼 사용될 것이다. '만약 내가 ~하면 멋지지 않을까?' 또는 '이렇게 하면 할 수 있지 않을까?', '이번이 마지막이라면?', '이것이 내가 가장 잘할 수 있는 일이라면?' 같은 매우 기본적인 형태로 이뤄진 등대의 질문은 가능성을 훨씬 크고 단단하게 만들어준다.

이렇게 말하면 질문하는 것이 무척 쉬워 보이지만 사실은 그렇지

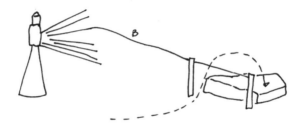

않다. 혁신이 이뤄진 후에는 성공이 마치 이미 결정돼 있는 사실처럼 자연스럽게 느껴지지만, 그 질문을 하는 데는 큰 용기가 필요하다.

외부적 관점에서 말하면 배니스터의 성공은 체계적인 훈련 목표를 세워서 달성한 것처럼 보인다. 하지만 1954년대 초만 해도 빨리 달리는 능력은 자연의 윤리에 달려있었다. 4분의 벽을 깨는 일에 있어서만큼은 지구는 평평하다고 할 수 있었다. 그것이 불가능하다는 사실은 이미 증명돼 있었다. 1942~1945년까지 스웨덴 선수 군더르 하그(Gunder Hagg)와 안네 안데르손(Arne Andersson)은 1,600미터 달리기에서 계속 경쟁을 벌였다. 1942년에 똑같이 4분 6.2초를 기록했지만 3년 뒤 하그가 4분 1.4초로 단축시켰다. 그 기록은 9년 뒤인 1954년에 배니스터가 역사적인 3분대 기록을 세우면서 깨졌다.

배니스터는 어릴 적에 수줍음 많은 아이였다. 여덟 살 때는 아이들의 괴롭힘을 피하기 위해서 학교에서 집까지 달려갔다. 열 살 때는 제2차 세계대전이 있던 때라 공습경보가 울릴 때마다 숨기 위해서 달렸다. 그의 가족은 런던 공습을 피해 배스(Bath)로 이사했는데, 집에 포탄이 떨어져서 지붕이 무너지는 바람에 또 달려서 피신해야 했다. 열한 살 때는 학교에서 매년 열리는 크로스컨트리 대회에 첫 출전해서 18위를 했다. 다음 해는 우승했고, 졸업할 때까지 계속 우승 자리를 지켰다.

1945년에 아버지가 그를 런던의 화이트 시티 경기장(White City Stadium)에 데려갔다. 제2차 세계대전이 끝난 후 처음 열리는 국제육상대회로, '183센티미터의 거인'이라고 불리는 안네 안데르손과 '작지만 배짱 있는' 시드니 우더슨(Sydney Wooderson)의 경기였다. 경기는 흥미진진했고, 그의 마음을 완전히 사로잡았다.

배니스터는 한 해 일찍 대학교에 지원해서 1946년 가을에 옥스퍼드에 입학했다. 당시만 해도 육상 스포츠가 충분히 발달하지 않아서 영국 전역에 트랙이 11개뿐이었다. 반면 핀란드에는 트랙이 600개였다. 트랙에서 달려보고 싶었던 그는 캠퍼스에 도착하자마자 가방을 내려놓고 트랙으로 곧장 달려갔는데, 관리인이 없어서 그냥 돌아와야만 했다. 며칠 후 뱃사공처럼 다부진 체격의 친구를 설득해 같이 트랙을 찾았다. 달리기를 막 끝냈을 때 경기장 관리인이 와서 친구의 힘찬 걸음을 칭찬했다. 그리고 배니스터에게는 "미안하지만 자네는 가능성이 없을 것 같아. 근력이나 체격이 약해"라고 말했다.

하지만 배니스터는 포기하지 않고 달리기를 계속했다. 그가 달리는 모습은 마치 매우 가벼운 비행기의 날개 끝부분 같았다. 그가 속한 옥스퍼드 육상 팀에는 좀 특이한 대위 출신(1946년에는 옥스퍼드 학부생의 90퍼센트가 군인 출신이었다.)의 주장 에릭 맥케이(Eric Mackay)가 있었다. 그는 폐활량이 중요한 육상선수임에도 줄담배를 피웠는데, 4.8킬로미터의 장거리 대회에 나갔을 때도 4킬로미터 지점에 친구를 대기시켜놓고 달리는 도중에 불붙인 담배를 건네받아 피웠다는 놀라운 일화가 있었다.

우리는 배니스터가 대단한 목표를 달성했다고 신화화하기 쉽지만, 그는 일상적인 생활을 함께하면서 1,600미터를 4분 이내에 들어가기 위한 훈련을 했다. 비유하자면 슈퍼맨보다는 클라크 켄트의 모습에 가까웠다. 얼스 코트(Earls Couts) 근처의 아파트 지하에서 살면서 직접 빨래와 요리를 했다. 주로 스튜에 단백질 보충을 위해 절인 정어리를 곁들였다. 그리고 의학 공부를 병행했다. 영국에는 순수한 애정으로 스포츠에 참여하는 '젠틀맨 아마추어(gentleman amateur)'라는 전통이 있었는데 배니스터도 속했다. 그는 "대학 선수는 무엇보다 스포츠에 끌려 다니지 않고 스스로 스포츠를 주도하는 인간이다. 본인이 원한다면 코치의 설명을 들을 때 맥주를 마실 수도 있다"고 말할 정도로 전문 선수와는 달랐다. 또한 "젠틀맨 아마추어 정신이 균형 잡힌 삶을 이루고, 경쟁의 중압감을 이겨낼 수 있는 인성과 의지를 가진 사람으로 만들었다"고 말했다. 그는 병원에서 의학 수련을 받는 동안 트랙에 나가서 달리기를 하고, 돌아와서 샌드위치를 먹는 것까지 전부 점심시간에 끝낼 수 있도록 철저하게 시간 관리를 했다.

그러던 1953년에는 달리기를 포기하려고 했다. 1952년에 출전한 올림픽 결과가 좋지 않아서 실망했기 때문이었다. 거기다 병원 수련 과정도 중요한 시기에 접어들어서 두 달 동안 심각하게 고민했다. 하지만 결국은 2년 동안 더 해보기로 했다(앞에서 말한 유예 기간이 사용됐음을 알 수 있다).

그해에 에드먼드 힐러리 경(Sir Edmund Hillary)이 세계 최초로 에베레스트에 올랐고, 그 소식은 엘리자베스 여왕의 대관식 전날 영국에 도착했다. 당시 선수들에게 1,600미터를 4분 안에 달리는 것은 에베레스트를 정복하는 것과 마찬가지로 노력뿐만 아니라 상상력을 필요로 하는 도전이었다.

배니스터는 그때를 회상하며 《최초의 4분》에서 이렇게 말했다.

"4분의 벽은 인간의 정신에 대한 도전이었다. 그것은 도저히 깨뜨릴 수 없는 벽처럼 보였다. 인간의 노력이 헛될 수도 있음을 일깨워주는 정말 짜증나는 벽이었다."

배니스터는 크리스 브래셔(Chris Brasher), 크리스 채터웨이(Chris Chataway)와 함께 훈련했다. 첫 번째와 두 번째 바퀴에서 브래셔가 배니스터와 함께 달리며 일정 속도를 맞추고, 세 번째 바퀴에서는 채터웨이가 리드하고, 네 번째이자 마지막 바퀴는 배니스터 혼자 달리는 것이 그들의 계획이었다. 배니스터는 막판에 스퍼트를 올리는 타입이었다. 일정한 속도를 유지하는 훈련을 하면 너무 빨리 달리지 않고 마지막까지 안정적인 속도를 내며 힘을 비축할 수 있었다.

대회를 약 한달 앞두고 4분 04초까지 단축했지만 더 이상 줄지가 않았다. 그래서 휴식을 취하기로 하고, 브래셔와 친구 닥터 모어(Dr. More)와 스코틀랜드로 갔다. 산을 오르다 브래셔가 추락할 뻔했지만, 로프 덕분에 떨어지지 않았다. 그렇게 휴식을 즐기고 돌아간 후 기록을 재보니 딱 4분이었다.

드디어 대회가 시작되는 날이 됐다. 당일 날씨는 영국 기준으로도 최악이었다. 옥스퍼드로 가는 기차에서 프란츠 스탐플(Franz Stampfl)이라는 육상 코치를 만났다. 그는 히틀러가 권력을 잡자 오스트리아에서 잉글랜드로 도피했다가 전쟁 중에 상대국에 거주하는 '적국적 외국인(enemy alien)'으로 간주돼 호주에 억류되기도 하고, 난파 사고를 당해 죽을 뻔했지만 8시간 동안 헤엄쳐서 살아남은 인물이었다. 배니스터는 스탐플에게 날씨가 너무 나빠서 경기를 포기하고 다른 날을 기약할까 생각 중이라고 말했다. 그러자 스탐플은 스스로에게

"만약 이번이 유일한 기회라면?"이라는 질문을 해보라고 말했다.

경기는 오후 6시에 예정돼 있었고, 배니스터는 5시에 결정을 내리기로 했다. 준비 운동을 위해 트랙으로 나갔을 때까지도 배니스터는 결정을 내리지 못했다. 아침부터 내리던 폭풍우가 그치고 무지개가 떴지만 여전히 최악의 환경이기 때문이었다. 그는 경기 시작 바로 직전까지도 고민하며 출발대로 걸어갔다. 그런데 그 순간 근처에 있던 교회의 깃발이 아래로 처지는 것을 봤다. 바람이 잠시 멈춘 것이었다. 그는 경기에 참가하겠다는 신호를 보내고, 기적의 시간을 달리기 시작했다.

그날 경기 모습이 전부 담긴 영상이 있다. 영상을 보면 배니스터, 채터웨이, 브래셔가 세 명의 다른 선수와 함께 출발한다. 채터웨이와 브래셔가 배니스터의 양 옆에 있다. 하얀색 러닝셔츠와 반바지를 입은 그들은 너무 빨라서 보고 있으면 거의 어지러울 정도였다. 그런데 그들의 모습은 매우 편안해서 힘을 쓰지 않는 것처럼 보이기도 했다.

내가 그 영상을 보게 된 것은 한창 배니스터에 관한 글을 쓰고 있을 때였다. 1주일 동안 매일 봤다. 출발은 순탄하지 않았지만 가진 것을 전부 쏟아 부으며 도전하는 위대한 사람의 모습이 담겨 있었다. 그들의 모습에서 수년 동안 축적된 영광스러운 연습 자국과 함께 고생하며 이어진 진한 유대감이 눈에 보일 정도로 선명하고 아름다웠다.

첫 번째 바퀴에서 브래셔는 "더 빨리!"라는 배니스터의 외침을 무시하고 연습했던 속도를 유지하며 달렸다. 훗날 배니스터는 흔들리지 않은 브래셔의 단호한 결단에 고마워하며 "그 친구 덕분에 성공할 수 있었다"고 말했다. 채터웨이가 두 번째 바퀴에서 앞으로 나아가며 리드할 땐 분명한 의무감이 느껴졌다. 배니스터는 그들을 신뢰하고 완전히 의지하고 있었다. 그러다 마지막 바퀴가 되자 채터웨이를 재치고 앞으로 나가는 배니스터에게서 강한 희망과 불굴의 투지가 보였다.

배니스터는 마지막 바퀴를 회상하며 이렇게 말했다.

"그때 유일한 현실은 내 발 아래의 트랙뿐이었다. 결승선 테이프는 최후, 어쩌면 소멸을 뜻했다. 그 순간이 내가 최고로 잘하는 일을 할 수 있는 기회라고 느껴졌다."

배니스터는 결승선 테이프를 끊자마자 쓰러졌고 기절하기 직전이었다. 아들에게 알리지 않고 경기를 보러 왔던 부모님이 놀라서 트랙으로 나갔을 때는 스탬플이 배니스터를 일으켜 세우고 있었다.

배니스터의 이야기에서 가장 아름다운 부분은 '천재는 혼자'라는 일반적인 통념과 달리 그가 친구들의 도움을 받았다는 점이다. '최초의 4분'은 여러 사람의 협동과 독창성이 모여서 만들어진 작품이었다. 그의 가장 큰 협력자는 훈련 파트너이자 페이스를 맞춰 준 브래셔와 채터웨이였지만, 그 외에 다른 이들도 많았다. 배니스터가 4분의 장벽을 깨뜨린 순간, 다리에 힘이 풀리고 정신이 혼미한 상태에서도 승리를 기념하며 트랙을 돌기 위해 곧바로 브래셔와 채터웨이를 찾았다. 그들이 없었다면 기적은 불가능한 일이었다.

목표를 달성하는 질문하기

배니스터의 사례를 보면 질문보다 목표가 중요한 것처럼 보이지만, 둘 사이에는 분명한 차이가 있다. 경영이나 조직에서는 대부분 목표를 토대로 한다. 그래서 수치로 나타낼 수 있는 측정 기준과 실질적인 성과를 필요로 한다.

대표적으로 세계적인 경영 구루 피터 드러커(Peter Drucker)가 강조한 'SMART 목표 설정 기법'이 있다. 목표란 구체적(Specific)이고, 측정 가능(Measurable)하며, 실현 가능성(Achievable)이 있어야 하고, 현실적(Realistic)이고, 기한(Timebound)이 있어야 한다는 뜻이다. SMART 목표 설정은 구체적이고 명확한 계획에 반응하는 믿음 체계를 갖고 있어서 보통의 성과가 아닌 탁월한 성과를 산출해내는 좋은 방법이지만, 미래에 관한 질문의 가능성을 제한한다는 문제점이 있다. 정리되지 않은 질문이나 발상, 영감, 돌발 행동, 대담한 목표를 거의 허용하지 않기 때문이다. 드러커는 "수치로 측정할 수 없는 것은 관리할 수 없다"고 말했다.

SMART 목표는 조직뿐 아니라 일상생활에서도 유용하게 활용할 수 있다. 하지만 아트씽킹에는 다른 종류의 엔진이 필요하다. 결과보다 과정을 토대로 하는 SMART 목표를 세우면 '스튜디오 타임'을 만들어줄 수 있다. 개인의 습관을 만들거나 바꿀 수 있게 도와줄 수도 있다.

결과적으로 SMART 목표로는 4분의 장벽 깨뜨리기 같은 목표를 세울 수 없다. 많은 사람이 자연의 법칙으로 인식하는 것을 사람의 힘으로 뒤집는 일은 '현실'적이지 못한 목표이기 때문이다. B 지점의 가능성을 탐구하려면 당신을 앞으로 끌어당기는 질문이 필요하다. 아무도 상상하지 못한 곳으로 나아가야 하기 때문이다. 질문은 어두운 바다에서 배를 이끄는 등대처럼 캄캄한 과정에서도 길을 잃거나 포기하지 않고 앞으로 나아갈 수 있는 더 깊은 동기를 부여한다.

등대의 질문은 영화에서 사용되는 '중요한 극적 의문(MDQ)'과 비슷하다. 영화 시나리오에는 안내 역할을 하는 두 가지 질문이 있는데, 바로 플롯(plot)과 그 이면에 있는 MDQ다. 플롯은 스토리(story)와 비슷하지만, 사건을 나열해서 극의 외적인 뼈대가 되는 스토리와 달리 외적인 동시에 심리적인 관계로써 사건을 배치하고 질서와 의미를 부여한다. 실제 영화에서 플롯과 MDQ를 찾아보면 더 이해가 쉬울 것이다.

영화 〈해리가 샐리를 만났을 때(When Harry Met Sally…)〉의 플롯은 '해리와 샐리 사이에 무슨 일이 일어날까?'이고, MDQ는 '남자와 여자는 정말로 친구가 될 수 있을까?'다. 〈해리 포터(Harry Potter)〉 시리즈의 플롯은 '해리 포터가 악당 볼드모트를 완전히 물리칠 수 있을까?'이고, MDQ는 '과연 선이 악을 능가할 수 있을까, 그리고 해리가 비범한 동시에 평범한 사람이 될 수 있을까?'다.

배니스터의 플롯은 '트랙을 그 정도로 빨리 달릴 수 있을까?'였고, MDQ는 '인간이 그렇게 빨리 달리는 것이 가능한가?' 또는 '인간 능력은 우리가 아는 것보다 더 큰가?'일 수도 있다. 물리적인 세계에서 등대는 먼 거리에서도 보이는 지상의 불빛이고, MDQ는 이야기의 이면에 흐르는 강력한 기류이면서 동시에 등대처럼 지평선 너머의 방향을 가리키는 기점이다. 그 답을 찾으면 배니스터의 경우처럼 새로운 세상이 열린다.

배니스터에게는 등대의 질문이 있었지만 그것이 꼭 성공을 보장해주지는 않는다. 지금까지 내가 그의 이야기를 한 이유는 그가 실패하지 않았기 때문이다. 1950년대 초반 점심시간마다 트랙을 달렸던 그의 이야기는 그저 평범한 개인사로 묻힐 수도 있었다. 하지만 그가 세상 사람들과 마찬가지로 공부하고, 일하고, 친구를 사귀고, 연애하고, 고민하고, 시련을 견디면서도 자신의 목표에 온전히 몰입해서 열정을 쏟아부었다는 점에서 다른 사람과 다른 예술성을 찾아볼 수 있었다. 그것은 앞에서 소개한 포가티와 하퍼 리와 마찬가지로 배니스터의 성취 또한 그의 전체적인 생애에서 나왔다는 사실을 말해준다. 실제로 그는 자신의 목표 달성에 기여한 가장 큰 공을 신경학과 가족이라고 말했다.

질문의 탄생

내가 처음 경제학을 가르치게 됐을 때 '이전 가격(transfer pricing)'에 대해 궁금한 점이 있어서 친구에게 전화를 걸었다. 참고로 이전 가격이란 다국적 기업이 세금 부담을 덜기 위해 책정하는 기업 내의 거래 가격이다. 그 친구는 국제 세금 전략에 관해 정신없이 설명해준 후 이런 말을 덧붙였다.

"난 예전부터 인테리어 디자이너가 꿈이었는데."

그러고는 크게 장난스러운 웃음을 터뜨렸다. 이 딜레마의 답은 그가 세금 전략가를 그만두고 인테리어 디자이너로 전향하면 해결되는 것처럼 간단하지 않다. 하지만 흥미로운 방법이 있다. 그가 전혀 다른 두 분야에 끌리는 근본적인 이유를 찾아서 질문으로 잇는다면 둘 사이의 중간 영역을 헤쳐 나갈 수 있을 것이다. 내 주변의 예술가들만 봐도 현재 하고 있는 일 외에 다른 관심사가 있는 경우가 드물지 않다. 그들과 솔직한 대화를 나눠보면 "사실은 예전부터 꼭 해보고 싶은 일이 있었는데…"라는 말이 나온다. 놀랍도록 창의적인 작품을 만들며 '예술가'라는 직업에 헌신해온 사람들조차 가장 관심 있는 일에 집중하기가 쉽지 않은 것이다. 어떤 면에서 우리는 누구나 첫 문장이 숨겨진 인생 이야기를 쓰는 저널리스트라고 할 수 있다.

일단 등대의 질문을 찾으면 자신의 관심사를 파헤칠 수 있다. 요가 강사나 인테리어 디자이너, 금융전문가, 카피라이터 등 구체적인 진로를 선택하기 위한 방법이 아니라 표면적으로 알고 있고, 자기에게 맞는 일이라고 생각한 것보다 한층 더 깊이 들어가서 자신을 이해한다는 뜻이다. 질문은 당신의 진실성이 세상에 어떻게 드러나는가에 대한 기준이 된다.

위트필드 디피(Whitfield Diffie)는 1970년대에 공개키(public-key) 암호화 시스템을 개발했다. 암호를 비밀키와 공개키의 한 쌍으로 나눠 컴퓨터 코드 해독에 혁신을 가져왔다. 마틴 헬만(Martin Hellman)과 함께 개발한 그 기술은 인터넷 보안의 탄탄한 토대를 이뤘다. 정보통신 IT 분야 전문매체인 〈와이어드(Wired)〉의 수석기자이자 《해커스(Hackers)》의 저자인 스티븐 레비(Steven Levy)는 "키를 분리한 것은 르네상스 이후 암호화에서 가장 혁명적인 개념이었다"고 말했다.

디피의 성공은 배니스터의 경우처럼 개인적인 경험에서 비롯됐

다. 그는 남들보다 글씨를 늦게 배워서 열 살이 돼서야 《우주 고양이(The space Cat)》라는 책을 힘겹게 읽을 수 있었다. 그에게 등대가 된 질문은 5학년 때 선생님에게 암호 해독에 대해 배우면서 생기기 시작했다. 암호 해독에 매료된 그는 뉴욕시립대학(City College of New York)에서 일하는 아버지에게 도서관에 있는 암호학에 관한 책을 전부 찾아오라고 했다. 아동서는 물론이고 성인 대상의 책까지 전부 섭렵했다.

주위를 잘 둘러보면 디피 같은 사람이 꼭 한 명은 있다. 다른 것은 보지 않고 오로지 자기가 관심 있는 분야만을 저돌적으로 파고드는 사람들 말이다. 디피는 학교 공부에는 관심이 없었지만 성적은 뛰어나서 매사추세츠공과대학(Massachusetts Institute of Technology, MIT)에 입학했다. 그가 MIT를 졸업한 1965년만 해도 컴퓨터 프로그래밍은 순수 학문인 수학에 비해 난데없이 등장한 불온한 학문으로 취급받았다. 스탠퍼드대학교에서는 1965년에 컴퓨터공학과가 생겼다. 컴퓨터가 발달하면서 자연스럽게 개인정보 보호가 중요해졌다.

디피는 베트남전 징집을 피하기 위해 컴퓨터 프로그래머이자 연구원으로 정부 산하 기관인 MITRE 코퍼레이션(MITRE Corporation)에 들어갔다. 당시 미국 국방부의 고등연구계획국(Advanced Research Projects Agency, ARPA)은 막 인터넷 기반을 마련하는 중이었고, 컴퓨터공학과 암호학 연구는 연구원들이 미국국가안전보장국(National Security Agency, NSA)과 협조하는지의 여부에 따라 두 갈래로 나뉘었다. NSA는 IBM 같은 기업에 파우스트의 거래를 제안했다. 협조하면 극비 연구를 공유하는 대신 연구 결과는 절대로 공개하면 안 되고, 별개의 독자적인 연구 또한 불가하다는 것이었다. 디피는 그 거래를 받아들이지 않았다.

"개인의 정치와 연구는 불가분의 관계라는 것이 내 신조였다."

그의 관심사와 재능이 일로 확장되는 전체적인 맥락에서 등대가 모습을 드러내기 시작했다. 아내 메리 피셔(Mary Fischer)의 표현에 따르면 그의 MDQ는 "신뢰할 수 없는 사람들로 가득한 세상에서 신뢰할 수 있는 사람을 어떻게 대해야 하는가?"였다. 그 질문이 그를 끌어당겼다. 디피는 매우 독창적인 길을 개척해 나가며 이탈적인 연구자가 됐다. 닛산의 닷선(Datsun) 510 시리즈를 여러 대 바꿔 타면서 전국을 누볐고, 암호학에 관한 책을 섭렵했으며, 피셔가 "정말로 비밀스러운 일에 관여하는 사람들, 얼굴에 외투를 뒤집어쓴 채 자신의 이름을 어떻게 알았는지 묻는 사람들"이라고 표현한 이들과 만났다.

마침내 그는 자신의 조력자가 되는 마틴 헬만을 우연한 소개로 만나게 됐다. IBM에서 만난 앨런 콘하임(Alan Konheim)이라는 남자는 NSA와의 이유를 근거로 자신이 하고 있는 연구에 대해서 말해줄 수는 없지만, 디피와 똑같은 질문을 했다는 연구자의 이름을 알려줬고, 그가 바로 헬만이었다. 스탠퍼드대학교 교수였던 헬만은 디피를 자신의 연구를 도와줄 프로그래머로 고용했고, 두 사람은 관심사에 대한 대화를 지속할 수 있었다.

하퍼 리나 배니스터와 마찬가지로 성공하기 전의 디피 또한 캄캄한 과정에 머물러있었다. 서른 살의 그는 헬만의 연구 조교였지만, 형편이 어려워서 아내와 함께 인공지능 분야의 선구자인 존 맥카시(John McCarthy)의 집을 봐주면서 그의 어린 딸까지도 돌봐야 했다. 결국 절망을 이기지 못하고 다 포기하고 싶어진 그는 메리에게 "난 망한 연구자야. 다른 일을 알아봐야겠어"라고 말했다.

그런데 우연하게도 다음날 디피는 강렬한 깨달음의 순간을 경험했다. 평소와 다름없이 석유 기업 BP(British Petroleum)에서 일하는 이집트학자였던 메리에게 아침 식사를 만들어준 후 빈둥거리고 있었다. 디피는 불현 듯 돌파구가 찾아온 순간을 이렇게 묘사했다.

> 확실하게 기억나는 것은 내가 그 아이디어를 처음 떠올렸을 때 거실에 앉아 있었는데, 아래층으로 콜라를 가지러 갔다가 거의 잊어버릴 뻔했다는 것이다. 뭔가 생각하고 있었는데 '그게 뭐였지?'라는 생각이 드는 순간이었다. 그러다 다시 퍼뜩 떠올랐고 다시는 잊어버리지 않았다.

그때 떠오른 아이디어는 코드를 해독하는 '키의 분리'였다. 디피가 헬만과 함께 그 기술을 개발하기까지는 꽤 긴 시간이 걸렸지만, 끊임없이 관심사를 공부하고, 오랫동안 개인정보 보호와 신뢰에 대한 질문을 품고 탐색해온 사람의 준비된 머릿속에 통찰이 떠오른 것이었다.

디피의 이야기는 질문이 개인의 가장 특유한 경험과 가장 당연시되는 기본적인 믿음에서 나올 수 있음을 보여준다. 또한 디피의 이야기에는 밀고 당기기가 있다. 등대의 질문이 그의 탐구를 이끌었지만, 아이디어가 찾아온 역사적인 순간에 민첩하게 반응하며 스스로를 목표로 밀고 나갔다. 추진력과 수용성은 중요한 조합이다. 상황에 대한 순간적인 반응으로 일어나는 창조적 과정은 고도의 집중력에서 나오는 것만큼이나 중요하다. 서론에서 소개한 조종사 코워드를 떠올려보자. 그가 엔진 고장으로 풀밭에 비행기를 착륙시킨 독창성은 상황에 대한 반응이었다. 한 번도 경험해보지 않고, 전혀 준비되지 않은 상황에 대한 창조적 과정이었다.

좀 더 이해를 돕기 위해 루이즈 플로렌코트(Louise Florencourt)의 이야기를 해야겠다. 그녀는 미국 작가 플래너리 오코너(Flannery O'Connor)의 사촌으로, 내가 그녀를 처음 만난 것은 조지아 주 밀리지빌(Milledgeville)에 있는 오코너의 생전 자택인 안달루시아 농장(Andalusia Farm)에서 평범한 일상생활과 창의성에 대한 강연을 하면서였다. 카우보이 모자와 청바지 차림의 그녀는 우아하면서도 열정적인 모습이 무척 인상적이었는데, 강연이 끝난 후 다가와서는 이렇게 말했다.

"난 항상 예술가가 꿈이었답니다. 결국은 변호사가 되긴 했지만요."

변호사였다는 그녀는 알고 보니 하버드 법대에서 여학생을 처음 받기 시작한 해에 입학했다. 나는 그것도 새롭게 창조된 B 지점 안에서 이뤄진 예술이라고 생각한다. 어쨌든 그 후로 그녀와 계속 연락을 주고받았다. 그녀는 대학에서 정치학을 전공했지만, 미술사와 미술 과목을 많이 들었고, 졸업하고 나서도 컬럼비아대학교에서 회화 수업을 들었다. "교수님이 내 수채화 작품을 시그램 빌딩 로비에 전시할 작품으로 선택한 게 예술가로서 커리어의 정점이었죠"라고 말했다. 그녀는 예술 작품을 만드는 일을 무척 좋았지만 LSAT(로스쿨 입학시험)을 치렀다.

"로스쿨을 졸업하면 먹고 사는 데 지장이 없을 거라고 생각했어요. 예술가가 된다면 쿰쿰한 냄새가 나는 다락방에서 굶고 있는 내 모습이 떠올랐거든요. 미술사학자가 되면 박물관 지하에 쌓인 그림과 예술품의 먼지를 털고 있는 모습이 떠올랐고요."

플로렌코트의 이야기는 만약 하퍼 리가 로스쿨을 그만두지 않고 아버지의 조언대로 변호사가 됐다면 어땠을까를 떠올리게 한다. 그녀의 창조적 모험은 은퇴 후에 펼쳐졌다. 오코너의 어머니가 그녀에게 밀리지빌로 와서 오코너의 유산을 지켜달라고 부탁했다. 플로렌코트는 과거를 돌아보며 로스쿨 입학은 현실적인 선택이었고, 은퇴후 밀리지빌에 간 선택은 개인의 욕구를 채우기 위함이었다고 했다. 하지만 그곳에서 소명이라는 재능 기부 형태의 독특한 예술이 탄생했고, 그녀의 등대는 봉사에 대한 진실한 믿음과 자신을 보살피려는 마음, 필요한 곳에 재능을 쓸 수 있는 역량에서 나타났다. 이처럼 등대가 되는 질문은 특정한 예술가나 천재에게 주어지는 것이 아니라어느 누구나 발견하고 만들 수 있다.

인생의 등대가 되는 질문을 그림의 떡처럼 불가능한 예술로 제한하는 것은 존 메이너드 케인스(John Maynard Keynes)가 말한 "예술가란 비현실적인 천재"라는 선입견 때문이다. 등대의 질문은 필요를 토대로 자라고, 시간이 지나면서 다른 형태로 바뀌기도 한다. 어떤 상황에 처해있든 진정한 자신으로부터 출발한다. 밀폐된 비행기 안에서, 로스쿨 합격 통지서를 받고서, 도움을 청하는 가족의 전화를 받고서, 출발 총소리를 기다리는 트랙에서처럼 아주 갑작스러운 곳에서 말이다.

호스피스 병동의 간호사 보니 웨어(Bonnie Ware)는 죽음을 앞둔 사람들이 가장 많이 하는 후회가 "자신에게 솔직한 인생을 살지 못했다는 것"이라고 했다. 솔직한 인생을 산다는 것은 자신의 마음속에서 들려오는 중요한 질문에 충실하게 대하는 자세다. 그것이 의무감이나 기회, 위기 같은 가능성에서 나오는 질문이든 크든 작든 상관없다. 자신만이 할 수 있는 일이 있다고 믿을 때 그 질문으로 나아가는 출발점에 설 수 있다.

나만의 등대를 찾아라

등대를 찾아가는 길에는 여러 가지가 방법이 있고, 가까운 미래 또는 먼 미래에 존재할 수도 있다. 다음의 질문을 통해 자신에게 적합한 방법을 찾아보자.

- 최근에 크고 작은 성공을 거두고 자부심을 느꼈던 일을 생각해보자. 그 일의 근본적인 가치는 무엇이었는가? 반대로 실패나 큰 타격으로 받은 상실감을 떠올려보고, 그 이면에 깔린 질문이 무엇이었는지 생각해보라. 가능하면 글로 적고 다음 날 다시 읽어보라. 성공과 실패, 두 가지 일에 자리하는 희망이나 문제는 무엇인가?

- 만약 복권에 당첨돼 돈 걱정이 사라진다면 어떤 일을 하겠는가? 인생의 새로운 막을 당신이 주연을 맡은 영화라고 생각해보자. 영화의 줄거리는 무엇이고 무슨 일이 벌어지는가? 이 질문의 답은 당신의 남은 인생에 대해 무엇을 말해주는가?

- 지금까지 삶의 중요한 단계를 거쳐 간 질문들은 무엇이었는가? 10년이나 1년 단위, 또는 직업이나 학교, 가족, 사는 곳 등의 기타 지표를 이용해 삶의 지도나 자신만의 연대기를 만들어보라. 각 단계마다 무엇을 탐구하고 있었는가? 자신의 꿈이나 열정, 의무, 경제적 필요에서 나온 질문은 무엇이었는가, 질문의 답을 찾았는가? 실패와 성공이라는 이분법으로 평가하지 말고, 한 단계의 질문이 다음 단계에 어떤 영향을 줬는지 살펴보라.

- 만약 이 세상을 바꿀 수 있는 마법의 지팡이가 있다면 무엇을 하겠는가?

그 희망의 이면에 존재하는 가치는 무엇이고, 그 가치를 당신이 관리할 수 있는 규모의 질문으로 바꾼다면 어떻게 디자인할 수 있는가?

- 한 달 뒤, 또는 내년에 일어나기를 바라는 일은 무엇인가? 30년 후의 당신에게는 무엇이 중요할까? 자유롭게 생각해보고, 그것이 자신에게 중요한 이유를 떠올려보라. 그런 다음 그것을 현재로 옮겨서 지금부터 할 수 있는 일은 무엇이 있을지 생각해보라.

〰️ 인간관계의 중요성

등대를 찾는 과정에서 가장 큰 어려움은 당신을 개척자로 만든다는 사실이다. 안전한 패턴이 존재하지 않는 영역으로 나가는 위험을 무릅써야 한다. 역사와 비즈니스 이론과 마찬가지로 새로운 분야를 개척하는 사람에게는 우위가 따른다. 새로운 시장을 선도하고 가장 먼저 신제품을 디자인하거나 무엇이든 활성시킬 수 있다. 하지만 새로운 영역으로 나아가기 위해서는 많은 에너지가 필요하다. 말하자면 동료들의 맨 앞에서 사이클을 타면서 바람의 저항을 막아내야 한다.

배니스터와 디피의 경우처럼 MDQ를 떠올리려면 큰 용기가 필요하다. 사이클을 탈 때 앞에서 불어오는 바람이 정신 나간 객기인지, 위대한 시도인지 알 수 없기 때문이다. 비즈니스 관점에서 보면 당신의 성공은 남들에게 더 적은 비용으로 신속하게 모방할 수 있는 기회를 뒤따르게 한다. 맨 앞에서 길을 개척하는 사람에게는 위험과 취약성이 따르지만 잠재적 이익이 더 크다.

등대가 망망대해에서 뱃길이 되는 것처럼 질문 역시 구조적인 지원을 필요로 한다. 개인의 측면에서는 친구나 조력자를 의미하고, 비즈니스 전략 측면에서는 진입 장벽, 즉 자신이 창조한 B 지점 안에서 거두는 성공을 보호하는 장치를 의미한다. 배니스터의 성공을 도운 채터웨이는 당시 기네스(Guinness)의 간부로 재직 중이었고, 브래셔는 모빌 오일(Mobil Oil)에서 관리자 교육을 받고 있었다. 브래셔와 채터웨이 또한 실력 있는 육상선수였다. 배니스터가 마의 4분을 깰 수 있게 도와준 그날, 채터웨이는 4분 7.2초라는 훌륭한 기록으로 2위를 차지했다. 1954~1955년에는 4,800미터와 5,000미터에서 세계 신기록을 세웠다. 훗날 노동당 의원이 된 저널리스트 조지프 말라리우(Joseph Mallalieu)는 1953년 채터웨이의 경기를 보고 감명 받아 〈스펙테이터(Spectator)〉에 칼럼을 썼다.

> "채터웨이에게 1,600미터 기록을 위해 달리는 것은 우리가 버스를 쫓아가려고 달리는 것보다 덜 힘들었다."

배니스터의 조력자 집단에는 《기네스북(The Guinness Book)》을 처음 만든 쌍둥이 로스 맥허터(Ross McWhirter)와 노리스 맥허터(Norris McWhirter) 등 다른 이들도 포함돼 있다. 그들은 오랫동안 배니스터의 기록을 측정하고, 경기장에 데려다주고, 해외 경쟁자들의 기록을 알려줬다. 배니스터는 자신의 저서에서 그들에 대해 이렇게 말했다.

> 쌍둥이 노리스와 로스의 에너지는 무한했다. 그들에게는 골칫거리라는 것이 없었고 어떤 도전이든 기쁘게 받아들였다. 그들은 옥스퍼드에서 함께 단거리

육상 선수로 활약하다가 저널리즘의 세계에 입문해 해외 선수들의 기록과 정보를 계속해서 알려줬다. 게다가 내가 제시간에 맞게 경기장에 도착하도록 자주 태워다줬다. 기록을 재거나 자동차를 운전하는 사람이 노리스인지 로스인지 헷갈릴 때도 가끔 있었지만 둘 중 누구든 믿고 의지할 수 있었다.

노리스는 언젠가 아킬레스 클럽(옥스퍼드와 케임브리지 체육 클럽 연합)과 떠난 이탈리아 여행에서 기차에서 잠든 배니스터를 보면서 "저 신체는 언젠가 지구의 10억 명을 초월하는 능력을 증명할지도 모른다"고 말했다고 한다. 배니스터에게 육상을 그만두라고 했던 옥스퍼드의 트랙 관리인과 극명한 대조를 이루는 말이었다. 위대한 성공이 우정에서 나온다는 생각은 '천재는 외로운 늑대와 같다'는 선입견을 무너뜨린다. 미묘하긴 하지만 사람을 개인적이고 목표지향적으로 묘사하는 오늘날의 협동과 권한 위임에 대한 개념과도 모순된다.

셰릴 샌드버그(Sheryl Sandberg)가 제창한 '린인(lean in, 적극적으로 참여해서 최선을 다하라는 뜻-옮긴이)'은 B 지점을 만드는 중요한 엔진이 되어준다. 하지만 조직에서의 '린인'은 특정한 틀이 입혀진다. 새로운 프로젝트나 목표가 완성됐을 때 최종 결과에서 편집 당해버리는 사람들이 많기 때문이다. 배니스터의 경우에도 공동의 노력으로 일궈낸 결과지만, 배니스터의 업적으로 기록될 뿐이었다. 하지만 그의 성취는 우정과 스포츠에 대한 젠틀맨 아마추어 정신에서 나온 것임을 잊지 말아야 한다.

⌃⌃ 성공의 흑과 백

친구와 가족의 지원은 비즈니스 측면에서도 중요하다. 리더들은 언제나 팀과 팀원에 둘러싸여 있다. 비즈니스에서 개척자가 된다는 것은 위험이 따르는 일이다. 무언가가 가능하다는 사실을 증명했다면 거기에 이르기까지 분명히 엄청난 투자와 희생이 전제했을 것이다. 만약 당신이 B 지점을 만드는 데 성공했다면 다른 사람들이 노력 없이 당신을 쉽게 모방하고 이득을 취하지 못하도록 만들 수 있는가?

비즈니스 세계에서 등대를 찾으려면 성공 후 두 번째 주자가 당신의 성공을 모방하지 못하도록 진입 장벽을 어떻게 세울지 생각해야 한다. 가장 일반적으로 사용되는 구조적 지원은 창조자의 리스크를 보상해주는 '특허'와 '지식재산권'이다. 특허가 해당되지 않는다고 해도 타인이 당신의 작품 또는 상품으로 이익을 취하지 못하게 시장을 선점하는 방법을 고안해야 한다. 펌프로 짜서 쓰는 물비누 소프트숍(Softsoap)이 바로 그런 이야기에서 탄생했다.

소프트숍은 1970~1980년대에 잘 나가던 미네통카(Minnetonka)의 브랜드였다. 메니통카를 창업한 로버트 테일러(Robert Taylor)는 스탠퍼드에서 MBA를 취득했고, 존슨앤존슨(Johnson & Johnson)에서 일한 경험이 있었다. 1970년대 중반에서 후반에 이르기 전까지 레몬이나 풋사과 또는 초콜릿처럼 생긴 고형 비누를 만들었다. 그러던 어느 날 출근하는 차안에서 물비누 아이디어가 떠올랐다. 그러나 물비누는 1865년에 특허를 받고 오래전부터 공중화장실에서 사용되고 있었기 때문에 특허를 받기 위해서는 새로운 전략을 생각할 수밖에 없었다. 그것은 바로 '플라스틱 펌프 용기'였다.

테일러는 대중 시장을 겨냥한 물비누를 만들고 싶었지만, 대어 같은 산업 부문 속의 피라미에 불과했다. 그 말은 곧 성공이 죽음이 될 수도 있다는 의미였다. 마케팅 자원과 유통 시스템에서 훨씬 앞선 대기업들이 시장에 밀고 들어온다면 분명 경쟁이 안 될 터였다. 다른 제품보다 경쟁적 우위를 찾기 위해 모든 구성 성분을 살펴보는 도중 한 가지 제약이자 기회를 발견했다. 물비누를 만드는 것은 쉽지만 플라스틱 펌프 용기는 제작이 어렵다는 것이었다. 기술과 생산시설의 특수성 때문에 미국 전역에서 플라스틱 펌프 용기를 만드는 업체는 단 두 곳뿐이었다. 테일러는 두 업체가 약 2년 동안 생산할 수 있는 약 1억 개의 펌프를 전부 사들였다. 펌프 하나에 12센트밖에 하지 않았지만, 기업의 가치보다 큰 총 1,200만 달러를 투자해야 했다. 절대적인 확신이 있었기에 모든 것을 내걸었다.

결과는 역시 성공이었다. 1979년부터 1981년까지 미네통카의 매출은 9,600만 달러로 4배나 증가했다. 미네통카의 소프트솝은 당시 1억 2,000만 달러 비누 시장의 38퍼센트를 점유했다. 미네통카의 성공은 다른 기업들도 덩달아 물비누 시장에 뛰어들게 만들었지만, 경

쟁을 대비해 진입 방벽을 만들어둔 전략이 효과가 있었다. 미네통카가 펌프 생산 업체들의 제품을 전부 사들인 덕분에 시장을 선점하며 고객의 충성도를 확립해 대기업보다 1~2년 앞서 나갈 수 있었다. 만일 미네통카가 진입 장벽을 만들어놓지 않았다면 B 지점의 창조에 따른 이득을 얻지 못했을 것이다.

펌프를 전부 사들인 것은 거의 도박에 가까운 무모한 행동이었지만 효과적인 차단 방법이었다. 비누처럼 간단한 문제를 두고도 기업이 확실하고도 대담한 질문을 떠올리고 전략을 세울 수 있다.

⋀⋀ 큰 일이
너무 어려워 보일 때

도전은 시대마다 형태가 달라진다. 배니스터는 가능성과 인간의 한계에 대한 질문을 던졌다. 요즘은 '무언가를 어떻게 개선할 수 있는가'라는 점진적 혁신에 대한 질문이 많다.

배니스터는 《최초의 4분》에서 "적당한 도전을 찾기가 점점 더 어려워지고 있다"고 했다. 점심시간에 훈련하는 아마추어 선수는 갈수록 상상하기 힘든 일이 되고 있다. 배니스터의 말처럼 페니실린에서 강철, 인터넷까지 인류는 이미 문명의 가장 큰 문제들을 대부분 해결했는지도 모른다. 그렇기 때문에 '적당한 도전'은 안전지대를 벗어난 엄청난 일처럼 느껴지기도 한다. 지구온난화, 교육 체계, 일의 설계에 이르기까지 새로 만들어야 할 뿐만 아니라 개선해야 해야 하는 것들도 넘쳐난다.

도전이 너무 거대하게 느껴지면 초조해져서 창조적 과정을 무시하고 세상에 순응하고 싶은 유혹이 강해진다. 하지만 제대로 답할 수 있는 질문만 가능성으로 제한한다면 기존의 평범한 세상에 묶여 있을 뿐, 당신의 작품이 만들어낼 평범하지만 새로운 세상으로 나아가지 못한다. 물론 비즈니스는 이미 잘 아는 시장에 충실해야 할 때도 있다. MDQ를 알지만 실행에 옮길 수 없을 때도 있다. 하지만 과거의 성공 패턴을 신뢰하는 것도 위험할 수 있다. 세상은 항상 변화하기 때문이다. 그럴 때는 친구나 동료들과 끊임없이 대화하며 MDQ를 찾는 것이 좋은 습관이 될 수 있다. 배니스터나 디피, 미네통카처럼 자신이 하려는 일이 등대의 질문과 관련 있는지 생각해보는 것도 좋은 연습이다. 앞에서 말한 '좋은 자각'을 활용하면 목표와 달성의 거리를 비판이 아닌 호기심의 자세로 바라볼 수 있을 것이다.

﹀﹀ 평범함의 새로운 기준

배니스터는 4분의 장벽을 깨뜨림으로써 우리를 평범함과 특별함 사이의 막에서 꺼내 빈 공간을 만들게 했다. 그러자 세상에서 가장 위대한 변화 매체, '평범함(normality)'이 서둘러 공간을 채우기 시작했다. 새로운 B 세계에서는 새로운 성취도 곧 평범해진다. 배니스터 이후 약 1,300명이 1,600미터 육상에서 4분의 장벽을 넘었고, 현재 세계 신기록은 2016년 1월을 기준으로 모로코의 히샴 엘 게루주(Hicham El Guerrouj)가 로마에서 세운 3분 43.13초다. 1,600미터를 4분 안에 달리는 것은 여전히 대단하지만 불가능하지는 않다. 여성 CEO나 이사, 가공되지 않은 신선한 채소, 널리 확장된 인권 등 삶에서 이뤄지고 있는 수많은 진보 또한 더 이상 불가능한 일로 보이지 않는다. 닐 바스콤(Neal Bascomb)은 《완벽한 1마일(The Perfect Mile)》에서 배니스터에 대해 다음과 같이 말했다.

> 영웅을 처음부터 보기는 힘들다. 피와 살을 가진 인간을 중심으로 사건이 펼쳐지기 때문이다. 고정관념은 사실을 감싸려고 하고, 기억은 편안한 틈새를 찾아 머무르려고 한다. 영웅들이 관심을 끄는 이유는 의심과 연약함, 실패가 가려지고 그들이 거둔 성공이 기정사실처럼 묘사되기 때문이다. 하지만 진정한 영웅은 처음에 보이는 것처럼 아무것도 섞이지 않은 경우가 결코 없다. 다행스러운 일이다. 우리가 영웅을 동경하는 이유는 그것 때문이어야 될 것이다.

누구에게나 질문은 다른 커다란 일이나 활동의 일부로 존재한다. 그렇기에 전체의 삶이라는 사고방식 가운데에서 탐구되는 경우가 많다. 배니스터는 달리기를 위해 의학 공부를 그만두지 않았다. 의대에서 나오는 생활비로 생활하면서 시간을 내어 훈련했다. 그의 훈련 일정은 스튜디오 타임이었다. 만약 실패한다고 해도 삶의 더 큰 그림을 망가뜨리지 않고 감당할 수 있었다. 이 주제는 다음 챕터에서 자세히 살펴보기로 하겠다. 여기서 중요한 점은 그가 영웅적인 개인주의가 아니라 친구들과 힘을 합쳐 MDQ를 추구했다는 사실이다. 이처럼 질문에는 인간적인 측면이 있다.

질문의 답을 찾는 데 실패한다고 해도, 그 질문에 뛰어드는 것 자체가 실패가 예정된 비현실적인 일이라고 해도 주저하지 말자. 질문을 정의하고 답을 찾아나갈 공간을 허락하는 것, 그 자체에 힘이 있다. 분명한 MDQ는 평범한 삶에서 나오는 위대한 일로 사람들을 안내한다. 때로는 마음속에 오래 품고 나서야 실행할 수 있게 되기도 하지만, 질문은 어두컴컴한 지평선 너머에 빛이 비추는 우리의 등대가 될 것이다.

어떻게 보면 매일 같은 공기를 마시며 살아가는 사람 중에서 단 한 명만이 최초로 4분의 장벽을 깨뜨릴 수 있다는 사실이 놀랍기만 하다. 신념은 에너지를 필요로 하지만 존엄성을 지켜주기도 한다. 하퍼리와 배니스터, 디퍼의 성취는 내면의 연약함을 손에서 놓지 못하고 캄캄한 과정에 있으면서도 한 걸음씩 나아가며 결국 해낸 것이었다.

에드먼드 힐러리 경은 텐징 노르게이(Tenzing Norgay)와 함께 세계 최초로 에베레스트를 등정한 후 의사가 된 배니스터에게 운동부하검사(treadmill test)를 받았다. 신체적으로 매우 놀라운 성과를 달성했다는 점에서 배니스터나 힐러리가 평범한 사람과 다르게 보일 수도 있다. 하루도 빼먹지 않고 달리기를 하고, 케이크는 딱 한 조각만 먹는 사람들 말이다. 하지만 힐러리의 검사 결과를 본 배니스터는 "에베레스트 등정을 어떻게 성공하셨는지 모르겠군요"라고 했다. 힐러리의 몸 관리가 엉망이라는 뜻이 아니라 그가 초인이 아니라는 말이었다.

배니스터가 세계 신기록을 세우기 전에 프랑스의 한 저널리스트가 3분 안에 들어가는 것을 목표로 달리면 죽지 않을지 어떻게 아느냐고 물었다. 배니스터는 모른다고 했다. 성공할 수 있을지도 모르고, 죽지 않으리라는 것 또한 모른다고 했다. 그가 성공했다고 해서 질문을 품고 있던 시기가 얼마나 연약한 상태였는지 가려지지는 않는다. 잠시 바람이 잠잠해진 목요일 늦은 오후, 큰 키에 호리호리한 의사는 그저 불가능을 가능으로 증명하기 위해 앞만 보고 달렸다. 멀리 착지하기 위해서 높이 도약하는 것처럼 그는 도전하기도 전에 가능하다고 믿어야 했다.

통찰의 순간은 배니스터의 찰나나 디피가 콜라를 가지러 부엌으로 간 타이밍, 밀리지빌로 간 플로렌코트의 상황처럼 단순할 수도 있다. 돌파구가 찾아오지 않을 수도 있지만, 일단 찾아온다면 당신의 첫 시도가 아닐 가능성이 높다. 그럼에도 돌파구에 이르려면 당신을 안내해줄 등대를 찾고 계속 떠올려야 한다. 또한 실패할 수도 있는 거대한 질문이어도 된다는 예술적 허락이 필요하다. 다음으로 필요한 도구는 등대에 투자적 사고를 적용해 삶과 일이라는 더 큰 포트폴리오에 넣는 '리스크 관리법'이다.

보트 만들기

모든 시작은 작다.

_ 키케로(Cicero)

창조적 프로젝트를 위해 불확실한 과정을 즐기며, 등대의 질문을 지표 삼아 나아갈 때 거기서 오는 리스크는 어떻게 관리해야 할까? 실패뿐 아니라 성공에 따르는 리스크 말이다. 시험해보기 위해 일부러 작게 시작할까? 아니면 과감하게 투자할까?

초기 단계의 작품을 효과적으로 관리하려면 두 가지 도구가 필요하다. 바로 '포트폴리오 사고'와 '소유 지분'이다. 포트폴리오 사고는 창조적 프로젝트의 단점으로부터 보호해주는 장치로, 실패해도 균형을 잃지 않고 안정적인 생활을 지속할 수 있도록 해준다. 반면 소유 지분은 창조적 프로젝트의 장점을 취하는 방법으로, 자신이 만든 가치를 소유할 수 있게 해준다. 또한 이 둘은 인내심을 가지고 무언가를 창조하고 성공할 경우 보상을 공유하게 해준다. 그것이 왜, 어떻게 가능한지 살펴보기 전에 예술과 비즈니스에서 규모가 어떻게 다르게 일어나는지 확인할 필요가 있다.

⋀⋀ 가치를 보호하는
비즈니스 도구

1995년 예술가 부부 크리스
토와 잔 클로드(Christo and Jeanne-Claude)는 100만 평방 피트의 원단
으로 독일의 국회의사당 라이히슈타크(Reichstag)를 완전히 뒤덮었다.
10년 후인 2005년에는 뉴욕 센트럴파크에 〈더 게이츠(The Gates)〉라
는 작품을 설치했다. 줄지어 선 호박색의 철제 프레임에 역시 같은 색
깔의 낙하산 원단을 마치 빨랫줄에 걸린 이불처럼 걸어놓은 작품이
었다. 크리스토와 잔-클로드는 작품들을 만드는 데 정부나 민간의 후
원을 전혀 받지 않았다. 후원을 받는 다른 예술가들을 비판하지도 않
았지만, 외부의 자금을 받으면 작품의 진정성을 타협해야 한다고 생
각했다. 대신 그들은 작품과 관련된 스케치를 팔아 스스로 프로젝트
의 자금을 마련했다.

언젠가 강의 중에 이 예술가 부부의 전략을 설명했더니 한 학생이
질문했다.

"애초에 사람들이 그들의 스케치를 어떻게 알고 사기 시작한 거죠?"

나는 그 답을 알지 못했다. 알고 보니 크리스토와 잔-클로드는 처음에는 작게 시작해서 몇 십 년 동안 지속적으로 규모를 확대하는 방식으로 작업을 해왔다. 1958년에 크리스토가 처음 포장한 작품은 수프 캔이었다. 1962년에 두 사람은 자전거를, 1963년에는 폭스바겐 자동차를 포장했다. 약 10년간 그 정도 규모의 작품을 하다가 좀 더 규모가 큰 프로젝트를 계획하게 됐다. 〈포장된 라이히슈타크〉와 〈더 게이츠〉를 만들기 시작한 것은 1970년대였다. 두 거대한 작품이 완성되기까지는 각각 24년, 26년 정도가 걸렸다. 그들은 형편 내에서 원단을 구입하고, 두 손으로 직접 덮을 수 있는 물체를 선택하는 규모로 작품을 시작했다. 시간이 지나면서 명성을 얻고 자금도 쌓이자 프로젝트의 규모를 확장했다.

그들의 이야기가 트위터의 성장과 구조적으로 얼마나 다른지 살펴보자. 트위터는 2013년 11월 7일 뉴욕 증권 거래소에서 1주당 26달러로 거래가 시작됐다. 그리고 거래 첫날 44.90달러로 막을 내렸다. 트위터는 2006년 오데오(Odeo)라는 벤처 기업의 프로젝트에서 출발했다. 트위터의 공동창업자 에반 윌리엄스(Evan Willians)는 자신의 블로거(Blogger) 플랫폼을 매각한 수익금으로 오데오의 주식을 전부 사들였다. 스스로 자금을 조달해 프로젝트를 키운 점에서는 크리스토와 잔-클로드 부부와 같지만 바로 그 시점에서 이야기가 달라진다.

트위터는 2013년 상반기 동안 2,100만 달러를 벌고, 6,900만 달러의 손실을 입었다고 발표했다. 그 차이는 트위터가 공개 상장 때 미리 스톡옵션(stock option)을 발행했고, 그것을 경비로 쳐야 했기 때문이었다. 그럼에도 트위터는 어떠한 수익도 없이 증권 거래소에 상장될 수 있었다. 이론적으로 기업의 가치는 누적된 미래 수익을 토대로 하지만, 트위터는 증거가 아니라 상상, 단지 지금 수익이 없을 뿐이라는 믿음으로 주식을 팔았다.

만약 크리스토와 잔-클로드가 트위터 같았다면 1979년에 사업 계획서를 쓰고 자금을 받아 1980년에 거대한 작품을 만들었을 것이다. 수익을 창출하기도 전에 주식을 판 트위터의 능력은 창업자들에게 실제 수익이 발생하기도 전에 경제적 보상을 거둬들일 수 있다는 희망을 불어넣었다. 정반대되는 두 가지 이야기는 아직 가치를 모르는 초기 단계에서 시간과 돈의 투자 리스크를 관리한다는 것이 무엇인지 말해준다.

크리스토와 잔-클로드처럼 프로젝트의 자금을 스스로 조달하려면 속도가 붙기까지 시간이 걸린다. 일상적인 경비를 낼 수 있을 정도로 돈을 버는 동시에 투자와 성장을 위한 비용을 따로 떼어놓아야 한다. 롤러코스터는 일정한 높이까지 끌어올리면 위치 에너지가 운동 에너지로 바뀌며 빠른 속력으로 달리게 된다. 그 힘을 이용하려면 리스크를 관리하고 가치에 대한 소유권을 요구하는 설계 도구가 필요하다. 그래야 균형 있는 현재에 머물러 있으면서 좋든 나쁘든 미래를 위한 계획을 세울 수 있기 때문이다.

프로젝트를 추진하는 동안 생산 경제를 균형 있게 유지하기 위해서는 '소득 포트폴리오(income portfolio)' 관점에서 생각할 필요가 있다. 또한 전통적인 투자 포트폴리오(investment portfolio)의 관점에서 생각할 필요도 있다. 곧 알게 되겠지만 소득 포트폴리오에는 '교차 보조(cross subsidy)'라는 특징이 있다. 한 영역이 다른 영역의 버팀목이 되어준다는 뜻이다. 소득과 투자의 관점을 통해 바라본다면 포트폴리오의 장점을 활용할 수 있다.

〰️ 포트폴리오 사고

현대적 포트폴리오 이론으로 1990년 노벨 경제학상을 수상한 해리 마코위츠(Harry Markowitz)는 1927년 시카고에서 태어났고, 그의 부모는 식품점을 운영했다. 노벨상 수상자들은 모두 자서전 집필 요청을 받는데, 그의 자서전 시작 부분에는 다음과 같은 말이 있다.

"우리는 좋은 아파트에서 살며, 항상 먹을 것이 충분했고, 나는 방도 따로 있었다. 대공황을 전혀 의식하지 못했다."

그가 1950년대에 시작한 연구는 분산투자된 포트폴리오의 장점에 대한 수학적인 증거다. 일반적으로 감수하는 리스크 수준에서 높은 수익을 올리는 것은 불가능하다. 리스크가 크면 수익도 크고, 리스크가 작으면 수익도 작다. 마코위츠는 계란을 전부 한 바구니에 넣지 않는 포트폴리오 분산을 통해 리스크에 대한 수익이 더 높아질 수 있음을 증명했다. 그 이유는 모든 자산이 어떤 것은 위로, 어떤 것은 아래로 제각각 독립적으로 움직이며 서로 보험 효과를 발휘하기 때문이다. 완전히 함께 움직이거나 정반대로 움직이지 않는 이상, 전체적인 수익이 더 높아진다. 분산의 보험 효과가 바로 그런 힘을 낸다. 뱅가드(Vanguard) 같은 기업이 이러한 논리에서 탄생했다.

포트폴리오 접근법은 전문 예술가와 투자 고문, 벤처 투자자들에게 매우 일반적이며, 직장인이나 기업에도 유용하다. 일반적인 포트

141

폴리오 사고에 예술적인 변화를 준 것이 바로 생업이다. 삶에는 안정적이고 리스크가 적은 영역이 있다. 그것은 예술에 몰두하는 것만큼 즐겁지 않아도 생계 수단이 되어주는 중요한 일을 말한다. 생업은 다른 프로젝트의 연구 개발에 필요한 예산을 충당해준다. 이런 구조를 '교차 보조'라고 한다. 다른 영역의 경비를 충당하는 데 사용하는 소득이다. 또한 교차 보조는 포트폴리오를 리스크가 있는 소득과 리스크가 적은 소득을 섞어 큰 위험에서 분산시켜준다.

매슈 딜리젯(Matthew Deleget)은 뉴욕 브루클린에 사는 예술가다. 그는 아내 로사나 마르티네즈(Rossana Martinez)와 함께 마이너스 스페이스(Minus Space)라는 갤러리를 열었다. 이 갤러리는 온라인에만 존재했다가 2014년에 오프라인에도 만들어졌다. 매슈는 해마다 자신이 시간을 쓰는 방법과 돈을 버는 방법에 대한 검사를 실시한다. 그는 내가 여름마다 예술가들을 가르치는 로워 맨해튼 문화위원회(Lower Manhattan Cultural Council)에서 여러 해 동안 그 파이차트를 보여줬다. 몇 년 전 그가 컨설팅 프로젝트에 쓴 시간은 전체의 12퍼센트였고, 그 일은 소득의 48퍼센트를 차지했다. 시간이 지날수록 갤러리에서 들어오는 소득이 많아지자 수치에도 변화가 생겼다. 그의 목표는 모든 수익을 갤러리와 자신의 작품에서 얻는 것이다. 목표에 도달하기 전까지 작품 활동과 갤러리 운영에 교차 보조를 해줄 수 있는 수익성 높은 일을 계속하면서 자가 투자(self-investment)를 하고 있다.

곧 살펴보겠지만 기업에도 교차 보조가 마련돼 있는 경우가 많다. 대부분의 기업은 프로젝트와 부서의 모음이다. 성장으로 규모를 확대하는 부서가 있는 반면 단기적으로 현금을 파생시키는 부서도 있다. 기업은 그 현금을 다른 영역의 교차 보조에 사용해 새로운 투자를 한다.

당신의 삶이나 조직에서도 돈과 시간이 어떻게 쓰이는지 검사해볼 수 있다. 돈과 시간의 파이차트를 직접 종이에 그려도 되고 머릿속으로 상상해도 된다. 돈과 시간의 구조가 일치하는가, 아니면 한 분야의 수익으로 다른 분야를 지원하는가? 당신에게 중요하지만 소득이 발생하지 않는 영역이 있는가? 〈파이낸셜타임스〉의 칼럼니스트 머니페니(Money penny)가 세 자녀를 '비용 센터 1, 2, 3'이라고 칭했던 것이 떠오른다. 수익이 발생하지 않는 중요한 영역이 많이 있을 것이다. 지금은 그저 그것을 떠올리고 알아차리는 것이 목표다.

수익이 발생하지 않는 영역 중에서 스튜디오 타임에 해당하는 부분을 찾고 그것을 지원하는 활동이 무엇인지 생각해보라. 고르지 않은 돈과 시간의 구조는 당신이 스스로를 투자하고 있다는 뜻이다.

⋀⋀ 자신에게 충실한 삶

지금까지 이 책에서 소개한 사람들은 대부분 혁신적인 프로젝트를 위해 자가 투자를 했다. 크리스토와 잔-클로드 부부는 일이라는 전체적인 생태계 안에서 잠재적 프로젝트를 위해 스스로 경제 지원을 했고, 한 분야의 수익을 다른 분야에 투자했다.

포가티는 병원에서의 파트타임 근무와 어린 시절의 경험, 의대 입학 덕분에 풍선 카테터를 발명할 수 있었다. 배니스터는 수련의로 일하면서 점심시간마다 달리기 훈련을 했고, 잠깐 좌절도 했지만 2년 동안 4분의 장벽에 더 도전해보기로 했다. 공개키 암호 시스템을 발명한 디피는 낮은 월급의 연구원으로 일하면서 동시에 남의 집을 돌보며 생활비를 충당했다. 뉴욕 마라톤대회의 창립자 르보는 폴리에 스테르 원단으로 여성용 정장을 만드는 회사의 간부로 일했다. 그리고 하퍼 리는 항공사 예약 창구 직원으로 생계를 꾸려 나갔고, 나중에는 친구에게 선물로 받은 1년치 급여로, 그 후에는 출판사에서 받은 계약금으로 생활하면서 글을 썼다.

이 시점에서 하퍼 리의 친구들이 그녀에게 선물과 함께 준 편지가 무척 흥미롭게 느껴진다. 하퍼 리는 1961년 잡지 〈맥콜스(McCall's)〉 에 실은 "나에게 크리스마스란"이라는 제목의 에세이에서 이렇게 이 야기했다.

> (브라운 부부는) 나에게 생업의 고단함에서 벗어나 온전히 글을 쓸 수 있는 기 회를 주고 싶어 했습니다. 과연 받아도 되는 선물일까? 무엇보다 그 선물에 는 아무런 조건이 없었어요. 그들은 자신들의 사랑이니 받아달라고 했지요. 처음에는 목소리조차 잘 나오지 않았어요. 겨우 목소리가 나왔을 때 나는 그 들에게 제정신인지 물었습니다. 어떤 결과가 나올 줄 알고 이러느냐고 말이 지요. 그들은 그만한 돈을 그냥 허공에 날려 버릴 형편은 아니었어요. 그도 그럴 것이 1년이란 긴 시간 동안 아이들에게 만약 안 좋은 일이라도 생긴다 면? 나는 계속 반대 의견을 냈지만 그들은 이렇게 말하며 나를 설득했어요. "우린 모두 젊어. 무슨 일이 일어나도 헤쳐 나갈 수 있어. 만약 정말로 큰일 이 닥친다면 그때는 언제든지 네가 취직하면 되고, 네가 정 불편하면 대출이 라고 생각해. 우린 그저 네가 받아줬으면 해. 우리에게 널 믿을 수 있도록 허 락해줘. 꼭 그래줘."

여기까지 들은 하퍼 리는 그들에게 "이건 정말 환상적인 도박이

야, 그것도 엄청나게 위험한"이라고 말했다. 그러자 마이클 브라운이
"아니, 위험이 아니야. 확실한 거지"라고 대답했다. 브라운의 말처럼
확신은 다정하기는 하지만 모든 투자에는 리스크가 따르고 '생업의
고단함'이 합의의 한 부분일 때가 많다.

대부분의 성공한 이들은 모두 자신들의 프로젝트에 충실하기 위
해 실질적인 리스크와 희생을 감수했다. 디피는 암호화에 대한 배움
을 얻기 위해서 자동차로 전국을 횡단하며 1만 2,000달러를 저축했
고, "검소하게 살겠다"는 각오를 했다. 디피의 생각에 중요한 토대를
제공한 장본인인《코드 브레이커(The Codebreakers)》의 저자 데이비
드 칸(David Kahn) 또한 직장을 그만두고 부모님의 집에 들어가 살면
서 책을 완성했다. 뿐만 아니라 30억 달러 규모의 스타트업 스냅챗
(Snapchat)이 LA에 위치한 이유는 창업자들이 경제적 이유로 부모님
의 집에서 생활해야 했기 때문이었다. 그들은 회사가 실리콘밸리에
있어야 한다는 주변의 조언에도 불구하고 LA에 회사를 차릴 수밖에
없었다. 르보는 첫 2년 동안 자비를 들여 뉴욕 마라톤대회를 개최했
고, 3년째 되던 해에 재정 보증을 섰다.

스스로에게 투자하는 과정은 결코 쉽지 않다. 크리스토와 잔-클
로드가 수프 캔에서 자동차, 건물로 약 50여 년에 걸쳐 작품 대상을
옮긴 것처럼 말이다. 시장 경제뿐 아니라 다른 욕구는 당신이 확장이
나 현행 유지에 필요한 나머지의 돈과 시간을 손쉽게 가져갈 수 있도
록 한다. 뉴욕에서 아파트 월세로 살아본 적 있는 사람이라면 연봉이
인상되자마자 곧바로 월세가 오르는 것을 경험했을 것이다. 그것도
운이 좋아야 인상 수준이 비슷하다.

당신의 프로젝트가 수확을 거두고 있다면 좋은 일이지만 장기적

인 측면에서는 저축이나 자동 소득원처럼 든든한 장치가 마련돼 있지 않은 이상 힘들 수 있다. 시장은 자연과 마찬가지로 진공을 꺼려한다. 자가 투자를 위해 나머지 비용을 보존하려면 수익 최대화를 지향하는 시장의 관성을 물리쳐야 한다. 스튜디오 타임이 유지되려면 재정적 보호막이 제공되어야 한다. 이러한 딜레마를 이겨내려면 우선 소득과 투자 포트폴리오를 구성하고, 자신의 프로젝트에 대한 지분을 '소유'하려는 계획이 필요하다.

경제를 광활한 물줄기라고 생각해보자. 그 위에서 떠있으려면 보트가 필요할 것이다. 초기 단계에서 프로젝트에 투자할지 고려할 때는 보트가 균형을 유지할 수 있을지를 생각해봐야 한다. 균형을 묻는 것은 포트폴리오 사고 중 하나다. 포트폴리오 사고는 등대의 질문에 대한 투자 여부와 방법을 좌우할 것이다. 단기적으로는 균형 잡힌 소득 포트폴리오가, 장기적으로는 역시 균형 잡힌 투자 포트폴리오가 필요하다.

투자 포트폴리오는 소유 지분에 좌우된다. 보트가 뒤집힐 염려 없이 자신만의 창조적 프로젝트를 실시할 형편이 된다면 프로젝트가 잘되지 않아도 보호받을 수 있다는 뜻이다. 프로젝트를 추진하는 동안 소득 포트폴리오가 계속 균형을 잡아주기 때문이다. 만약 프로젝트가 성공한다면 어떨까? 그러면 당신은 더 큰 보트가 필요할 것이다. 그리고 '소유권'이라는 도구가 필요해진다. 당신이 창조한 것의 일부를 소유할 수 있다면, 시간과 노력을 투자했으니 그에 따른 경제적인 부분도 당신의 소유가 되고, 그렇다면 보트도 당신과 함께 성장할 것이다.

균형과 성장을 가능하게 하는 창조적 프로젝트의 구축은 창조적인 디자인 과제이며 자유 시장이라는 자본주의의 이론을 실제로 넘어가게 만든다. 놀랍게도 시장의 원칙을 확실하게 믿는 사람들조차 제대로 하지 못하는 일이다. 그와 동시에 기술의 발달로 훨씬 수월해진 것도 사실이다. 사람들은 어떤 일의 가능성을 증명하기 위해 공짜로 일하고 자신들이 창조한 가치를 전혀 소유하지 못하는 경우가 많다. 소유권은 저작권 양도의 개념이다. 어떤 식으로든 연결돼 있어야 창조적인 작업과 거기에서 만들어지는 가치에 따르는 노력과 리스크를 정확하게 심사숙고할 수 있다.

흔히 투자와 소유권에 대해 이야기할 때 단절된 고리가 있는데, 바로 '너그러움(generosity)'이라는 태도와 하퍼 리에서 킥스타터까지 창조적 작업이 '선물 경제' 안에 뿌리내린다는 현실이다. 친구들이 하퍼 리에게 글쓰기에 매진하라고 1년치 급여를 선물한 것이나 르보가 마라톤대회를 위해 기금을 모금한 것은 지속 가능한 경제, 즉 사회적 가치로 이어지는 연쇄 반응을 일으키는 선물이다.

누군가에게 그런 선물을 받은 적이 있는지, 자신이 누군가에게 준 적이 있는지, 또는 스스로에게 준 적이 있는지를 생각해보자. 예를 들어 배우고 싶어 했던 미술이나 음악 교육비를 내주는 것 말이다. 이런 면에서 스튜디오 타임이나 모든 종류의 연구나 개발은 창조 작업에 필요한 너그러움을 지켜주는 행동이라고 할 수 있다. 저작권과 소유권이 단지 부의 수단이라는 것은 오해다. 너그러움은 또 다른 전제조건이기도 하다. 뭔가를 나눠주려면 일단 그것을 소유해야 한다. 창조적 작업을 위해 투자하고 수확을 거둬들이기까지, 또는 다른 사람이 소유권을 주장하며 소송을 걸어오기까지는 대개 긴 시간차가 존재한다. 하지만 소유권은 매우 긴급하게 마련돼야 하는 도구다. 그래야 당신이 만든 작품의 가치를 주장하거나, 수익을 얻거나, 공유하거나, 다른 작품에 투자할 수 있다.

◇◇ 쿠션과 소파의 관계

나는 미술대학원을 졸업하고 몇 년 동안 내 자신의 창조적 프로젝트를 지원하기 위해 다양한 생업 수단을 마련하며 실험했다. 2년 동안은 투자 관리 회사에서 정직원으로 일했고, 그 후에는 프리랜서로 여러 가지 프로젝트에 매달렸다. 어느 시점에 이르자 일은 재미있지만 체계와 안정성이 부족하다는 사실을 깨달았다. 그것은 '소파는 없고 쿠션만 있는' 시기였다. 근사한 개별 프로젝트는 있지만 그것들을 뒷받침해주는 큰 구조가 없었다. 소파는 쿠션, 즉 시범적인 프로젝트를 안전하게 받쳐주는 경제적 뼈대다.

작은 프로젝트와 구조적 버팀목을 어떻게 합칠 것인가는 당신의 삶을 지원해줄 보트를 만드는 데 있어 매우 기본적인 질문이다. 당신은 개인 또는 관리자, 기업으로서 충분한 안정성과 균형을 보유하고 있는가? 쿠션 중 하나라도 소파로 성장할 가능성이 있다면 그렇게 되기까지 전 재산을 걸지 않아도 되도록 어느 정도의 안정성이 필요하다. 다시 말해서 창조적인 탐구를 제대로 하려면 경제적으로 안정돼야 한다. 쿠션이 요란한 색일수록 소파는 가장 기본, 즉 베이지색이어야 한다.

일반적인 투자 포트폴리오에서는 헤지펀드나 사모펀드, 예술 작품 구입 같은 대안 투자가 전체에서 작지만 중요한 부분을 차지한

다. 그것들은 쿠션, 투자관리 용어로는 '상관관계 파괴자(correlation buster)'로 불리며 베이지색 소파의 균형을 맞춰주는 역할을 한다. 창조적 프로젝트는 절댓값을 토대로 하는 대안 투자의 특징을 보일 때가 많다. 따라서 위험한 모험이 이뤄질 수 있는 안정적인 구조를 만들어놓는 것이 필수적이다. 등대의 질문은 당신의 경제 생태계 구조 안에서 존재한다.

나는 몇 년 동안 쿠션 단계에서 소파로 가까워지는 전략을 활용했다. 의료보험 혜택이 주어지고 안정적인 기본 소득이 보장되는 직업을 선택했다. 소득이 늘어난 만큼 유연성은 줄어들었다. 부업으로 창조적 프로젝트에 투자했는데 수익이 있는 것도 있고 없는 것도 있었다. 나중에는 주식으로 수익을 얻은 경우도 있었다. 그런 선택들은 마치 인생처럼 굴곡이 있어서 어떨 때는 쿠션에 가까워지고 또 어떨 때는 소파에 가까워졌다.

한눈에도 포트폴리오와 흡사하게 일을 설계해 나가는 사람들이 있다. 실제로 모든 사람의 일에는 포트폴리오 같은 특징이 나타난다. 직업이 하나인 사람이라도 그 안에서 여러 가지 역할을 하고 있을 것이다. 당신의 일은 그저 하나의 직함으로 무리 지어진 여러 활동의 모음이다. 프리랜서의 경우에는 일이 여러 가지 개별적인 프로젝트로 구분돼 있다. 일에 관련된 활동이 하나로 뭉쳐 있든 따로 떨어져 있든 개별적으로 생각하는 것이 유용하다.

레오나르도 다 빈치의 삶 또한 포트폴리오 같았다. 〈모나리자〉도 작업 도중에는 쿠션에 불과했다고 할 수 있다. 당시 그가 진행 중인 프로젝트는 하나가 아니었다. 그중에는 대규모의 공적인 프로젝트도 있었다. 역사학자들은 다 빈치가 〈모나리자〉를 1503~1507년 동안 그렸고, 그 후 10년 동안 계속했을 수도 있다고 말한다. 그것은 이탈리아 귀족 프란체스코 델 조콘도(Francesco del Giocondo)의 부인 초상화였다. 작품을 완성하지 않는 경우가 많았던 것으로 유명한 다 빈치의 기준으로 〈모나리자〉는 1507년까지도 미완성이었고, 그때 처음으로 작업을 중단한 것으로 보인다.

같은 시기에 그는 훨씬 규모가 큰 벽화 프로젝트를 진행하고 있었다. 피렌체의 베키오 궁을 장식하기 위해 앙기아리 전투(The Battle of Anghiari)를 주제로 한 벽화였다. 다 빈치가 벽화 의뢰를 받은 것은 1503년 10월 이전이었다. 수정된 계약서에는 1504년 5월 4일로 돼있는데 그가 이미 35플로린을 받았고, 1504년 4월에서 1505년 2월까지 벽화의 예비 스케치 작업에 매달 15플로린을 추가로 지급받을 것이라고 기록돼 있다. 여기에서 플로린은 은화가 아니라 좀 더 큰 금화였는데 당시 1플로린은 140솔도(soldo) 정도의 가치가 있었다. 레오나르도 다 빈치의 《노트북(Notebooks)》에 따르면 당시 머리 깎는 비용은 11솔도, 샐러드는 1솔도였다. 또한 계약 조건으로 작업실과 거주 공간까지 주어졌다. 만약 다 빈치가 1505년 2월까지 밑그림을 완성하지 못하면 선지급금의 반환을 요구할 수 있었다. 그리고 밑그림이 마련된 후 벽화가 완성될 때까지 일정한 급여를 지급하기로 돼 있었다.

〈앙기아리 전투〉는 큰 위험이 따르는 프로젝트였다. 다 빈치의 경쟁자로 여겨졌던 미켈란젤로가 동일한 장소의 다른 벽에 〈카시나 전투(The Battle of Cascina)〉를 그리기로 했기 때문이다. 1505년 6월에 이르러 다 빈치는 밑그림의 일부를 완성했고 벽에 옮기기 시작했다. 하지만 그는 벽화를 완성하지 못했다. 새로운 물감 재료로 기술적인 실험을 했는데 실패하고 말았다. 약 50년 후에 레오나르도 다 빈치의 전기 작가이자 화가인 조르조 바사리(Giorgio Vasari)가 실패한 〈앙기아리 전투〉 위에 다른 벽화를 그렸다.

〈모나리자〉와 〈앙기아리 전투〉 모두 1503~1507년까지 다 빈치의 포트폴리오에 포함됐다는 사실에 주목해보자. 〈모나리자〉는 세계적으로 가장 소중한 작품 중 하나로 살아남았다. 반면 〈앙기아리 전투〉는 약간의 스케치만 남아 있을 뿐이다. 다 빈치가 직접 그린 소묘와 다른 화가들이 상상으로 그린 모사뿐이다. 피렌체에서 의뢰 받은 대규모의 작품은 규모만 보면 소파 프로젝트라고 할 수 있다. 안정적인 소득은 다 빈치의 생계에 큰 도움을 줬다. 하지만 쿠션 프로젝트가 더 값진 대상이었다.

이 이야기는 다 빈치가 포트폴리오로 생활의 균형을 잘 잡았음을 알려준다. 그의 포트폴리오에는 보수를 받는 여러 가지 프로젝트는 물론 과학과 발명 같은 개인적인 탐구 활동이 포함돼 있었다. 그의 소득 구조 또한 다양했다. 정해진 작품을 만들고 보수를 받거나 밀라노 공작과 나중에는 프랑스 왕을 위해 일하는 궁정 화가로서 후원받기도 했다.

레오나르도 다 빈치의 1503~1507년 포트폴리오에 대한 설명을 덧붙이자면, 그는 〈모나리자〉를 의뢰한 귀족에게 전달하지 않았다. 그가 프랑스로 가져간 '미완성' 상태의 〈모나리자〉는 프랑수아 1세의 컬렉션이 됐고, 루브르에 전시됐다. 흥미롭게도 다 빈치는 〈앙기아리 전투〉의 계약 사항을 어겼지만 밑그림은 완성했기 때문에 선

지급금을 반환하지 않아도 됐던 듯하다. 그가 딱 그 단계까지만 하거나 그 이후로 쉽게 그만둬서 전략적이거나 기회주의적으로 보일 수도 있지만, 〈앙기아리 전투〉 계약서의 증인이 당시 피렌체의 서기 장이자 1513년에 목적은 수단을 정당화한다는 내용의 《군주론(IL PRINCIPE)》을 저술한 니콜로 마키아벨리(Niccolo Machiavelli)였다는 사실을 보면 부정적으로만 판단할 수는 없을 것 같다.

당신의 삶에서 쿠션과 소파가 무엇인지 한번 생각해보라. 당신이 부업으로 하는 일이나 투자, 즉 쿠션이 소파로 발전한다면 어떤 모습일까? 전혀 가능성이 없어 보여도 어떤 모습일지, 어떻게 도달할 수 있을지 생각해보자. 포트폴리오에서 어느 부분이 활성화될지 미리 알 수 없다는 사실을 기억해야 한다. 리스크와 안정성이 평형을 이루도록 하는 것이 중요하다. 단기적으로는 개인적인 생활이나 기업에 필요한 경비를 충당할 수 있어야 한다는 뜻이다. 장기적으로는 〈모나리자〉처럼 쿠션으로 시작한 프로젝트가 실질적인 보상을 가져올 수 있음을 의미한다. 보상을 가져다줄지의 여부와 시기는 소유 지분이 좌우한다.

소유 지분에 대해 자세히 살펴보기 전에 지금까지 개인에 적용한 포트폴리오 사고를 기업에 적용시켜보자. 1970년 보스턴컨설팅그룹의 설립자 브루스 헨더슨(Bruce Henderson)은 사분면으로 이뤄진 '시장성장률(growth)과 시장점유율(share) 매트릭스'라는 고전적인 경영 컨설팅 프레임워크를 고안했다. 회사가 '서로 다른 시장성장률과 서로 다른 시장점유율을 가진 상품'으로 구성된 건전한 포트폴리오를 지속할 수 있게 활용하려는 것이었다. 헨더슨은 그에 대해 이렇게 말했다.

"포트폴리오 구성은 현금 흐름을 균형 있게 맞추는 기능을 한다. 창출된 마진과 현금은 시장점유율의 기능을 한다."

시장성장률과 시장점유율이 높다면 그 사업 분야는 '스타(star)'라고 할 수 있다. 반면 성장률이 낮은 시장에서 높은 점유율을 유지하는 사업 분야는 '젖소(cow)' 또는는 '현금 젖소(cash cow)'라고 하며 다른 사업의 스폰서 역할을 한다. 이 매트릭스에서 아트씽킹은 '물음표(question mark)' 사업 분야에 해당한다. 성장률이 높은 시장에서 아직 점유율은 낮지만 가능성이 있는 것이다. 마지막으로 '개(dog)' 사업은 성장률도 낮고 점유율도 낮은 사업으로 피해야 할 대상이다.

이 매트릭스는 비즈니스를 설명하기 위해 고안됐지만 삶을 설계할 때도 유용한 질문을 던진다. 우선 일반적인 질문으로 시작할 수 있다. 성장하고 있는 새로운 영역에서 당신이 구축한 기술은 무엇인가? 새로 익힌 기술이 좋은 성과를 내고 있다면 스타에 해당한다. 아직 알 수 없다면 물음표라고 할 수 있고, 수익을 발생시키는 기존의 기술은 현금 젖소, 전혀 도움이 되지 않는다면 개에 해당한다.

시장성장률과 시장점유율 매트릭스의 질문을 일반화해보면 다음과 같다. 스스로에게 질문해보고 답을 찾아보자.

- 현재 당신의 생계를 유지해서 안정적이지만 비교적 고루하게 느껴지는 일, 현금 젖소는 무엇인가?
- 많은 노력과 에너지가 들어가지만 소득은 적은 일, 개는 무엇인가? 지극히 개인적이거나 경제 외적인 이유로 계속하고 있을 수 있다.
- 아직 결과를 알 수 없지만 가능성 있는 일로 진행하고 있는, 물음표는 무엇인가?
- 성공과 성장이 동시에 이뤄지고 있는 일, 스타는 무엇인가? 물음표를 스타로 바꿀 기회가 있다면 B 지점을 창조할 수 있다.

포트폴리오 사고는 돈과 시간을 어디에 투자할지, 투자하는 동안 어떻게 생계를 꾸려나갈지 결정하는 일반적인 도구다. 당신도 자신의 관심 분야를 정확히 파악할 수 있기를 바랄 것이다. 수프 캔이나 자동차 정도를 포장하는 규모의 작품에 머물러 있다고 해도 말이다. 아직 쿠션에 불과할지라도 MDQ를 찾으면 개인이나 기업을 지원하기 위한 구조를 세울 수 있다. 그러한 지원 구조는 일의 균형을 맞추기 위해 필요한 소파가 된다. 스튜디오 타임과 마찬가지로 당신이 쿠션 프로젝트에 투자하는 돈은 공부에 투자하는 돈처럼 절대로 낭비가 될 수 없다.

포트폴리오 사고는 프로젝트들이 시간에 따라 저마다 다른 속도로 발전할 수 있도록 해준다. 기술에 대한 즉각적인 수익이 발생하는 오늘날의 환경에서 느린 성장은 별로 선호되지 않는 방법이지만, 아이디어가 더 흥미롭고 견고하게 무르익을 수 있도록 해주기도 한다.

　당신은 나중에 더 큰 가치로 성장할 수 있는 것을 구축하려고 하고 있다. 생산 경제(교차 보조)와 리스크 및 수익의 투자 관리 사이에 놓여 있다는 뜻이다. 앞에서 말한 것처럼 창조적인 작품의 가치는 미리 알기가 힘들고, 시작점 A가 아니라 B 지점의 새로운 세계가 만들어진 후에야 알 수 있다. 초기 단계의 작품은 그 가치와 특징이 시간에 따라 변한다. 앞으로 살펴보겠지만 그래서 소유 지분이 더욱 중요해진다.

〰〰 벽돌 브레인스토밍

　　　　　　　　　　　　　　　　브레인스토밍 시간에 촉진제(facilitator) 역할을 맡은 사람이 벽돌 하나로 할 수 있는 일을 전부 떠올려보라고 한다. 짙은 붉은색에 구멍이 몇 개 뚫려 있는 평범한 벽돌이다. 필요하다면 잠깐 동안 생각해볼 시간을 가져도 되는데, 브레인스토밍에서 꽤 다양한 아이디어가 나올 것이다. 벽돌을 몇 개 쌓아서 바비큐를 만들어도 되고, 가루를 내서 각질제거제로 만들어도 되고, 안에 식물을 심을 수도 있고, 무기로 사용하거나, 시체에 묶어서 강에 빠뜨려도 되고, 여러 개 쌓아서 의자나 책장으로 써도 된다. 이밖에도 용도는 무궁무진하다. 예술가들과 디자이너들을 대상으로 물어본다면 벽이나 집을 만든다는 뻔한 이야기는 나올 생각도 않고 기발하고 엉뚱한 아이디어가 쉬지 않고 이어진다.

내가 이 벽돌 브레인스토밍이 흥미롭다고 생각하는 이유는 벽돌이 초기 단계에서 가치를 알기 어렵다는 사실을 상징하기 때문이다. 우리가 너무도 잘 아는 기업들 중에는 처음에 벽이나 집 만들기 같은 뻔한 용도로 사용하려고 했던 벽돌로 출발한 경우가 많다. 하지만 그들은 벽이나 집을 만들기가 불가능한 상황이 찾아와서 다른 것을 만들어야만 했다.

구글의 창업자 래리 페이지(Larry Page)와 세르게이 브린(Sergey Brin)은 처음에는 검색 알고리즘을 팔려고 했지만 사겠다는 사람이 없었다. 다들 부정적인 반응을 보이자 그들 스스로가 회사를 차리는 쪽으로 방향을 바꿨다.

세계적인 화학 기업 듀폰(Dupont)의 창업자 엘뢰테르 이레네 듀폰(Eleuthere Irénée du Pont)은 1800년 프랑스에서 미국으로 건너간 뒤 사냥을 하는데 미국의 화약 품질이 매우 나쁘다는 사실을 깨달았다. 듀폰은 산소가 연소에 필요한 물질이라는 사실을 발견하는 등 화학 역사에 크게 기여한 프랑스 화학자 앙투안 라부아지에(Antoine Laurent Lavoisier)에게 화약 제조법을 배운 터였다. 그리하여 그는 화약 제조 사업을 시작했다. 그의 회사는 군용물자 공급업체로 성장했고, 전시에 미국 정부에 많은 무기를 판매해 '죽음의 상인'이라고 불렸다. 듀폰은 한때 거의 파산 직전에 이르렀지만 구조조정을 통해 다시 일어나 사업을 더욱 확장했고, '과학의 기적'이라는 신조를 지켜 나가는 기업으로 변신을 시도했다. 신축성 있는 옷에서부터 달라붙지 않는 냄비까지 듀폰의 광범위한 활동 영역을 누구나 한 번쯤 경험해봤을 것이다.

단골 상점을 방문한다면 그곳의 역사가 얼마나 됐고 어떻게 시작됐는지 알아보라. 또는 걷기 시작한 아이를 보면서 기술과 균형이 조금씩 늘어가는 모습을 지켜보라. 걷고 달리는 법을 배우는 아이처럼 소비자를 향한 메시지에 변화를 주는 기업의 생애에 대해 생각해볼 수 있을 것이다.

기업이 살아가기 위해서는 끊임없이 변화하고, 탐색하고, 버리고, 진화하며 앞으로 나아가야 한다. 벽돌은 현재에 충실한 유연성을 길러서 불확실성에 대한 헌신과 수용으로 계속 나아가는 것을 나타낸다. 우리에게는 앞일을 보여주는 마법의 수정 구슬이 없다. 하지만 비즈니스가 시간에 따라 크게 변화한다는 사실이 민첩한 사고를 유지해야 한다는 사실을 일깨워준다. 또한 작품에 대한 소유로 성공 가능성을 계획하는 것도 중요한 리스크 관리 도구임을 알 수 있다.

빌리는 것과 소유하는 것

창조적 프로젝트가 성공하면 어떻게 될까? 시장이라는 바다에서 창조적 공간을 지켜주는 보트가 성공과 함께 성장할 수 있는 것은 전적으로 당신이 결과물을 소유하는지에 따라 결정된다.

나는 소유권에 대한 생각을 많이 한다. 소유권은 창조적인 작업과 관련해 경제에서 가장 심하게 부서진 부분이기 때문이다. 가치가 시장 안에서 올바르게 순환하려면 소유권이 필요하다. 빌리는 것과 소유하는 것에는 차이가 있다. 대상이 시간이든 일이든 마찬가지다. 그 차이는 경제의 가장 큰 지렛대다. 이 말은 창조적인 작품이 세상에 나오게 되는 방법을 가장 효과적으로 관리할 수 있는 도구라는 뜻이다.

우선 개발도상국가의 소유권, 즉 재산에 대해 살펴보자. 재산이란 무엇인가? 부동산이나 금품 같은 사유 재산을 떠올릴 것이다. 넓은 의미에서 재산은 두 가지로 이뤄진다. 하나는 '물건'으로써의 특징이고, 또 하나는 거래나 판매, 투자 가능 가치가 저장된 '법적'인 특징이다. 예를 들어 당신이 소유해 살고 있는 집은 재정적인 수단으로써 존재한다. 또한 법적인 소유권으로 대출을 받을 수도 있다. 당신이 생활하는 집인 동시에 재정 수단인 것이다. 에르난도 데 소토(Hernando De Soto)는 《자본의 미스터리(The Mystery of Capital)》에서 제3세계 국가들의 국민들이 부동산을 비롯해 수조 달러에 이르는 재산을 소유하고 있지만 명의는 그들의 것이 아니라고 주장했다. 법적인 소유권이 없으므로 '죽은 자본'이라고 부른다. 그들의 재산은 시장에 참여하지 못한다. 데 소토는 "집은 있지만 소유권을 행사할 수 없고, 생산물은 있지만 증서가 없으며, 법인으로 승인되지 않은 사업을 운영한다"고 말했다.

결과적으로 그런 국가의 경제는 서구의 현대적인 자본주의로 발달할 수 없다. 집의 가치가 올라도 법적인 소유권이 없어 팔아도 이익을 얻을 수 없다. 집을 사기 위해 대출이 꼭 필요해도 대출을 받을 수 없다. 경제적 소유권의 법적 체계가 활성화돼 있지 않으면 거래의 통로가 막히고, 경제는 순환을 멈추므로 사람들이 부를 축적하기가 어려워진다.

데 소토는 이를 증명하기 위해 연구팀을 꾸려서 1980년대와 1990년대에 제3세계 국가에서 소규모 법인을 설립하거나 부동산을 구입하려는 실험을 했다. 법에 명시된 내용을 충실히 지키면서 과정이 얼마나 오래 걸리는지를 지켜봤다. 그곳에서는 워낙 번거롭고 비용도 비싸서 사람들이 굳이 법적 소유권을 취득하려고 하지 않는다는 것이 데 소토가 세운 이론이었다. 실험 결과 그것은 사실로 나타났다. 한 연구팀은 페루의 리마 외곽에 작은 의류 공장을 차리려고 했다. 그들은 서류를 작성하고 등기소에서 기다리고 버스를 타고 시내로 오고 가느라 매일 6시간씩 사용했다. 사업체를 정식으로 등록하는 데 289일이 걸렸다. 그 과정에 사용된 비용은 당시 최저 임금의 약 30배에 해당하는 1,231달러였다. 연구자들은 페루 이외에 여러 국가에서도 법적 소유권을 취득하는 일이 매우 어렵다는 사실을 발견했다.

우리는 대부분 노동자로서 창출하는 아웃풋을 소유가 아니라 임대하고 있다. 우리를 고용한 기업이 우리가 만드는 것을 소유한다. 데소토가 연구한 제3세계 국가의 사람들에 비하면 엄청 유리하지만 재산권의 힘을 완전히 활용하지는 못하고 있다. 예를 들어 당신이 영화를 만들어 10만 달러에 판다면 당신은 더 이상 그 영화의 소유권자가 아니다. 하지만 당신이 그 영화의 지분 10퍼센트를 가질 수 있다면 영화의 흥행에 따라 10퍼센트 지분에 대한 수익은 0일 수도 있고 무한대일 수도 있다.

연봉 또는 프로젝트에 따른 고정 비용을 받는 사람은 자신의 시간과 지적 능력을 빌려주는 것이다. 안정적인 소득이 가장 중요한 우선순위라면 연봉을 받는 것이 탁월한 리스트 관리 결정이라고 할 수도 있다. 하지만 창조적인 작업의 경우 자신의 기여도를 최소한이라도 소유하는 것이 이치에 맞다. 자신의 작품에 대한 소유권을 가지는 가장 일반적인 방법에는 '로열티(royalty)'와 '소유 지분(또는 스톡옵션)'이 있다. 소유 지분이 있으면 리스크를 나눠야 하므로 손해를 볼 수도 있

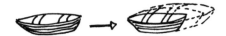

지만, 성공하면 당신의 보트가 커질 수 있다.

투자자이자 기술 전문가인 안드레아스 폰 벡톨샤임(Andreas von Bechtolsheim)의 이야기가 이를 잘 보여준다. 선마이크로시스템스(Sun Microsystems) 공동창립자로 잘 알려진 벡톨샤임은 10대 때부터 로열티를 받기 시작했다. 독일에서 살고 있던 그는 열다섯 살이던 1973년에 인텔 8080을 위한 새로운 마이크로프로세서를 개발했다. 아직 고등학생 신분이라 정식 입사가 불가능했기에 인텔은 연봉 대신 로열티를 지급하기로 했다. 그는 일반적인 리스크와 현금 리스크를 전부 감수한 것이었다. 제품이 팔려야만 로열티가 지급되는 데다 프로젝트가 끝난 후에야 소득이 발생하기 때문이다. 그런데 제품이 잘 팔린 덕분에 2년 후 미국으로 유학갈 수 있는 비용을 마련할 수 있었다. 로열티가 마련해준 경제적인 토대는 학자금 대출을 받지 않아도 되는 등 선마이크로시스템스의 창업에 간접적인 기여를 했다. 또한 선마이크로시스템스의 창업은 1998년에 그가 래리 페이지와 세르게이의 '구글' 창업에 10만 달러를 투자할 수 있게 해줬다. 로열티를 지급받는 방식으로 자신의 성공에 도박을 한 것이었고 멋지게 성공했다.

로열티는 포가티의 삶에서도 중요한 역할을 차지했다. 포가티는 획기적인 의료 기구를 발명하고도 제조업체를 찾을 수 없어서 20여 차례나 거절당한 후 우연히 앨버트 스타(Albert Starr)를 만났다. 그는 1960년에 사람의 심장에 최초로 인공 승모판 삽입술을 실시한 의사로 의학 분야에서는 유명인이었다. 삽입된 심장 판막도 직접 발명했다. 마일스 에드워즈(Miles Lowell Edwards)라는 은퇴한 수리학 엔지니어와의 긴밀한 작업을 통해 가능했다. 에드워즈는 심장 판막을 제작하기 위해서 에드워즈라이프사이언스(Edwards Lifesciences)라는 회사를 세웠다. 포가티를 만난 앨버트 스타는 에드워즈에게 "이 청년이 발명한 카테터를 꼭 좀 만들어주세요. 만들어주겠다는 데가 하나도 없대요"라며 도움을 요청했다. 에드워즈가 만들기로 하고 포가티와 계약서를 쓸 때 스타와 주고받은 계약서의 조항을 똑같이 베꼈다. 결과적으로 포가티는 베테랑 외과의와 똑같은 로열티를 받게 된 것이었다. 그 로열티가 계속 수익을 창출해준 덕분에 포가티는 165개가 넘는 특허를 더 발명할 수 있었다.

가치가 밝혀질 때까지 시간과 자원을 투자해서 창조적인 작품을 만들 때 그것의 일부나 전부를 소유하면 그에 따른 수익에 노출될 수 있다. 만약 누군가 당신의 프로젝트에 1,000달러를 제시한다고 해보자. 2,000달러의 수익이 생길 것이라고 생각해서 당신에게 절반을 지급하려는 것이다. 만약 500달러만 받고 수익의 일정 부분을 소유한다면 기대 이상의 수익이 창출될 때 1,000달러 이상을 벌게 될 수도 있다. 일정 소득으로 생활비가 충당된다면 당신의 보트는 균형이 유지되고 창작물에 대한 소유권도 지킬 수 있다.

특히 시각 예술 분야에 체계적인 소유 지분이 마련돼 있지 않은 사례는 종류에 상관없이 창작물의 소유에 어떤 가능성이 들어 있는지를 잘 보여준다. 1973년 서더비 파크 버넷(Sotheby Parke Bernet) 경매장에서 열린 유명한 스컬(Scull) 경매에서 택시 재벌 로버트 스컬은 1958년에 단돈 900달러에 사들인 로버트 라우센버그(Robert Rauschenberg)의 그림을 무려 8만 5,000달러에 팔았다. 그 경매에 참석한 라우센버그가 그를 보고 밀쳤다는 일화도 전해진다. 스컬이 받은 가격은 라우센버그가 꾸준한 작품 활동으로 창조한 가치에 근거한 것이었다. 하지만 안타깝게도 라우센버그는 밝혀진 작품 가치에 대한 소유권이 없었다.

예술가와 작가들이 돈을 버는 방식이 매우 다양하다는 사실을 살펴보자. 같은 해인 1973년에 라우센버그와 오랜 연인 관계였던 재스퍼 존스(Jasper Johns)가 라우센버그의 그림 〈깃발(Flag)〉을 친한 친구이자 작가인 마이클 크라이튼(Michael Crichton)에게 주거나 또는 팔았다고 알려졌는데, 약 40년 뒤인 2010년에 2,860만 달러에 팔렸다. 존스와 크라이튼은 둘 다 엄청난 성공을 거둔 예술가지만 서로 다른 방식으로 돈을 벌었다. 크라이튼은 자신의 책으로 인세를 받았는데, 2억만 부 이상의 책이 팔렸다고 한다. 1970년대에 쓴 책이지만 지금도 팔리면 인세를 받게 된다. 반면 라우센버그는 처음 작품이 팔릴 때만 돈을 받았다.

1973년 이후 예술계에서 재판매(resale) 로열티에 대한 문제가 대두됐다. 작품이 재판매될 때마다 높아지는 가치에 대해 예술가가 지분을 가져야 하는지 말이다. 캘리포니아는 1976년에 관련 법안을 통과시켰지만, 나중에 미국 헌법의 주간통상(interstate commerce) 항목을 이유로 이의가 제기돼 제대로 시행되지 않았다. 시행 후 30년 동안 징수된 금액은 그 기간 동안 캘리포니아에서 이뤄진 미술품 거래 금액에 비해 보잘 것 없는 32만 5,000달러에 불과했고, 평론가들은 예술가들이 성공을 거둔 후인 커리어 후반기에 재판매 로열티로 이득을 본다는 사실을 불편하게 거론했다. 하지만 평론가들이 알아차리지 못한 사실이 있다. 이는 미술 이외 분야에도 적용되는 것인데, 바로 재판매 로열티가 기본적으로 재산권의 성질을 띤다는 점이다. 한 번 양도되면 언제든 거래될 수 있다. 재판매 로열티를 가진 예술가는 언제든 투자를 목적으로 로열티를 팔 수 있다. 로열티가 징수되기 수년 전이라도 말이다. 그리고 그 후에는 전체적인 지분 시장이 따라온다. 지분을 파는 예술가들을 위한 후원자가 생기고, 그 지분을 사들이는 사람들을 위한 분산 예술 투자의 수단이 된다.

다른 분야에 몸담은 사람들에게도 똑같은 원리가 작용한다. 혼자일하든 회사 소속으로 일하든 자신의 작품에 대한 지분을 소유하면 일과 관련된 리스크와 투자 결정 능력에도 엄청난 변화가 생긴다. 거래 가능한 로열티나 지분의 원리는 소유권과 보수 지급의 형태를 바꿔놓을 수 있다. 우선은 가치 자체에 초점이 맞춰지도록 해준다. 당신이 돈을 받는 방식에 대해 생각해보라. 연봉을 받는가? 주식이나 스톡옵션 같은 지분을 소유하는가? 상여금이나 배당금, 로열티 등의 형태로 보상받고 있는가? 상여금이나 배당금, 로열티 같은 시스템이 가능한 문화에서 일하고 있는가?

강사를 하는 내 친구는 수강생의 규모가 30퍼센트 늘어났지만 연봉은 그대로였다. 그녀의 업무량이 늘고 학교가 그녀의 수업을 통해 얻는 수익이 늘어났는데도 말이다. 곧바로 연봉 협상이 가능한지는 제쳐두고 당신의 보상이 가치와 연관돼 있는지를 알아야 한다. 조직의 예산에서 몇 퍼센트가 당신의 급여로 가는지 알고 있는가? 조직의 가치 중에서 당신이 창출하는 가치는 얼마나 되는가?

웹사이트 〈가이드스타(Guidestar)〉에서 미국 비영리단체의 재무 정보를 찾아보거나 증권거래위원회(Securities and Exchange Commission) 웹사이트의 EDGAR 시스템을 통해 미국 상장 기업들의 재무 정보를 얻을 수 있다. 미국 노동통계국(Bureau of Labor Statistics)의 자료에서 직업별 연봉을 살펴볼 수도 있다. 어떻게 하면 생계가 유지되도록 고정 급여와 가치 창조 수익을 만들 수 있을까?

로열티나 지분의 비율을 정할 때는 '부가 가치'의 측면에서 생각하면 된다. 만약 프로젝트나 조직에서 당신이 빠진다면 상황이 어떻게 변할 것인가? 이 질문의 답이 당신의 부가 가치를 결정한다. 만약 아무런 변화도 없다면 부가 가치가 없는 것이다. 당신의 소유권은 부가 가치에 비례한다. 부가 가치의 수량화가 어려울 때도 있다.

언젠가 은퇴한 공무원의 이야기를 들었다. 은퇴한 몇 달 후 예전 직장에서 전화가 왔고, 비용을 지불할 테니 회의에 참석해달라는 것이었다. 그녀의 존재만으로 대화 수준이 높아지기 때문이었다. 당신의 가치는 직장 수명이나 명료한 수량화를 가능하게 할 수도 있다. 소유 지분을 취득할 수 없다면 저작권이나 나중에 가능할 때 지분을 가진다는 비화폐성 형태를 취할 수도 있다. 스타트업이 나중에 지분으로 전환 가능한 전환 채무(convertible debt)로 자금을 조달하는 것은 매우 보편적인 일이다.

소유권과 가치를 조정할 때는 다른 사람에게서 받는 지원을 염두에 둬야 한다. 경제적인 것이든 뭐든 말이다. 프로젝트의 자금 조달을 위해 누군가 너무도 큰 리스크를 감수하는 경우 당신은 소유권의 상당 부분을 포기해야 할 수도 있다. 예를 들어 당신에게 고정 급여를 주는 고용주는 당신의 성과에 대해 큰 리스크를 감수하는 것이다. 그래서 자신의 소유 지분이 작다고 해도 작품이 창출하는 수익을 누릴 수 있다.

결국 비율이 얼마인지보다는 소유권 자체를 취득하는 것이 더 중요하다. 거기에 정답은 없다. 내가 예전에 함께 일한 기업가는 수치가 커도 상관없고 작아도 상관없다고 했다. 결국 초기 페이스북의 지분을 소량 보유하거나 실패한 기업의 지분을 소량 보유하거나 둘 중 하나다. 결과물이 거대해서 모두가 수익을 나눠 갖거나 너무 작아서 아무도 갖지 못하거나 둘 중 하나라는 뜻이다. 어느 쪽이든 창조적 작업과 관련된 재무 선택이 소유권을 향해 변하는 것을 보게 될 것이다. 쇼타임네트워크(Showtime Networks)의 CEO 매슈 블랭크(Matthew Blank)는 TV 분야에서 시간이 지날수록 회사가 제작 프로그램을 소유하는 쪽으로 선택하게 된다고 말했다. 프로그램의 품질과 가치 소유를 위한 리스크와 수익 투자 결정에 대한 신임 투표다.

소유 지분은 몇 가지 분명하고도 중요한 목적을 해결해준다. 첫째, 당신의 관심사와 창조 가치를 나란히 맞춰준다. 둘째, 지식재산권의 경계를 분명하게 해서 프로젝트 추진 과정의 협동과 거래, 기부가 수월해진다. 셋째, 지분을 보유함으로써 창조적인 작업을 이루는 여러 행위를 더 정확하게 나타낼 수 있다.

〰〰 위험을 피하는
법적 장치

부분 소유권의 프레임워크를 마련하려면 법과 기술을 모두 고려해야 한다. 기술은 작품에 대한 지분을 소유할 뿐만 아니라 여러 프로젝트의 미세한 소유권을 쉽게 관리할 수 있게 해준다. 기술을 이용해 부분 소유권을 관리하면 시간이 흐르면서 당신이 과거에 실시한 모든 프로젝트의 지분으로 이뤄진 포트폴리오가 만들어진다. 그러면 급여 수단이 하나가 아니라 다수의 소액 지분으로 이뤄진 분산투자 포트폴리오가 마련되는 것이다. 즉 커다란 베이지색 소파가 하나 있는 대신, 점묘화의 점처럼 수많은 조각이 모여서 안정적인 지원의 토대를 이룬다.

그러기 위해서는 소유권의 공유가 현행법에 따라 설계돼야 한다. 지식재산권의 법적 구조는 소유권을 한쪽에 모두 주는 경향이 있다. 대신 허가와 로열티 제도를 구축하고, 그렇지 않으면 법 자체가 단순한 합동 저작권을 넘어 협동 창조물의 현실을 반영하는 쪽으로 갱신돼야 한다.

책이나 영화, 음악 같은 창조 분야는 창조자가 작품에서 발생하는 수익의 일부를 쉽게 소유할 수 있도록 로열티 시스템이 마련돼 있다. 음악 분야처럼 작곡·작사가가 더 큰 지분을 소유해야 하는 경우도 있다. 반면 시각 예술 같은 분야에는 그런 시스템이 제대로 갖춰지지 않거나 소송으로 취득하는 경우가 많다. 부분 소유권 계획을 세우지 않으면 대단히 불리하다는 사실이 이미 증명돼 있다.

숲속으로 하이킹을 떠나는데 우비와 물병을 가져가지 않았다고 가정해보자. 폭풍우가 치면서 주변이 캄캄해지고 설상가상으로 길을 잃어 난처한 상황이 됐다. 시간이 흐를수록 갈증도 심해진다. 위기의식을 느끼고 해결 방법을 모색해야 한다. 하지만 애초에 우비와 물병을 챙겨갔으면 이런 상황에 처하지 않았을 것이다. 평소 우비를 챙기는 것이 귀찮은 습관이기는 하지만 자연에서 우비 없이 버티는 것보다는 낫다. 이 경우 귀찮지만 필수적인 습관이 소유권의 경제·법적 형태의 명확성을 유지해주므로 창조적 작품에 대한 시스템이 무너지는 상황을 피할 수 있다.

2000년 카터 브라이언트(Carter Bryant)라는 남자가 완구업체 마텔(Mattel)을 그만두고 경쟁업체인 MGA 엔터테인먼트(MGA Entertainment)로 이직하기로 했다. 마텔의 가장 대표적인 상품은 1959년에 루스 핸들러(Ruth Handler)가 발명한 바비(Barbie) 인형이다. 바비는 플라스틱 우쿨렐레와 미니어처 피아노 제작 업체였던 마텔의 가장 중요한 상품이 됐다.

브라이언트는 MGA에서 새로운 인형을 개발했다. 스파이스 걸스(Spice Girls) 같기도 하고, 입술이 삐쭉 튀어나온 킴 카다시안(Kim Kardashian) 같기도 한 그 인형의 이름은 브라츠(Bratz)였다. 큰 머리에 과장된 생김새의 브라츠 인형은 바비보다 훨씬 다양한 민족을 표현해냈다. 야스민(Yasmin)이라는 구릿빛 피부의 브라츠 인형은 MGA 설립자이자 이란 출신 이민자인 아이작 라리안(Isaac Larian)의 딸 이름을 본떠 만들었다. 2001년에 브라츠 인형이 출시되고, 2004년에 마텔은 MGA를 고소했다. 브라이언트가 마텔 재직 당시 브라츠 인형을 기획했으므로 마텔 소유라는 주장이었다. 뜨거운 법정 공방이 10년 이상 계속됐으니 진정한 승자는 변호사들인 듯하다. 참고로 2014년까지 마텔이 지급한 변호사 비용만 1억 3,800억 달러에 이른다.

법적 소유권은 흑백으로만 나뉘기 때문에 더 유연성 있게 가치를 배정할 수 있는 부분 소유권이라는 중간 영역이 필요하다. 창조적 프로젝트에는 위험이 따른다. 때에 따라 협동도 필요하다. 한 사람이 모든 이익을 갖게 되는 지식재산권의 법적 제도는 창조적 프로젝트의 지원을 방해하는 제약요소다.

저작권의 경우 소유자의 동의하에 사용하는 '공정 이용(fair use)'이거나, 아니거나, 둘 중 하나다. 특허법에서는 특허를 소유하거나, 그렇지 않거나, 둘 중 하나다. 상표법은 위반이거나, 아니거나, 둘 중 하나다. 특히 저작권의 법적 구조가 이중 소유권으로 향하는 가장 큰 이유는 그것이 언론의 자유에서 비롯되기 때문이다. 표현의 자유가 진정으로 보호되려면 즉각 소유돼야만 한다. 언론의 자유는 민주주의의 가장 중심이자 중요한 원칙이다. 하지만 지식재산권의 경우 경제적인 측면에서 협력의 현실성이나 창작물에 대한 공동 소유의 필요성을 고려해 바뀌어야 할 필요가 있다.

마텔과 MGA의 경우 한쪽만 이익을 얻는 것이 충분히 잘못됐다고 느껴질 수도 있지만, 매번 판결이 왔다 갔다 할 때마다 양쪽 모두 일리 있을 가능성이 커진다. 중요한 것은 고용 계약 자체가 심각하게 시대에 뒤떨어졌다는 것이다. 현재의 고용 계약에서는 마텔이 직원들의 작품에 대해 완전한 소유권을 주장할 수도 있었다.

부분 소유권을 통하면 기업들은 전체 지분을 가지려고 싸우는 대신 로열티의 비율을 협상할 수 있다. 당신은 스스로 계약을 관리하는 사람으로서 사용료를 지정하거나 고용 계약 조항을 수정하는 등 공동 소유권을 취득하는 방법을 고안할 필요가 있다. 또한 고용 및 컨설팅 계약서에는 분쟁시 양측이 법정으로 가기 전에 협상을 통해 사용료에 대한 합의를 도출하려고 해야 한다는 조항이 꼭 들어가야 한다.

부분 소유권에 대한 법적인 측면을 생각할 때 윤리적인 측면과의 마찰로 소유권이 완전하게 조율되지 않을 수도 있다. 예를 들어 유명 예술가가 야식으로 피자를 먹은 덕분에 훌륭한 작품을 만들었다면 그 피자가게에도 작품의 권리가 있을까? 가수 로빈 시크(Robin Thicke)의 〈블러드 라인스(Blurred Lines)〉는 마빈 게이(Marvin Gaye) 유족들에게 표절로 소송 당한 반면, 롤링 스톤스는 어째서 블루스 뮤지

션들의 곡을 너그럽게 빌려 써도 괜찮을까? 어느 정도는 행위자가 부가 가치를 주장할 수 있지만(엘비스의 음악은 블루스 뮤지션들 없이는 존재할 수 없었을 것이다) 모두가 보상 받는 것은 아니다. 하지만 창조된 가치를 공유하려는 시도는 여전히 중요하다. 기술의 발달 덕분에 지분 관리나 소액의 송금이 수월해졌고, 소유권의 경제적인 측면이 활짝 열렸다.

예술계에서 근래에 일어난 카리우와 프린스의 저작권 공방은 저작권의 또 다른 한계를 드러내고, 부분 소유권이 창작물에 기본이 돼야 하는 중요한 이유를 보여준다. 2000년 사진작가 패트릭 카리우 (Patrick Cariou)는 〈Yes Rasta〉라는 사진집을 발간했다. 카리우는 6년 동안 자메이카의 라스타파리안(Rastafarian) 공동체에서 생활하면서 그곳 사람들을 촬영했다. 그가 그 작품으로 받은 돈은 8,000달러였다. 그런데 2007년과 2008년에 리처드 프린스(Richard Prince)라는 사진작가가 카리우의 사진을 차용한 〈Canal Zone〉이라는 거대한 캔버스 시리즈를 전시하기 시작했다. 이에 카리우는 프린스를 고소했다.

카리우와 프린스의 직업은 모두 '예술가'지만 카리우는 민족지학적인 사진작가로 평가받고, 프린스는 미술계의 거상 래리 가고시안 (Larry Gagosian)의 관리를 받는 '차용' 사진작가로 잘 알려져 있다. 예술계에서 흔히 볼 수 있는 '차용'이라는 말은 예술의 경계를 앞당기는 행동을 나타내는데, 때로는 아름다운 작품을 만들어내기도 하지만, 숙제하는 초등학생에게는 부합하지 않는다. 이 경우 차용은 '직접 모방'을 뜻한다.

1970년대에 프린스는 말보로 광고를 재활영해 자신의 작품으로 내놓았다. 1990년대에는 소설 표지에 나온 간호사 이미지를 스캔해 색칠한 〈간호사(Nurses)〉 시리즈를 내놓았다. 그는 추상적으로 거대한 캔버스에 카리우의 사진을 복제했다. 그들의 법적 공방은 중요한 절차상의 디테일과 함께 양쪽 방향으로 미묘한 판결이 나면서 끝났다. 법적인 관점에서 저작권법은 분명한 구조를 제시한다. 판사들은 우스꽝스럽게 미술사학자가 되어 프린스가 카리우의 사진에 나오는 알몸의 남녀를 차용했는지 충분히 밝혀내야 했다. 하지만 경제적인 관점에서 보자면 카리우와 프린스 모두 '부가 가치'에 대한 권리가 분명히 있다. 두 사람 없이는 해당 작품이 존재하지 못했을 것이기 때문이다.

경제적으로 그들은 어떻게든 작품을 소유해야 한다. 어떤 방식의 구조가 마련돼야 할까? 예술적 가치는 무엇일까? 온갖 다른 형태의 가치가 순환한다는 사실과 차용을 통해 얻는 것과 잃는 것을 살펴봐야 한다. 미학적 성취는 정의 내리기가 어렵고, 가장 중요한 사항도 아니다. 카리우의 원작에 나타난 예술성, 심지어 프린스의 차용 작품에 나타나는 예술성을 동경할 수도 있지만, 우선 경제에 관련된 질문을 떠올려야 한다.

- 카리우는 자신의 작품으로 8,000달러를 벌었다. 프린스는 차용 그림을 각각 1,000만 달러 이상에 팔았다(그가 작품 판매가의 얼마를 가져갔는지는 모르지만, 일반적으로 예술가와 거래상은 50 대 50으로 나눈다). 프린스가 카리우의 작품에 의존하지 않고 직접 사진을 재창조하는 비용은 얼마였을까? 8,000 달러보다 더 많이 들었을 수도 있지만, 카리우가 사진 작품을 만드는 데 든 비용은 얼마였을까? 시간의 기회비용을 고려할 때 그는 자메이카에서 촬영하기 위해 수익성 좋은 다른 기회를 포기해야 했는가?

- 프린스의 전시회에는 어떤 확대 가치가 있는가? 프린스가 카리우의 에이전트였다면 어땠을까? 프린스는 자신의 평판 아래 카리우의 작품을 고급 예술의 세계로 가져갔다. 이 두 가지 요소에는 실질적인 경제적 효과가 있다. 할리우드의 에이전트가 여배우를 발굴해 그녀의 소득을 껑충 올려줄 수 있는 것처럼 말이다.
- 프린스의 작품이 카리우의 창조적 독점 능력을 제한하는가? 차용 작품이 원작의 생명 지속을 방해하는가?

이 질문들은 카리우의 실제 비용과 기회비용, 프린스의 이전 비용 등 모든 생산 경제에 초점을 맞추고 있다. 또한 평판과 잠재적 충돌에 집중한다. 본질적으로 카리우는 얼마의 비용을 썼고, 얼마를 아꼈으며, 가치가 얼마나 더해졌으며, 미래 비용이 있는가? 얼마든지 비슷한 상황에 적용할 수 있는 질문이다.

내가 카리우와 프린스의 법적 공방의 판결을 내리는 왕이라면 카리우에게 10만에서 최대 25만 달러를 주겠다. 프린스가 작품 판매로 올린 수익에 비하면 비교적 적은 금액이고 카리우의 원래 소득에 비하면 큰 금액이다. 10~25만 달러 사이에서 지급금이 어디에 속하는지는 카리우의 개인 경제학에 좌우된다. 또한 협상을 위한 구조 설계도 필수적이다. 전통적인 저작권법이 존재하는 한 이런 경제 관련 대화는 공판 전 협상에 속한다. 나는 프린스의 관점에서, 심지어 그의 거래상의 관점에서 25만 달러는 변호사비에 맞먹고, 카리우에게 10만 달러는 3년 이상 걸린 작품으로 받은 8,000달러보다 훨씬 큰 금액이라는 쪽으로 생각하고 싶다.

내가 왕이었다면 예술가들을 위한 재판매 로열티나 또 다른 소유 지분 방법도 고안했을 것이다. 그래서 카리우에게 프린스의 재판매 로열티 중 일부를 줄 것이다. 프린스가 받는 15퍼센트에서 1퍼센트 정도의 수준으로 말이다. 정확한 수치를 이끌어내려는 것이 아니다. 그런 것은 존재하지 않는다. 법정 공방이 시작될 때 카리우와 프린스는 모두 자신의 영화에 출연하는 주인공이다. 왕의 역할은 양쪽의 플롯을 공정하게 다루고 경제적으로 적절하게 공을 인정해주는 것이 목적이다. 현실적으로 프린스는 차용을 통해 카리우를 협력자로 끌어당겼다. 그들은 창작물에 대한 수익을 공유해야만 한다. 그리고 카리우는 조금 너그러운 태도가 필요가 있다. 3년 동안 수익성 없는 프로젝트를 추진하는 동안 누군가 자신의 작품을 상업화할 수도 있다는 리스크를 감수하지 않았기 때문이다.

부분 소유권의 플랫폼은 저작권 이외에 여러 분야에 존재하며 일반화가 가능해서 어떤 창작물의 지분 관리에도 사용할 수 있다. 제약 회사 로열티파마(Royalty Pharma)는 제약 로열티 지분을 위한 시장을 만들었다. 1990년대 후반, 맨해튼에 위치한 암 연구 병원인 메모리얼 슬로안케터링(Memorial Sloan Kettering)은 한 가지 특정 자산의 소유권에 집중하고 있는 상황이었다. 그것은 두 가지 암 치료제인 '뉴포젠(Neupogen)'과 '뉴라스타(Neulasta)'였다.

이 두 가지 약은 대부분의 국가에서 암젠(Amgen)이라는 회사가 생산했다. 2009년 세계 매출액은 46억 달러였다. 그중에서 메모리얼 슬로안케터링의 지분은 5억 달러로, 총 기부금(total endowment)이 16억 달러였던 것에 비하면 상당히 큰 금액이었다. 로열티파마는 병원 로열티의 80퍼센트를 40억 달러에 사들였다. 따라서 메모리얼슬로안케터링병원은 로열티에 따르는 리스크와 수익에 대한 소유권이 여전히 남아 있으면서도(20퍼센트), 로열티를 판매한 현금으로 다른 여러 프로젝트에 투자해 포트폴리오를 분산시킬 수 있었다.

소유에 대한
새로운 의식이 필요할 때

음악의 배포와 유통에도 새로운 소유권 모델이 존재한다. 2015년까지 파일 공유 프로그램 비트토렌트(BitTorrent)의 최고 콘텐츠 관리자였던 맷 메이슨(Matt Mason)은 음악가들과 함께 '비트토렌트 번들(bundle)'을 만들었다. 해당 플랫폼에서 발표되는 음악들의 모음이었다. 음악가들이 작품을 소유하고 비트토렌트에는 유통에 대한 지분을 제공한다. 비트토렌트는 아이튠즈 같은 음악 유통 플랫폼보다 훨씬 적은 지분을 취한다. 〈패스트컴퍼니(Fast Company)〉는 2015년에 메이슨을 '가장 창조적인 100인' 중 한 명으로 선정했다.

일반적인 소유권 플랫폼은 모든 디지털 작품의 본질에 좌우된다. 무한대로 복사 가능한 디지털 파일의 특징 말이다. 나는 비트마크(Bitmark)라는 기업에 자문을 해주면서 이러한 특징을 자세히 관찰할 기회가 있었다. 창업자인 션 모스 풀츠(Sean Moss-Pultz)는 첫 아들이 태어났을 때 창업 아이디어를 떠올렸다. 캘리포니아 출신으로 대만에 살고 있고, 초보 부모였던 그는 자신의 거대한 음악 컬렉션을 어떻게 아들에게 물려줄지 생각하게 됐다. 대부분의 사람과 마찬가지로 그의 음악은 디지털로 저장돼 있었고, 그는 자신이 그 음악을 실제로 소유한 것이 아니라는 생각이 들었다. 그는 노래의 원본이 아닌 디지털 복사본을 사용할 권리를 소유한 것이고, 그 권리는 오로지 그의 것이었다.

그래서 그는 회사를 창업했다. 암호화 메커니즘이 디지털 파일의 원본과 복제본을 구분하기 쉽게 만들어줄 것이라고 생각했다. 대학원에서 물리학을 전공하다 그만뒀지만, 수학 실력이 뛰어났고 스타트업을 창업한 전력이 있던 그는 비트코인 같은 블록체인 구조를 구축했다. 그 플랫폼은 디지털 객체를 고유하게 만드는 등기소가 됐다. 이러한 인증 덕분에 컴퓨터가 앨범이 저작권을 침해하지 않은 원본인지 알려주므로 또 다시 앨범을 소유할 수 있도록 해준다.

비트마크 같은 플랫폼은 창작물을 부분 소유권 관리를 가능하게 해주고 있다. 앨범 같은 디지털 객체를 안전하게 발행할 수 있다면 컴퓨터가 객체의 부분을 전체만큼이나 간편하게 관리해준다. 따라서 음악가는 서른 번째 백업 싱어라고 할지라도 아무리 소액의 로열티라도 차질 없이 지급받을 수 있다. 친구의 회사에 투자하고 싶다면 킥스타터에 모금하는 대신, 소액의 소유권 지분을 받을 수 있게 될 것이다. 컴퓨터 기술은 팩스나 종이 수표와 달리 소액 관리를 훨씬 수월하게 만들어준다.

규제 환경 또한 민주적인 방식의 소유권에 융통성을 더해주는 쪽으로 개선되고 있다. 2012년 미국 의회는 잡스법(Jumpstart Our Business Startups Act, JOBS)을 통과시켰다. 기업 공개의 규정을 간소화해서 상류층이 아닌 일반 투자자들이 비공개 기업의 주식을 쉽게 구입할 수 있도록 하는 법안이다.• 친구의 크라우드펀딩에 돈을 내는 대신 사업에 대한 지분을 받을 수 있다. 사업이 잘 풀린다면 적지 않은 부분이 당신의 소유가 된다. 만약 잘 안 된다면 당신의 투자금은 친구에게 준 선물이 되는 것이다. 입법 환경이 계속 변화하는 한편 첨단 기술이 새로운 플랫폼을 가능하게 해준다.

그보다 더 시급한 일은 부분 소유권의 개념에 익숙해지는 일이다. 자신의 프로젝트든 규모 있는 보상 프로젝트든 말이다. 부분 소유권은 어떻게 보면 '개인의 금융화(financialization)'와 가깝고, 창조된 가치와 제시된 가격을 조율하는 수단에도 가깝다. 부분 소유권의 개념에 익숙해진다면 우리의 노동 생활은 기업에 노동력을 제공하고 보수를 받는 일차적 생산 경제에서 자신이 기여한 프로젝트를 공동으로 소유하는 '노동자와 발명자를 합친' 형태로 변화할 것이다.

시간이 지나 지식재산권의 지분 관리가 성장하면 더 많은 사람이 기업가 같은 결정을 할 수 있게 될 것이다. 연봉을 줄이는 대신 자신이 창조하는 가치에 대한 소유권을 받는 쪽으로 말이다. 앞으로 프리랜서로 일하는 사람이 많아지고, 우버처럼 자유 계약 노동자들을 이용하는 기업이 늘어나면 우리 모두가 소유권의 한 부분을 이루게 될 것이다. 그래서 결국 생업이 당신의 소파가 되고, 로열티 포트폴리오는 작은 화소처럼 합쳐져서 큰 그림을 이루고, 다른 프로젝트에 투자할 수 있게 될 것이다.

● 현행법에 따르면 '공인 투자자' 또는 '자격 요건을 갖춘 구매자'만이 비공개 기업에 투자할 수 있다. 각각 100만 달러와 600만 달러의 자산이 필요하다. 공인 투자자의 기준은 1933년 증권법(Securities Act)의 한 부분인 레귤레이션 D(Regulation D)에서 나온다. 공인된 투자자에게 투자를 받는 경우를 제외하고는 정부에 보고해야만 한다. 대공황 이후 시민들이 사기 투자로 재산을 잃지 않도록 보호하고자 기업들을 통제한다는 이유에서 생겼다. 하지만 경제적 사정이 좋은 투자자라면 그냥 놔두는 것이다. 부는 정교함의 상징, 즉 자문을 해줄 만한 사람을 고용할 수 있다는 표시이기 때문이다. 미혼이고 한 해 20만 달러의 소득이 있거나 공동으로 30만 달러의 소득이 있고 지속될 예정이라도 공인 투자자의 자격 요건을 충족할 수 있다. '자격 요건을 갖춘 구매자'의 기준은 1940년 투자회사법(Investment Company Act)에서 나온다. 두 조건이 적용되는가는 투자 대상 기업의 법적, 규제적 지위에 달려 있다.

여기서 핵심적인 변화는 유용성의 최대화에서 가치 창조로, 소비에서 투자로의 이동이다. 지식재산권을 제대로 지정한다면 시장은 가격과 가치를 동등하게 만드는 이상적인 비즈니스 수단이 될 것이다. 포트폴리오 구축과 소유권에 대한 새로운 생각이 합쳐지면 당신의 보트가 안정적으로 유지되고, 아직 가치를 알 수 없는 창조적 프로젝트에 박차를 가해서 결국 모두의 내면에 자리하는 예술가가 보상받게 될 것이다. 여러 번 강조했지만 창조적 프로젝트의 개발은 복잡하고 불확실하기 때문에 소득과 투자 포트폴리오의 구조적 지원이 필요하다. 소유권 지정은 협동과 가치 창조, 새로운 탐구에 따르는 실질적인 리스크를 관리하도록 해준다.

다음은 개인과 팀, 기업 전체에 협동과 창조적 프로젝트를 가능하게 하는 조직적 환경과 문화 만들기에 대한 이야기다. 지식재산권 다음으로 확보해야 하는 것은 일터에서의 역할과 책임이다.

함께하기

경영은 과학이 아니라 예술이다.
인간 행동을 수량화하려는 사람들을
조심하라.
모든 것을 수치로 나타낼 수는 없다.
내가 생각하기에 그것은 상상의 실패다.

_ 도널드 키오(Donald Keough), 코카콜라 명예 회장

예술가이자 윌리엄스대학교의 회화 교수 에드 에핑(Ed Epping)은 1966년 웨스턴일리노이대학교(Western Illinois University)에 입학했을 때 예술가가 되겠다는 생각은 조금도 없었다. 특히나 학생들의 창의성 개발을 관리하는 교수가 되리라고는 꿈도 꾸지 못했다. 그가 부모님과 함께 대학교 오리엔테이션에 참석하려고 가던 날은 폭염이 기승을 부리고 있었다.

이혼 절차를 밟고 있던 그의 부모는 싸우거나 적대적인 분위기에서 침묵을 지킬 뿐이었다. 어머니가 재킷을 입으라고 고집하는 바람에 그는 2시간 30분 동안 차를 타고 가는 내내 재킷을 입고 있어야 했다. 연식이 오래된 자동차에는 에어컨도 없었다. 라디오에서는 시카고에서 9명의 간호사를 살해한 남자의 이야기가 시끄럽게 흘러나왔다. "여러모로 좋은 날은 아니었어요"라고 에드가 말했다. 일리노이주 매콤(Macomb)에 있는 캠퍼스에 도착했을 때 약 천 명에 이르는 신입생과 부모들이 체육관 탈의실 냄새를 풍기는 지하실로 몰려들었다. 교무과장은 40분 가까이 웅얼거리는 목소리로 말하더니 자신이 한 말과 똑같은 내용이 담긴 소책자를 나눠줬다. 여전히 재킷을 입고 있던 에드는 가능한 빨리 그곳을 벗어나고 싶었다.

소책자의 앞부분에는 수강 신청 카드 작성법이 나와 있었다. 예시는 미술 전공이었다. 대학교에서 수강 신청하는 것은 전공을 분명하게 정하는 것이나 마찬가지였다. 에드는 자리를 빨리 벗어나고 싶은 마음에 예시 그대로 베껴서 제출했다. 교무과에서는 그가 소책자에 나온 그대로 수강 신청한 줄도 모르고 일찍 끝냈다면서 칭찬했다.

그 학기에 에드는 두 명의 미술학과 교수에게 수업을 들었다. 한 명은 인체 드로잉 같은 기초가 중요하다고 믿는 엄격한 교수였고, 다른 한 명은 캘리포니아 출신으로 사명감과 열정이 가득찬 교수였다. 에드는 곧 미술 수업에 푹 빠져들었다.

나는 에드에게 영향을 받아 대학에서 미술 수업을 들었다. 정치학 전공이었던 나는 어느 봄날 그의 수채화 수업을 듣는 학생들이 시냇가에서 그림 그리는 모습을 보고 감명받았다. 그 수업을 들으려면 드로잉 수업을 먼저 들어야 했다. 내가 대학에서 처음 들은 미술 수업이었다. 에드는 내가 학생이었을 때 수채화 수업을 가르치지는 않았지만, 유채화를 그리는 방법이나 혼자 또는 다른 사람들과 협업하면서 창조적 작업을 하는 방법을 가르쳐줬다.

에드는 회화 수업 첫날 평가에 대한 이야기를 했다. 처음 시작할 때 '좋거나 나쁘다'는 말을 하기가 쉬운데, 그것은 작품에 대한 책임을 포기하는 일이라고 했다. 그렇지만 '비판적인 자기 의식'은 필요하기 때문에 잘되고 있는 부분이 어디인지, 더 발전시켜 나갈 강점이 무엇인지, 어떤 부분에 도움이 필요한지 관찰하라고 했다. 에드는 우리가 작품을 만들기 위해 필요한 창의적인 공간과 진실한 대화를 이끌어내는 방법을 알려줬다. 그는 새로운 것을 만드는 일에 취약성이 따른다는 사실을 잘 알았고, 우리가 그 과정을 잘 헤쳐 나갈 수 있도록 도와주려고 했다.

앞에서 소개한 아트씽킹의 도구들을 떠올려 보면 에드는 우리가 안심하고 등대를 찾을 수 있도록 리스크를 감수하고 격려해줬음을 알 수 있다. 아직 답을 알 수 없는 커다란 질문에 집중할 수 있도록 말이다. 전경과 배경의 구성처럼 에드는 우리의 작품이 나타날 수 있는 배경을 만들어줬다. 그곳은 학교였지만 에드가 학생들을 관리하는 데서 마주한 어려움과 여러 결정은 가르침으로 이어졌고, 지금 내가 하는 일처럼 사회에서 창조적 과정을 지원하고 관리하는 더 큰 환경에 대해서 배울 수 있는 소중한 시간이었다.

조직에서 창조적 과정을 관리하는 데는 특수한 어려움이 따른다. 각 개인이 창조자로서 마주하는 결과에 대한 연약성뿐만 아니라 복잡한 기업 시스템이나 큰 목표 추구, 이윤과 실적 평가 등이 필수 요건으로 충족돼야 하기 때문이다. 그런 상황에서 진행 중인 작품이나 프로젝트의 관리자(manager of work in progress), 또는 줄여서 내가 'W.i.P'라고 부르는 이들은 에드와 비슷한 점이 많다. 그들의 업무는 문제를 바로잡는 것이 아니라 새로운 것이 자라날 공간을 지원해주는 것이다. 대화와 과정이 주요 도구가 되어 집중이 필요한 일이다.

수익이 목적이든 아니든 시장에서 제대로 기능해야만 하는 조직의 환경에서든 개인이 캄캄한 과정에서 등대를 찾을 수 있는 마인드세트를 길러주는 것이 목표다.●

〽️ 충분히 좋은 관리자

이 관리 프레임워크는 20세기 영국의 정신의학자이자 소아과의사인 도널드 우즈 위니코트(Donald Woods Winnicott)의 이론에서 비롯된다. 그의 전기 작가 애덤 필립스(Adam Phillips)는 위니코트가 루이스 캐럴(Lewis Carroll) 같은 글솜씨로 정신분석에 '희극의 전통'을 가져온 장본인이라고 말했다.

위니코트는 건강한 자녀 양육에 대한 여러 이론을 내놓았는데, 그중 '충분히 좋은 엄마(Good Enough Mother)'가 가장 유명하다.●● 그는 완벽한 부모는 없지만 자녀의 관점에서 엄마는 떼려야 뗄 수 없는 관계이기 때문에 초기 양육이 매우 중요하다고 말했다. 엄마는 아이의 욕구를 거울로 비춘 것처럼 완벽하게 반응하려고 노력한다. 그러나 반대로 아이가 부모와 관점이 같다는 것은 환상이다. 시간이 지날수록 천천히 아이의 환상을 깨뜨리는 것이 충분히 좋은 엄마의 임무다. 따라서 위니코트에게 자녀 양육은 환상에서 홀로서기로 방향성이 제시된 '철수'인 셈이다.

● 비영리 또한 시장 구조에 속한다. 규제와 전략의 조합으로 고안된 시장 실패에 대한 구체적 반응이다.
●● 위니코트는 1896년에 태어나 1971년에 사망했다. 그가 책을 쓴 시대를 고려할 때 그의 이론은 성별에 상관없이 모든 부모에게 확대된다고 볼 수 있다. 위니코트에게는 두 명의 누나와 어머니, 유모, 가정교사가 있었다.

창조적 과정의 관리자는 충분히 좋은 엄마와 같다. 그래서 '충분히 좋은 관리자'라고 부를 수 있다. 창조적 작업은 늘 안고 보살펴야 하는 신생아나 마찬가지다. 건강하게 자라기 위해서는 거울을 비춰 보며 필요한 것을 지원해야 한다. 그러면서 시간이 지날수록 완전히 성장한 채로 세상에 존재할 수 있게 해야 한다. 이겨내야 할 환상은 창조적 아이디어의 '아이'가 시장과 따로 떨어져서 존재할 수 있다는 생각이다. 결국 아이디어는 홀로 서서 온전한 상태를 유지하고 스스로를 떠받쳐야 할 필요가 있다.

충분히 좋은 관리자의 주요 임무는 사람들이 안전하게 탐구하고 진정한 자아를 추구하는 공간, 즉 '안아주는 환경(holding environment)'을 만드는 것이다.● 위니코트는 안아주는 환경이 없다면 아이가 자아를 위한 보호막으로 '거짓 자아(false self)'를 만들어 대처한다는 사실을 알아냈다. 거짓 자아는 자기 삶을 더욱 힘들고 어려운 방향으로 끌고 간다.

위니코트는 "진정한 자아만이 창조적일 수 있다"고 말했다. 하지만 모든 관리자가 안아주는 사람이어야 한다거나 좋은 아이디어가 그런 환경에서만 나온다는 말은 아니다. 악덕 자본가나 잔인한 기업가, 권모술수에 능한 기회주의자들에 의해 실행된 훌륭한 아이디어와 벤처 사업도 많다. 레이 달리오(Ray Dalio)의 투자 기업 브리지워터어소시에이츠(Bridgewater Associates)처럼 성공한 기업도 '망신주기(shaming)'라는 방법을 경영 전략으로 활용한다. 달리오는 동료들 앞

● '안아주는 환경'이라는 개념은 위니코트가 제2차 세계대전 중에 부모와 떨어진 아이들을 연구한 결과에서 나왔다. 그는 런던 공습을 피해 다른 곳으로 보내져 보살핌을 받은 2~5세 아동을 연구했다. 위니코트는 그 과정을 '아동 관리'라고 불렀다.

에서 직원들의 잘못을 지적하는 '철저한 투명성(radical transparency)'을 선호한다. '고통+심사숙고=진보'라는 공식이다. 이 전략은 새로운 아이디어 보호를 선호하고, '대화와 반복을 통해 안아주는 환경'이라는 안정된 공간 안에서 성장할 시간을 더 많이 주는 것이다.

그런 환경을 만드는 데 있어 관리자는 문자 그대로 부모와 똑같지는 않다. 전통적인 관리자가 그러하듯 성과를 평가하고 관리하는 데 중점을 두기 위해 사람들이 탐구하고 능력을 발휘하도록 도와주는 일을 축소한다면 조직은 직원들의 최대치 능력에 접근하지 못할 것이다. 충분히 좋은 관리자는 완벽하지 않다. 다만 안아주는 환경을 마련할 만큼 선의가 있고, 일관적이며, 주의를 기울이고, 조직원을 믿을 수 있으면 된다. 어떤 업무 환경이든 때때로 불화가 일어나는 법이고 모든 조직마다 복잡함과 대인관계의 어려움이 따르기 마련이다. 결국 성공적인 안아주기의 가장 큰 특징은 잘못된 것을 손보는 '수리 능력'이라고 할 수 있다.

경영학을 전문적으로 공부한 사람들에게 탁월함이 아니라 일관성에 초점을 맞춰야 한다는 말은 지나치게 낮은 기준처럼 들릴지도 모른다. 그러나 안아주는 환경을 만드는 것은 쉬운 일이 아니다. 아이디어를 보호하는 동시에 솔직하고 때로는 반대하는 입장을 보여야 하는 일관적인 과제가 따른다. 비전을 실행하는 것이 아니라 통제적이지 않으면서 엄격하고, 방해되지 않으면서 격려하는 균형을 잡는 것이다. 충분히 좋은 관리자에게 필요한 도구는 대화와 관련된 역할이라고 설명할 수 있다. 대화식 역할은 바로 '가이드', '동료', '프로듀서'다. 가이드는 훌륭한 스승처럼 지혜를 제공하고, 동료는 솔직하게 격려하며, 프로듀서는 아이디어를 시장의 제약에 맞추는 부차적이고 창조적인 과제를 맡는다. 관리하는 입장이든 받는 입장이든 이 세 가지 역할을 통해 진행 중인 작품이 많이 나오는 환경을 만들 수 있다.

구루와 가이드

W.i.P 관리의 첫 단계는 구루가 아닌 가이드가 되려고 초점을 맞추는 일이다. 작가 애덤 고프닉(Adam Gopnik)은 1994년에 세상을 떠난 뉴욕 현대 미술관의 전설적인 큐레이터 커크 바네도(Kirk Varnedoe)를 다음과 같이 칭송했다.

"우리에게 자기 자신을 주고, 또 자신의 시스템을 준 구루. 그의 주제와 우리 자신에 대해 가르쳐준 스승."

구루는 일의 방식을 알려주지만, 가이드는 그 방법을 스스로 찾아내도록 도와준다. 그 이전에 구루와 전문가를 확실하게 구분할 필요가 있다. 사람은 누구나 어떤 방면의 전문가고, 전문 지식의 공유는 성취의 중요한 부분을 차지한다. 특히 종류에 상관없이 모든 분야에서는 전문 지식의 사용이 사람을 관리하고 이끄는 데 있어서 핵심이 된다.

전문가는 기술을 전해주는 사람으로, '분야의 문법'이라고 부르는 이들이다. 발레에서 컴퓨터 프로그래밍까지 모든 분야에는 저마다의 문법이 있다. 기술과 일반적으로 이해되는 형태의 기본 구조 말이다. 전문가는 그런 지식을 나눠줌으로써 사람들이 스스로 뭔가를 만드는 데 필요한 지식을 갖추도록 도와준다. 전문가는 구루와 달리 세밀하게 관리하지 않고 기술을 전해준다. 타인의 기본적인 자율성을 존중하는 가이드라고 할 수 있다.

미술대학에서 이뤄지는 대화에서 가이드와 구루의 차이가 잘 나타난다. '비평(critique)'은 사람들에서 당신의 작품을 보여주고 다른 학생들과 교수들이 가치 분석에 참여하는 것을 말한다. 미술대학의 비평은 기업 문화에 생경하게 들릴 수도 있다. 왜냐하면 비평은 매우 개인적인 성과 평가이기 때문이다.

1980년대 예일대학교 미술대학의 비평은 '핵 비평(pit crits)'이라고 불렸다. 빌딩 내부 깊숙한 곳에 자리한 오목한 아트리움에서 열렸기 때문이다. 누가 들을지 알 수 없는 상황에서 수치심을 유발하는 건축 환경이었다. 화가 리사 유스케이바게(Lisa Yuskavage)가 1984~1986년에 경험했던 핵 비평에 대해 이렇게 말했다.

"사람들 앞에서 알몸으로 서 있는 악몽을 떠올려보세요. 그리고 거기에 개인적인 공포를 더해보세요. 이를테면 알몸으로 저울에 서는 것 말이죠."

나 역시 구루와 가이드의 차이가 중요하다는 사실을 처음 깨달은 것은 미술대학원 재학 시절 비평 시간에서였다. 어떤 학생이 찍은 전자제품 매장과 곰 인형이 담긴 난해한 영상을 다 같이 보고 있었다. 끝에 이르자 실내에는 초조하고 지루한 분위기가 가득했다. 교수 한 명이 가벼우면서도 권위적인 어조로 "유년기 주제는 그만! 너도나도 다 하잖아"라고 소리쳤고, 나는 속으로 '해도 되는데 저 작품이 별로인 거지'라고 생각했다. 직장에서 완성되지 않은 프로젝트를 선보였는데, 관리자가 실행 과정을 살펴보지도 않고 전략 방법을 캐묻는 모습과 다르지 않다.

교수는 구루의 입장을 취해 학생에게 법칙을 말해준 것이었다. 가이드라면 작품의 감정을 찾도록 도와주고, 학생 스스로 자신의 작품에서 부족한 점에 대해 생각하게 이끌어줄 것이다. 가이드는 거울 같은 솔직함으로 엄격하지만, 동시에 친절한 말을 사용하며 작품의 전체를 너그럽게 받아들이는 태도가 있다. 작가 플래너리 오코너는 나중에 같이 일하지 않기로 결심하고, 편집자에게 "나는 비판을 잘 받아들이지만, 내가 하고 있는 일의 영역에만 해당합니다"라는 편지를 보냈다. 그녀는 구루가 아니라 가이드를 원한 것이었다.

미술대학의 비평이 모두 구루의 특징을 띠는 것은 아니다. 예술가 존 발데사리(John Baldessari)는 캘리포니아예술학교(California Institute of the Arts)에서 거의 전적으로 비평이 이뤄지는 세미나에서 강의한다. 그가 생각하는 성공적인 대화는 '스승이 통찰을 전달하지 않고 자리를 떠나도 대화가 계속되도록 하는 것'이라고 믿는다. 좋은 조종자 또는 항해자가 자신의 역할이라고 말했다. 픽사의 공동설립자 에드 캣멀 역시 "내 일은 아이디어의 현재 단계를 살펴보는 게 아닙니다. 편하게 앉아서 분위기의 흐름을 관찰하는 거죠"라고 말했다.

비평이라는 대화의 공간이 중요한 이유는 미지의 B 지점으로 가는 길에서 새로운 아이디어가 자유롭게 탐구될 수 있도록 안전하게 보호하기 위함이다. 창조적 공간의 안전은 수술실의 살균만큼이나 필수적이다. 캣멀은 흥행에 성공한 픽사의 영화들이 전부 다 초기에는 '형편없었다'고 말했다.

심하게 직설적인 평가라는 것은 나도 안다. 내가 굳이 그런 표현을 하며 그 사실을 자주 언급하는 이유는 그보다 약한 표현으로는 우리 영화들이 초기에 얼마나 문제였는지 말할 수 없기 때문이다. 겸손하려고 하는 말이 아니다. 픽사 영화는 처음에 다 별로였다. 우리가 할 일은 '형편없는 상태에서 형편없지 않도록' 만드는 것이었다. 지금 우리가 훌륭하다고 생각하는 모든 영화가 처음에는 끔찍했다는 사실이 좀처럼 이해되지 않는 사람도 많을 것이다. 하지만 생각해보라. 말하는 장난감이 나오는 영화가 식상하고, 감상적이고, 지나친 상품 중심으로 흐르기가 얼마나 쉽겠는가. 그리고 요리하는 쥐가 주인공인 영화라니 〈라따뚜이(Ratatouille)〉가 처음에는 얼마나 비호감이었겠는가. 39분간 대사가 없는 〈월-E(WALL-E)〉에는 얼마나 큰 위험이 따랐겠는가. 하지만 우리는 과감하게 그런 영화를 만들기로 했고, 처음에는 제대로 되지 않았다. 당연히 그럴 수밖에 없다. 창의성은 어딘가에서 시작돼야만 하고, 우리는 솔직한 피드백과 그런 반복적 과정이 꼭 필요하다고 믿는다. 결함 있는 이야기가 모든 주제를 연결해주는 지점을 찾을 때까지 또는 텅 빈 캐릭터가 영혼을 찾을 때까지 계속 작업하는 것이다.

가이드는 사람들이 지나치게 걸려들지 않으면서도 뒤돌아볼 수 있도록 흥미로운 선을 지키면서 대화를 안내해야 한다. 나에게서 위니코트의 '충분히 좋은 엄마'에 대한 개념을 들은 에드 에핑은 자신이 엄마가 아니라 멘토 역할을 하고 있다고 말했다. 그는 학생들이 벼랑 가까이에서 위험을 무릅쓸 수 있도록 해주는 것이 자신의 할 일이라고도 말했다. 실수를 감수할 만큼 안전함이 느껴지는 환경을 만들어 주려고 하는 것이 자신의 '일'이라고 말이다. 그 뜻에 대해 물었을 때 그의 대답은 다음과 같았다.

벼랑에서 이것저것 실험하는 사람을 보면 계단 꼭대기에 있거나 뛰어내리기 직전의 상황과 같다. 누군가의 개입이 필요한 상황일 때 나는 끼어들지 않으려고 한다. 그런 순간에는 계단에서 뛰어내리면 어떻게 될지 함께 생각해보자고 말한다. 실패할지 어떨지 한번 보자고.

이것은 안전한 공간을 만드는 데 있어서 가장 중요한 부분이다. 에드는 사람들이 망설이지 않아도 되는 공간을 마련해주기 위해 열심히 뛰는 관리자였다. 에드와 마찬가지로 창조적 작업의 관리자는 사람들이 타고난 재능을 발휘하도록 해주는 것이다. 포트폴리오의 측면에서 일의 위험하고 실험적인 부분에 집중하면서 사람들이 자유롭게 탐구할 수 있도록 해주고 싶을 것이다. 충분히 좋은 관리자는 안심하고 진정으로 위대한 일을 시도하게 해준다.

다만 사람들의 창조적 투쟁에 지나치게 동질감을 갖지 않도록 유의해야 한다. 관리자는 창조자가 아니라 창조적 과정을 지원해야 하기 때문이다. 불교계의 스승 마티유 리카르(Matthieu Ricard)는 그 딜레마를 '공감 피로(empathy fatigue)'라고 부른다. 독일 막스플랑크연구소(Max Planck Institute)의 소장 타니아 싱어(Tania Singer)와 함께 의사와 간호사들을 연구했는데, 환자의 고통에 직접적으로 동질감을 느끼는 사람일수록 에너지가 더 빨리 소진되고 감정적으로 스트레스를 받는다는 결과를 확인했다. 반면 자애심 있는 사람들, 인간적인 측면에서 환자들과 교감하는 사람들은 활기가 지속됐다.

가이드 역할을 하는 사람은 공감을 많이 한다. 사람들을 거울로 비춰주고, 바라보고, 그들의 입장이 되려고 한다. 하지만 에드 같은 관리자라면 언제 공감을 해야 하는지, 언제 건전하게 자애의 경계를 취해야 하는지 의식적으로 처리한다.

∧∧ 동료와의 관계

관리자의 두 번째 역할은 좀 더 개인적인 의미의 동료다. 상대방과 같은 분야에 몸담고 있는 사람으로서 유머와 배려, 우정으로 공감할 수 있는 사람이다. 안전한 창조적 공간을 마련해주기보다는 그 안에서 함께 자리한다. 내면의 예술적 공간을 공유하며 당신을 바꾸고 당신도 그들을 바꾼다.

1970년 5월 29일, 에바 헤세(Eva Hesse)라는 예술가가 서른네 살의 나이에 뇌종양으로 세상을 떠났다. 친한 친구이자 예술가인 솔 르윗(Sol LeWitt)은 파리에서 3일 후에 있을 전시회를 준비하다가 그 소식을 들었다. 그는 며칠 남지 않은 전시회지만 헤세를 기릴 작품을 만들고 싶었다. 그가 작품 활동을 하면서 직선이 아닌 곡선을 사용한 적은 그때가 처음이었다. 그전까지만 해도 큐브 조각이나 격자무늬의 표면으로 이뤄진 그림을 그리는 등 그의 작품에는 오로지 직선만 사용됐다. 그는 헤세를 위해 만든 〈월 드로잉 #46〉에 대해 이렇게 말했다.

"그녀의 죽음을 듣고 우리 사이의 유대감을 보여줄 수 있는 뭔가를 만들고 싶었다. 그래서 그녀의 작품과 내 작품에서 일부 요소를 따와서 합쳤다. 그녀가 나에게 끼친 영향을 보여주는 작품이라고 할 수 있다."

그 결정은 르윗의 이후 작품 활동에도 영향을 끼쳤다. 그는 직선 아닌 곡선을 90점의 작품에 더 활용했고, 구불구불하고 휘갈긴 듯한 라인이 들어간 드로잉 시리즈를 선보였다. 작품을 만들 때 타인의 영

향을 받아들인다는 것은 어떤 의미일까? 헤세와 르윗은 깊은 우정을
나눈 사이였다. 동료의 일반적인 특징은 서로의 작품에 대한 깊은 애
정과 앎을 토대로 한다는 것이다. 르윗 또한 헤세에게 영향을 끼쳤다.
그는 1965년 4월 14일에 르윗에게 손글씨로 쓴 답장을 보냈다. 당시
남편과 독일에 살고 있던 헤세가 예술가로서의 불안함을 고백하는
편지를 보냈던 것이다. 르윗의 답장은 다음과 같았다.

> 지금 네가 스스로를 괴롭히고 있지만 네 작품은 무척 훌륭해. 나쁜 작품을
> 만들려고 **해봐**. 가능한 최악의 작품을 만들고 어떻게 되나 지켜보는 거지.
> 모든 게 망해가는 상황을 그냥 느긋하게 지켜보는 거야. 세상은 네 책임이
> 아니야. 넌 네 작품만 책임지면 되는 거야. 그러니까 한 번 **해봐**.

　　각 페이지의 끝부분마다 '해봐(DO IT)'라는 말이 대문자로 적혀
있었다. 헤세는 그해 1965년부터 1970년까지 가장 왕성하게 작품 활
동을 했다. 특히 르윗과 헤세가 나눈 동료 우정은 애정과 존중이라는
일반적인 범주에 속하기도 한다. 동료는 이웃이나 형제자매, 대학교
룸메이트 등 다른 사람들과 가까이 있게 되는 상황에서 나누는 광범
위한 우정에 해당한다. 각자가 보유한 강점이나 약점 또는 일반적인
기술은 다르지만 공정함, 정직함, 꼼꼼함, 투명성 등 일에 대한 가치
는 비슷하다는 특징을 가지고 있다.
　　동료는 일터에서 친절을 바탕에 둔 형태로 존재한다. 승진이나 상
여금을 두고 이기는 경쟁을 해야 할 때도 있지만, 대부분 동료는 승자
와 패자가 갈라지는 월드컵 결승전보다는 보트를 끌어올려주는 파도
같을 때가 많다. 상대방의 생각을 파악하고 친절한 분위기를 만드는

방법에는 상사나 클라이언트 앞에서 동료를 칭찬하는 것이 있다. 그러면 동료 또한 칭찬할 수 있는 문화 안에서 당신을 칭찬하고 좋은 기운을 받게 된다. 친절한 분위기를 형성하는 것은 윈스턴 처칠의 주치의로 유명한 모런 경(Lord Moran)이 자주하는 면접 방법과 비슷하다. 모런 경은 배니스터가 다니기 약 10년 전인 1945년까지 세인트메리 병원 의과대학의 학장이었다. 모런 경은 학생들과의 면접에서 대화 도중에 럭비공을 집어 들고 지원자에게 던졌다. 지원자가 공을 잘 받으면 합격이고, 만약 받아서 다시 넘겨주면 장학금을 줬다. 배니스터가 받은 장학금은 그의 이름을 본뜬 것이었다.

꼭 자신이 칭찬받는 게 아니더라도 진심으로 다른 사람을 칭찬한다면 서로가 좋은 기운을 받는다. 그리고 스스로를 칭찬하는 것보다 훨씬 쉬운 일이기도 하다. 동료 관계를 쌓는 또 다른 도구는 이웃의 자세를 갖는 것이다. 내가 어릴 때 부모님이 이웃집에 전화해서 어머니가 여동생을 출산하러 가는 동안 나와 오빠를 돌봐달라고 부탁했던 기억이 난다. 일터에서도 동료에게 도움을 요청하거나 호의를 받아들이는 작은 위험을 무릅써볼 수 있다. 이웃처럼 서로 도움을 주고받는 건전하고 유연한 관계가 장기적으로 이어지는 것은 창조적 프로젝트를 위해서도 꼭 필요한 조건이다.

모든 우정이 그러하듯 동료의 우정에도 정서적 신뢰가 필요하다.

거기에 한 가지 덧붙이자면 정확성도 포함된다. 상대방이 하는 말을 믿을 수 있어야 한다. 상대방에게 말할 때는 신뢰를 줄 수 있게 과도한 과장이나 약속은 하지 말아야 한다. 동료는 보통의 친구와 달리 성과라는 필요조건이 개입되므로 의견차이가 생길 수도 있다. 그럴 때 감정에 치우치지 않고 이성적으로 대화할 수 있다는 것도 동료의 특징이다. 이것이 개인의 삶은 물론 조직 문화에서 얼마나 중요한지 알아야 한다. 내 주변에는 오랫동안 같은 분야에서 동료로서 우정을 지속하는 사람들이 많다.

작가 고어 비달(Gore Vidal)은 "친구가 성공할 때마다 나는 조금씩 죽어간다"라는 유명한 말을 했는데, 난 그 말이 틀렸다고 생각한다. 친구의 성공을 지켜보는 것은 매우 즐거운 일이다. 특히 비슷한 가치관을 가진 친구의 성공은 내가 가진 가치를 찬양하는 일이기도 하다. 특히 진심으로 좋아하는 사람에게 좋은 일이 일어나는 것을 지켜보는 것은 삶의 소소한 기쁨이다. 만약 누군가의 성공에 괴로움을 느낀다면 그 이유를 생각해봐야 한다. 자신이 생각하는 것보다 그 사람을 좋아하지 않는 것일 수도 있고, 스스로 성공이 불안하게 느껴지는 것일 수도 있다. 자신이 초라해지는 이유가 일시적으로 수렁에 빠진 것인지, 아니면 일에 대한 애정이나 노력이 약해졌기 때문인지도 고려해봐야 한다.

존중과 신뢰로 이어진 동료 관계는 픽사의 성공 비결인지도 모른다. 피트 닥터(Pete Docter) 감독은 애니메이션 〈업(Up)〉과 〈몬스터 주식회사(Monsters Inc.)〉로 큰 성공을 거둔 후 〈인사이드 아웃(Inside Out)〉을 작업하고 있었는데 잘 풀리지 않았다. 그런 그에게 〈인크레더블(The Incredibles)〉과 〈라따뚜이〉의 감독 브래드 버드(Brad Bird)가 말했다.

"자네의 예전 작품에 대해서도 내가 말한 적 있지? 자네는 강풍 속에서 3회 연속 뒤로 재주넘기를 하려고 하고 있어. 제대로 착지하지 못했다고 스스로에게 화를 내지만, 사실은 살아남은 것만 해도 놀라운 일이라고 말이야."

피트 닥터의 〈인사이드 아웃〉은 2015년에 개봉되자마자 찬사가 쏟아졌고, 10일 만에 전 세계적으로 약 30억 달러의 흥행 수익을 올렸다. 이 애니메이션은 열한 살짜리 소녀의 머릿속에서 벌어지는 소녀의 감정들이 주요 캐릭터로 등장한다. 영화의 독특한 소재는 버드의 말처럼 강풍 속에서 3회 연속 뒤로 재주넘기를 하려는 것과 다름없었다. 닥터 감독은 연출을 시작하고 약 3년째가 됐을 무렵, 성공에 대한 불안에 휩싸여 버클리를 하염없이 걷고 있었다. 소재는 분명 흥미로웠지만 영화의 중심이 무엇인지 알 수 없어서 괴로웠다. 진도가 잘 나가지 않자 해고당할지도 모른다는 생각까지 하게 됐고, 직장을 잃고 북극에 가서 사는 모습을 상상했다. 집과 연봉은 없어도 되지만 친구들이 없으면 안 될 것 같았다. 그리고 그런 가까운 친구들은 행복뿐만 아니라 슬픔도 함께한 이들임을 알게 됐다. 그 사실을 깨달은 그는 슬픔과 기쁨 캐릭터를 주인공으로 하는 영화를 만들었다. 영화의 중심을 찾은 것이었다.

픽사의 동료들처럼 함께 일하는 사람들과 무조건 절친한 친구가 돼야 한다는 뜻은 아니다. 상대방과의 관계에 신뢰와 애정이 자리할 때 그것을 발전시켜 나가면 창조적 작업에 도움이 된다. 뒤에서 설명하겠지만 그럴 수 없는 환경이라면 가이드 역할과 목표 설정이 큰 도움이 된다.

프로듀서의 필요성

지금까지는 성공보다 과정에 집중하는 순수 예술의 차원에서 이야기를 많이 했다. 하지만 예술의 창조적 과정을 현실 세계의 조직 환경에서 적용하면 아무리 훌륭한 아이디어라도 수익을 올릴 방법이 없다면 필요하지 않다는 일관적이고도 불편한 진리에 맞닥뜨리게 된다. 수익성이 아이디어의 존재를 좌우하기 때문이다.

다시 말해서 조직 내에서 창조적 과정을 관리하려면 일의 흥망성쇠를 모두 살펴봐야 한다. 즉 아이디어의 탐구는 그것을 상업적으로 성공시키는 부수적인 창조적 과정이다. 영화 산업에서 아이디어를 실행시키는 산파 역할을 하는 사람을 '프로듀서(producer)'라고 한다. 어떤 분야에나 프로듀서가 필요한데, 특히 영화 프로듀서는 예술적 비전을 현실 세계에 끼워 맞추는 중개자이므로 관리자의 훌륭한 모델이 된다.

로비 브레너(Robbie Brenner)와 레이첼 윈터(Rachel Winter)가 공동 프로듀서로 참여한 〈달라스 바이어스 클럽(Dallas Buyers Club)〉은 특히 프로듀서의 역할을 잘 보여준다. 브레너가 LA에서 처음 사귄 친구였던 크레이그 보텐(Craig Borten)이 작업 파트너 멜리사 월랙(Melisa Wallack)과 1990년대에 이 영화의 각본을 완성했다. 브레너는 보텐을 영화 감독 마크 포스터(Marc Forster)에게 소개해줬고, 포스터가 유니버설을 위해 판권을 구입하고 브래드 피트(Brad Pitt)를 주인공으로 낙점해놓았다. 그런데 유니버설이 영화를 제작하지 않아서 2009년에 각본이 각본가들에게로 돌아갔다.

브레너는 다시 각본을 매튜 맥커너히(Matthew McConaughey)의 에

이전트에게 줬고, 맥커너히는 각본을 읽고 론 우드루프 역을 맡기로 결정했다. 로데오를 즐기던 남자가 에이즈에 걸린 후 밀수 약물 판매상으로 변신하는 주인공 역할이었다. 이제는 연출을 맡을 감독이 필요했다. 브레너는 친한 동료인 장 마크 발레(Jean-Marc Vallee)에게 제안했고 그가 흔쾌히 수락했다. 그리고 오랜 친구 레이첼 윈터에게 공동 프로듀서를 제안했다.

맥커너히는 에이즈에 걸린 우드루프를 연기하기 위해 극심한 다이어트에 돌입했고, 18킬로그램이나 감량했다. 그런데 문제는 제작비를 마련하지 못해서 당장 촬영에 들어갈 수 없는 상황이었다. 프로듀서들은 맥커너히에게 제작비 마련을 위해 몇 달 동안 촬영을 연기해야 할 것 같다고 말했지만 그는 기다릴 수 있는 상황이 아니었기에 얼른 해결해달라고 부탁했다.

프로듀서들이 차질 없는 촬영을 위해 내린 중대한 결정은 조명에 대한 예산을 완전히 없애는 것이었다. 그래서 영화에는 인공조명이 전혀 들어가지 않았다. 약 100만 달러의 예산을 줄인 덕분에 약 400만 달러로 영화를 만들 수 있었다. 조명이 없어서 촬영의 어려움도 있었지만, 영화의 1980년대 배경에 어울리는 암울하면서도 사실적인 느낌을 극적으로 더해줬다. 이런 각고의 노력 끝에 개봉된 〈달라스 바이어스 클럽〉은 아카데미 시상식에서 6개 부문 후보에 올랐고, 최우수 남우주연상은 물론 다수의 영화 시상식에서 수상하는 쾌거를 이뤘다.

프로듀서에게는 다음과 같은 딜레마가 따른다. 좋은 아이디어가 있다면 그것을 실행하기 위한 돈이 필요하고, 프로젝트를 어떻게 추진할지 구체적인 방법을 찾아야 한다. 금전적인 부분과 창조적인 부분을 계속 교차하며 움직여야 하는 것이다. 예술성을 실현하는 동시에 경제적인 목표도 달성해야만 한다. 시장 경제로 이뤄진 세상에서 프로듀서는 창작물이 만들어지고 연결될 수 있도록 튼튼한 다리 역할을 한다.

그러나 영화 산업에서는 예술성과 상업성을 일치시키기가 어려울 수 있다. 〈시애틀의 잠 못 이루는 밤(Sleepless in Seattle)〉과 〈야행(Adventures in Babysitting)〉의 프로듀서인 린다 옵스트(Lynda Obst)는 더 이상 DVD가 팔리지 않는 디지털 환경이 되자 영화 프로듀서들이 더욱 협소해진 수익성을 두고 경쟁한다고 말했다. 옵스트의 말처럼 전 세계에서 개봉하는 대규모 제작비를 들인 '블록버스터 시리즈'나 예술과 실험성으로 승부하는 인디 영화가 아닌 작품은 갈수록 보기 어려워지고 있다.

어떤 분야든 창의성의 측면과 상업성의 측면을 왔다 갔다 하는 모습을 사분면 매트릭스에 사선을 그려 넣어서 살펴볼 수 있다. 사분면은 연구, 분석, 통합, 실현 활동을 나타내고, 매트릭스의 사선은 프로듀서의 역할을 나타낸다. 연구에서 통합으로 가거나, 분석에서 실행으로 가거나, 모두 아이디어에서 실행으로 옮겨가는 과정이다. 참고로 도표에 나오는 숫자는 디자인 사고의 일곱 가지 단계, 즉 의도 감지, 맥락 읽기, 사람 알기, 통찰의 구조화, 콘셉트 탐구, 해결책 구조화, 아이디어 실행을 나타낸다.

내가 이 도표를 알게 된 것은 시카고 IIT디자인학교의 부학장이자 예술가인 휴 머식(Hugh Musick)을 통해서였다. 그의 동료 비제이 쿠마르(Vijay kumar)가 쓴《디자인 방법 101(101 Design Methods)》에 나오는 도표다. 휴와 비제이가 강의하는 디자인학교는 사회적 운동으

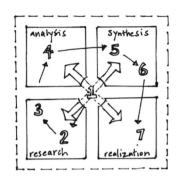

로 1919년에 설립돼 1933년에 폐쇄된 바우하우스(Bauhaus)의 영향
으로 만들어졌다. 바우하우스는 예술과 상업을 종합하는 목적으로
출발한 학교였다. 따라서 학생들에게 프로듀서에 대해 가르칠 때 이
도표를 사용하는 것은 적절해 보인다. 탁월한 아이디어나 근사한 디
자인 오브제가 있는 것만으로는 상업적인 성공에 충분하지 않기 때
문이다. 상업적인 목적이 있는 작품이라면 경제의 토대로 이뤄진 세
상에서 존재하도록 만들 책임이 있다. 도표의 사선을 따라 걸어가며
프로듀서의 일을 해야 한다.

프로듀서의 역할을 잘 보여주는 분야는 영화 외에 제3세계 국
가에서의 '사회적 기업가정신(social entrepreneurship)'이 있다. 제3세
계 국가에서는 재무상의 제약과 불리한 점이 훨씬 더 크다. 아프리
카 케냐에서 조리용 화로(cookstove)를 만든 BURN 매뉴팩처링(BURN
Manufaturing)의 피터 스콧(Peter Scott)과 동료들을 살펴보자.

2015년을 기준으로 보면 케냐 가정의 절반이 나무와 목탄을 이용
하는 전통적인 조리용 화로를 사용한다. 이는 삼림 파괴와 환경오염,
일산화탄소 중독에 따른 사망 문제와도 무관하지 않다. 환경 문제의

심각성이 현실적으로 다가오지 않는다면 이 사실을 고려해보기를 바란다. 세계적으로 해마다 실내 오염으로 사망하는 사람은 말라리아와 결핵, HIV 사망자를 합한 것보다 많은 약 4,300명에 이른다. 케냐 인구의 약 90퍼센트가 전기 없이 생활하고 전통적인 화로를 대체할 만한 것이 없는 실정이다. 무공해 에너지를 사용하는 조리용 화로가 절실하게 필요하지만 현실적으로 가난한 사람들이 이용할 수 있으려면 싼 값에 제작돼야만 한다. 그래서 프로듀서의 역할이 매우 중요하다.

피터 스콧이 조리용 화로를 만들기로 결심한 것은 BURN을 만들기 25년 전이었다. 미국과 독일 정부의 지원 프로젝트를 진행하던 그는 목탄을 사용하는 화로가 삼림을 파괴하고 사람들을 목숨을 앗아간다는 사실에 큰 충격을 받았다. 하지만 숲을 구하고 싶다는 사실을 깨닫고 '세상을 구하는 친환경 소비자 제품'을 만들기까지는 매우 험난한 길이었다. 스콧은 2009년에 열 명으로 이뤄진 BURN을 설립했다. 화로를 개발하는 데 3년이 소요됐고, 약 오십 가지 종류의 디자인을 거쳤다. 2013년 가을에 소량 생산을 시작해서 2014년에는 나이로비(Nairobi) 북쪽에 공장을 세우고 본격적으로 가동시켰다. 2015년에는 사회적 벤처 사업 펀드 아큐멘(Acumen)의 투자를 받았다.

프로듀서는 경제적인 퍼즐과 재정적인 퍼즐이라는 서로 다른 조각을 맞춰야만 한다. BURN의 경우 경제적인 퍼즐은 케냐 사람들이 구입할 수 있도록 저렴한 비용으로 화로를 만드는 것이었다. 그리고 재정적인 퍼즐은 화로 구입에 필요한 자금을 가정에 빌려주는 대출 조건을 만드는 것이었다. 케냐의 가정은 1년에 평균 500달러를 목탄에 구입에 사용했다. BURN의 화로는 그 절반 수준만 필요하므로 1년에 250달러를 절약할 수 있었다. 그러나 대다수의 가정이 그만큼의 현금을 한 번에 마련하기는 불가능했다. 몇 백 달러를 절약해준다고 해도 당장 화로 값 40달러도 마련할 수 없었다. 애초에 은행이나 증권 거래소가 만들어진 이유에 해당하는 문제였다.

그래서 BURN은 성능 좋고 저렴한 화로를 디자인하는 프로듀서의 역할에 융자라는 비즈니스 모델을 포함시켰다. 사람들이 화로를 구입하기 위해 돈을 빌려주고, 오랜 시간을 두고 갚을 수 있도록 했다. 스콧은 앞으로 10년 동안 370만 대의 화로를 만들어 판매하려는 계획을 세우고 있다. 그는 BURN의 화로가 케냐가 목탄 구입에 사용하는 14억 달러를 절약해줄 것으로 내다본다. 또한 일산화탄소 배출량을 2,000톤 이상 줄여줌으로써 실내 오염을 크게 낮추고, 10억 2,500만 그루의 나무를 구해줄 것이다. 이처럼 삶과 가계 예산, 건강, 환경에 미치는 영향이 모두 프로듀서의 일에 좌우된다.

프로듀서의 역할은 일터마다 달라진다. 예술가들이 자유롭게 작품을 만들도록 지원하면서 그들의 작품을 팔아야 하는 갤러리의 경우 프로듀서의 역할은 예술적인 측면에 더 기울어진다. 반면 디자인 관점이 중요하지만 대중을 위한 시장 제품이라면 상업적인 측면에 가까워질 것이다. 상업화는 그 자체로 창의적 과제가 된다. 상품을 개

발하는 일을 가진 사람이라면 프로듀서의 역할을 교대로 맡으면서 프로듀서가 단순히 문제를 지적하는 사람이 아니라 창조적인 업무와 비즈니스 업무 간에 공통된 이해를 발전시키고 유연성을 만드는 사람으로 인식할 수 있을 것이다. 게다가 현실적인 부분에 대한 관점을 잃지 않는 것은 개인이든 조직이든 모든 사람의 일에 포함되므로 좋은 연습이 된다.

또한 프로듀서는 브레인스토밍 회의에서의 리더 역할과 비슷하다. 팀원 중 한 명이나 일부가 리더가 되어 모두가 자유롭게 보상과 리스크가 큰 아이디어를 탐구하고, 아이디어의 실행 가능성을 살펴보는 것이다. 팀원들은 전략적 검토를 통해 비현실적인 예산 계획의 중재자나 프로듀서 역할을 돌아가며 맡아볼 수 있다. 조직 밖에서는 친구나 선배, 가족, 코치 등이 이 역할을 맡을 수도 있다.

프로듀서의 의사결정은 창조적 과정에 '건전한 지배(governance)' 구조를 만들어준다. 그 경로는 너무 이상적이라 실패가 확실한 프로젝트와 위험과 통제가 많아서 앞으로 나아가기가 힘든 프로젝트 사이의 영역을 협상하도록 도와준다. 하지만 프로듀서의 진짜 기술은 지나치게 일찍 평가하고 타협해서 성장을 저해하지 않고 아이디어를 상업화시키는 데 있다. 또한 저작권 제약을 느슨하게 하는 것이다. 프로듀서의 역할을 제대로 수행하려는 의지가 있는 만큼 만약 공을 인정받지 못하면 어떻게 할지 생각해봐야 한다. 아무도 저작권을 주장할 수 없다면 과연 누가 프로젝트를 선택하겠는가?

재미있는 사실이지만 돌아가며 프로듀서 역할을 맡아보면 사람들이 자신의 아이디어로 리드하려는 행동을 멈춘다는 부수적인 이익이 발생한다. 프로듀서는 더 큰 그림을 보려고 하기 때문이다. 또한 프로듀서는 앞에서 소개한 유예 기간과 함께 일한다. 프로듀서가 프로젝트의 마감기한을 적절히 옮기는 덕분에 브레인스토밍 단계가 활발하게 이어질 수 있다.

프로듀서는 B 지점의 가능성을 폭넓게 탐구할 때 가이드의 경청(대화) 도구와 동료의 확고하고 진실한 우정을 활용할 수도 있다. 결과적으로 프로듀서의 과정은 B 지점의 가능성을 만드는 데 큰 도움이 된다.

동료의 역할은 자연적인 현상이지만 시간과 노력에 따라 가꿔나갈 수도 있다. 프로듀서의 역할은 개인의 강점으로 맡을 수도 있고 조직의 일부로 일시적으로 지정될 수도 있다. 두 역할은 조직이라는 구조 안에서 창조적 작업과 개방적 탐구를 위한 공간을 마련하기 어려운 상황에서 더욱 빛을 발한다.

큰 프로젝트를 위한 역할 지정하기

가이드와 동료, 프로듀서가 타인에게서 찾거나 스스로 가꿔나갈 수 있는 역할이라면, 대규모의 복잡한 프로젝트에 필요한 팀을 관리하기 위해서 지정하는 역할들도 있다. 그런 역할들은 스포츠나 컴퓨터 프로그래머들에게서 일반적으로 찾아볼 수 있는 관리 구조다. 노스캐롤라이나대학교 컴퓨터 프로그래밍학과 교수였던 프레더릭 브룩스(Frederick P. Brooks Jr.)는 프로그래머들이 추종하는《신비한 맨-먼스(The Mythical Man-Month)》라는 책을 썼다. 그는 프로그래밍이 예술에 가깝다고 생각했다.

프로그래밍이 왜 재미있는가? 첫째는 무언가를 만든다는 순수한 즐거움 때문이다. 둘째는 타인에게 유용한 것을 만든다는 즐거움이다. 프로그래머는 시인처럼 순수한 생각의 재료에서 약간 떨어져서 일한다. 프로그래머는 상상을 이용해서 공기 중에 공기로 자신의 성을 만든다.

프로그래밍은 예술적인 동시에 이론적인 완벽함을 요구한다. 글자 하나, 코드 하나만 틀려도 절대 안 된다.

"인간은 완벽해지는 것에 익숙하지 않다. 인간 활동의 영역에서 완벽을 요구하는 것은 소수뿐이다."

하지만 프로그래밍 프로젝트가 커질수록 소수가 아닌 팀이 필요해진다. 그냥 완벽함이 아니라 협조하는 완벽함이 필요한 것이다. 한 사람이 전쟁에서 이기거나, 선박을 움직이거나, 종합적인 백과사전을 쓸 수 없는 것처럼 단 한 명이 혁신적인 소프트웨어를 만들어내는 것은 불가능하다. 소프트웨어 개발 과정을 관리하는 도구는 창조적 과정의 조직 관리로 일반화할 수 있다. 그 도구는 '역할 지정'에 좌우된다.

2001년 한 무리의 프로그래머들이 '애자일(Agile)'이라는 작업 방식을 발표했다. 애자일의 구조에서 가장 보편적인 관리 시스템은 '스크럼(Scrum)'이다. 스크럼은 럭비에서 공을 중심으로 에워싸고 서로 어깨로 맞대어 버티는 공격 태세를 가리키는 용어에서 왔다(또한 스크럼은 귀를 바짝 대고 몰려있는 인파를 가리키기도 한다). 1995년에 프로그래머 제프 서덜랜드(Jeff Sutherland)와 켄 슈와버(Ken Schwaber)가 함께 스크럼을 구조화하는 운동을 시작했다.

스크럼은 구체적이고 미리 준비된 제품의 완벽한 결과로 가기 위해서 지정된다. 스크럼의 구조적 지렛대가 제안하는 것은 비교적 짧은 시간 내에 조종하고, 협동하는 방법이다. 약간의 수정을 거친 스크럼 프로젝트는 개방적인 창조 작업에도 적용하기 알맞다.

첫째, 모든 스크럼 과정의 출발점은 '프로젝트 개요(Project Brief)'다. 전통적인 스크럼을 약간 수정해서 프로젝트 개요를 질문으로 만드는 것이다. 등대라고 생각하면 된다. 당신이 프로젝트의 어느 단계에 머물러 있는지에 따라 '만약 ~하면 멋지지 않을까'처럼 광범위한 질문일 수도 있고, '어떻게 하면 상업적으로 실행 가능할까'라는 프로듀서 같은 질문일 수도 있다.

둘째, 당신이 역할을 지정한다. 프로젝트 개요를 지키는 프로젝트 오너(Project Owner)가 있다. 그리고 프로젝트 팀의 팀원들이 있다. 현장에서 뛰는 선수들, 그리고 장애물을 제거하는 역할을 맡는 스크럼 마스터(Scrum Master)가 있다. 프로젝트 오너와 프로젝트 팀을 합쳐서 예술가라고 할 수 있다. 그들은 스튜디오 타임과 단계적 목표를 통해 프로젝트 개요를 탐구한다. 스크럼 마스터는 코치와 비슷하고, 장애물을 찾아 제거하는 가이드 같은 관리자다.

스크럼 프로젝트는 엄격한 시간으로 조직되는데, 대개는 30일 주

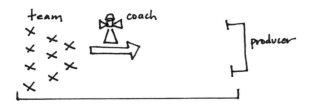

기다. 마찬가지로 이 단계에서는 등대의 질문에 대해 살펴볼 수 있다. 정해진 기간 동안 프로젝트는 단계별 목표와 반복된 습관 덕분에 존재할 수 있다. 일반적으로 스크럼 프로젝트는 '스탠드 업 회의(stand-up meeting)'로 시작한다. 문자 그대로 서서 하는 경우가 많다. 팀원들은 전날 무엇을 했고, 당일은 무엇을 할 것인지, 일에 변수는 없는지 등을 돌아가며 이야기한다. 스크럼 마스터는 이 회의에서 멘토이자 성실한 선수로서 장애물을 밝히고 제거하려고 한다. 프로젝트 오너는 필요한 경우 맨 끝에 서서 이야기한다. 핵심이 되는 등대 또는 프로젝트 개요가 작업과 연관성을 유지하도록 거리를 두기 위함이다. 이렇게 매일의 회의는 15분도 걸리지 않는다.

안아주는 환경 만들기

원래 스크럼 구조는 소프트웨어 제품을 만들기 위해 고안된 과정으로, 팀이 분명한 결과 목표를 가진다는 특징이 있다. B 지점을 만드는 데 활용하는 스크럼에서는 골대가 목표가 아니라 중간지점의 형태를 띤다. 본격적인 상품화에 앞서 성능을 검증하거나 개선하기 위해 시제품을 만들어보는 과정이 될 수 있다. 여기서는 결과를 측정하는 것이 중요하지 않다. 완성이나 성공 여부에 상관없이 팀이 짧은 시간 동안 제약과 마감기한에 맞춰서 독창성을 최대한 발휘할 수 있도록 집중해서 일하는 환경을 만드는 것이 목표다.

그 다음 할 일은 캔버스에서 뒤로 물러나거나 폭신한 안락의자에 앉아서 무엇이 잘됐고 그렇지 않은지 살펴보는 것이다. 중간 점검이

기대와 달라서 실망할 수도 있고 수치심을 느낄 수도 있다. 그러나 팀의 독창성이 뛰어나다면 그런 실패는 곧 매우 고무적인 성공을 가져올 수 있으며, 언제든 다시 시작할 수 있는 탄탄한 받침목이 된다. 라이트 형제는 비행기를 만들기까지 매우 오랜 시간이 걸릴 것이라고 생각했지만, 단 2년 만에 발명한 것처럼 결과나 확실한 해결책을 내놓아야 할 필요성을 제쳐둔다면 훨씬 자유로운 연구가 가능해지고 기대하는 결과가 나올 수 있다.

여기에서 다루는 핵심 구조는 다음과 같다.

- 확실한 역할 지정
- 목표 배치
- 비교적 단기간에 해당하는 '전력 질주' 일정

이것들은 위니코트가 말한 대로 광범위하고 탄탄하게 안아주는 환경을 만든다.

첫째, 장애물 제거 역할을 맡은 코치(또는 스크럼 마스터)로부터 조직적 지원을 받을 수 있다. 코치는 가이드할 뿐 당신을 대신해 일해주지 않는다. 그는 당신이 최대한 방해물 없는 상황에서 스스로 일하는 방식을 찾도록 도와준다. 둘째, 이 단계가 영원하지 않음을 알려주는 시간적 경계선이 있으므로 창조적 과정에 집중할 수 있다. 셋째, 매일 하는 스탠드 업 회의가 설명과 투명성, 상호작용을 가능하게 하므로 평가를 연기할 수 있다.

하버드경영대학원 교수이자 조직적 학습 분야의 선구자였던 크리스 아지리스(Chris Argyris)는 '추론의 사다리(ladder of inferences)'라는 개념을 내놓았는데, 해석의 단계를 거친 단순한 관찰과 방어적인 힘이 조기 결론으로 이어지기가 얼마나 쉬운지를 보여준다. 스탠드업 회의는 결론에 이르려는 욕구를 누르고 개방적인 상태에 계속해서 머무르게 해준다. 누군가의 실수는 코치의 도움으로 제거될 수도 있다.

　창작물들에 대한 소유권 도구와 마찬가지로 역할과 목표를 지정하는 과정은 재산권을 확보하기 위한 조직적 형태라고 할 수 있다. 프로젝트에서 자신의 책임이 무엇이고, 언제 해야 하는지 아는 것처럼 역할의 경계가 분명하면 협동은 더 쉬워진다. 체계적인 시간 구조와 배분을 통해 모두의 에너지를 모으고 성공 확률을 높일 수 있다.

◇◇◇ W.i.P 관리의 3가지 함정

지금까지 설명한 것은 '이상적인' 상황으로, 내적인 동기부여가 타고난 창의성을 발휘할 수 있다는 믿음을 바탕으로 한다. 하지만 가이드하는 사람이나 받는 사람이나 모두 조심해야 할 세 가지 함정이 있다. 자신의 내면은 물론이고 주변 사람도 눈여겨봐야 한다. W.i.P 관리에서 조심해야 할 함정은 과도한 감독과 보고의 위험, 게으름과 집중 방해의 위험, 과거의 성공에 대한 집착이다.

1. 수플레 문제

과도한 감독의 문제는 오븐을 너무 자주 열어 요리를 방해하는 것과 비슷하다. 수플레(거품을 낸 달걀흰자에 재료를 섞어 틀에 넣고 오븐으로 구워 크게 부풀린 요리-옮긴이)를 만들 때 너무 자주 열어서 확인하면 봉긋하게 올라와야 할 수플레가 푹 꺼지게 된다. 멋진 모양으로 성공할 수도 있었는데 지나친 감독으로 실패한 것이다.

물론 일과 생활에 대한 문제라면 제대로 돌아가고 있는지 확인하고 싶은 것이 당연하다. 하지만 창조적 과정에서는 그러한 충동을 이겨내야 한다. 일 자체에 완전히 몰입하려면 불확실함을 받아들여야 한다. 측정이 필요하다면 분명한 목표를 세우고 비평가적인 회의를 마련하는 것이 좋다. 회의에서 칭찬과 비판으로 동기를 부여하지 말고, 진심으로 귀 기울인다는 느낌을 전달해야 한다. 충분히 일할 시간을 주고, 그 다음에 일이 어떻게 되고 있는지 주기적으로 확인한다.

확인하는 방법으로는 '칭찬하지 않는 대화'가 있다. 창작물에 대해 좋거나, 나쁘다는 평가를 하거나 지시하는 말을 해서는 안 된다. 대신 정확한 설명과 친절한 관심이 목표가 돼야 한다. 바라보고, 알아차리고, 수고에 감사하고, 작품이 아닌 사람과 과정을 칭찬해야 한다. 칭찬에 대한 아이들의 반응을 연구한 캐롤 드웩은 성장 마인드세트를 유지하기 위해서는 지능이 아니라 노력을 칭찬하라고 말한다. 현재 자녀 양육 이론에서 큰 부분을 차지하고 있는 내용이다.

당신이 '충분히 좋은' 관리자라면 언제나 상대방에 대한 진실한 감사를 보여주고 싶을 것이다. 상대방이 B 지점을 만드는 거대한 프로젝트로 고전하고 있을 때는 칭찬이 아니라 주의에 집중해서 상대방이 당신을 만족시키거나 확인받으려고 하지 않고, 자신의 감각을 신뢰할 수 있게 해야 한다. 창조적인 작업에서 칭찬은 점수를 부풀린 비평이 될 수 있기 때문이다.

내 개인적인 경험에 비춰 말하자면 사람들은 칭찬을 원하는 것이 아니라 있는 그대로의 모습으로 비춰지고 싶은 것임을 알 수 있다. 미술대학원에 다닐 때 '에이미 휘태커가 6인의 투자 은행가를 초빙하다'라는 제목의 프로젝트를 한 적이 있다. 변호사와 투자 고문, 경제학자들을 초빙하고 예술 작품을 만들어 그룹 전시회에 걸어놓았다. 예술가의 작업실을 찾는다는 사실에 들뜬 사람들도 있지만, 긴장하는 사람들도 있기 마련이다. 내가 깨달은 것은 대부분의 사람이 안전함을 느끼도록 가만히 내버려두기를 원한다는 사실이었다.

마찬가지로 어떤 분야에서든 창의성을 기르려면 자신의 진정성을 담는 것이 중요하다. 그렇지 않으면 칭찬을 찾아나서는 실험실 쥐가 된다. 그렇다면 여기에서 실험적인 질문이 또 하나 나온다. 칭찬 없이 동료와 팀원을 격려해주는 방법은 무엇일까?

칭찬하지 않는 대화와 관련된 또 다른 도구는 마운틴스쿨(Mountain School)의 설립자이자 《사회적 이익 안내서(The Social Profit Handbook)》를 쓴 데이비드 그랜트(David Grant)가 '루브릭(rubric)'이라고 부르는 것을 적어보는 서술 기법이다. 루브릭은 기준이나 모범적인 성과가 어떤 모습일지에 대한 설명을 토대로 하는 '비수량적' 평가다. 칭찬하지 않는 대화와 루브릭은 관찰의 힘으로 헤쳐 나가는 방법을 얻는 데 있어서 결론보다 효과적이다. 그리고 칭찬이 빠지면 현재의 상태에 대해 더 적극적으로 심오하게 이야기해볼 수도 있다. 맛있는 수플레를 만들기 위해 오븐을 열지 말고 살짝 닫아둔다고 생각하면 된다.

2. 작가인 척하는 문제

두 번째 문제는 첫 번째와 정반대다. 지나친 감독으로 인한 실패가 아니라 일을 하지 않으면서도 일하는 척 하기 때문에 실패하는 상황이다. 내 친구 피터는 이상적으로 생각하는 직업이 '작가인 척하는 작가'라는 농담을 자주 했다. 디너파티에서 사람들에게 이야기할 정도로만 적당히 글을 쓰는 것 말이다.

이 문제에는 프로젝트 관리를 위한 역할 지정이 유용하다. 피터에게는 과정에 대한 마감기한이 필요하다. 무슨 일이 있어도 꼭 동료와 작품을 공유해야만 하는 시점 말이다. 마감기한은 결과나 목표와는 다르다. 피터는 비판이 두려워서 일을 제대로 끝내지 않으려고 하는 것일 수도 있다. 심한 수치심을 예상하고 있을지도 모른다. 이것은 평가가 아닌 비판적인 자기의식으로 받아들여 문제를 해결할 수 있다. 피터가 자신의 작품에 대한 책임을 지도록 하는 것이다.

3. 자전거에서 떨어지지 않는 문제

마지막 위험은 지나친 칭찬과 과거의 성공이다. 당신이 일찍부터 성공을 거두었다고 해보자. 이미 고등학생 때 〈뉴요커〉에 에세이를 실었거나, 로즈(영국 국적 이외 학생들에게 옥스퍼드대학교에서 공부할 수 있는 자격이 주어지는 세계적으로 가장 명망 높은 장학금 제도-옮긴이) 장학생으로 선발됐거나, 미술대학을 졸업하기도 전에 대형 갤러리에서 작품을 전시했거나, 〈포브스〉가 선정하는 세계에서 가장 영향력 있는 인물 100인에 선정됐다면 기분이 어떤가? 상상만 해도 기분이 좋은가? 그렇다면 지금 기분을 유지한 채 평생을 살 수 있겠는가?

안타깝게도 현상을 지속하는 것은 불가능하다. 남은 평생을 과거의 평판에서 기운을 얻는 게 아니라 반대로 억눌릴 수 있다. 일적으로 당신은 한 번도 자전거에서 떨어져본 적이 없다. 즉 넘어져도 다시 일어날 수 있다는 사실을 스스로 증명해보인 적이 없다는 이야기다. 지금까지 성공만 거두었기에 회복에 대한 경험이 없고, 앞으로도 잘해야 한다는 압박감을 느낀다. 과거의 성공과 칭찬이 새로운 길을 찾지 못하게 만드는 장애물이 될 수 있다.

이 경우 도움이 되는 방법이 있다. 하나는 가이드와 동료의 도움을 받는 것이다. 그동안 타인의 도움 없이 혼자 잘하는 것처럼 보였기에 주변의 지원이 필요한 것일지도 모른다. 또는 새로운 영역의 활동에 도전하는 것이다. 외국어를 배우거나, 헬스장에 등록하거나, 유튜브 영상을 만들거나, 스케이트보드를 타는 것처럼 처음부터 새로 배우는 경험은 신선한 사고와 함께 회복력을 길러준다.

그리고 진정성 있는 공간에서 일하고 있는지 스스로를 돌아볼 필요가 있다. 리사 유스케이바게도 비슷한 경험을 했다. 그녀는 회화로 석사학위를 받고, 1년 후 뉴욕의 유명 갤러리에서 전시회를 열었다. 전시회에 찬사가 쏟아졌고 작품도 많이 팔렸다. 하지만 전시회 파티로 향하던 그녀는 전시된 작품들이 자신이 정말로 그리고 싶던 것이 아니라는 사실을 깨달았다. 사람들이 좋아할만한 작품을 만든 자신이 사기꾼처럼 느껴졌다. 파티는 무사히 진행됐지만, 사실 생애에서 가장 고통스러운 시간이었다고 말했다. 그 후 그녀는 1년 동안 작품 활동을 쉬었다. 영화를 보고 뉴욕 이곳저곳을 산책하면서 지냈다. 덕분에 그녀는 마음을 바로잡고 진정성 있는 작품으로 돌아갈 준비를 마쳤다. 칭찬을 피하는 것은 비판을 피하는 것만큼이나 자신의 감각을 믿게 해주는 효과적인 도구다.

⌃⌃ 긍정적인 성과 평가

여전히 사회에 성과 평가가 존재한다는 사실은 창작 활동에 큰 어려움을 안겨준다. 그럼에도 경쟁과 비교, 사람과 사건을 분류하는 것은 우리가 세상을 이해하기 위해서 꼭 필요한 일이다. W.i.P 관리 도구와 성과 평가라는 현실을 어떻게 일치시킬 수 있을까?

컨설팅 기업 맥킨지에서 이직해 구글의 최고인사책임자가 된 라즐로 복은 캐피털원(Capital One)의 데이터 분석가 프라사드 세티(Prasad Setty)를 고용했고, 두 사람은 구글의 성과 평가를 철저하게 분석하는 실험을 했다. 박사들로 이뤄진 세티의 팀은 360도 검토 과정으로 수집된 데이터를 이용해 철저하게 분석하며, '옥시젠 프로젝트(Project Oxygen)'라고 이름 붙인 연구를 통해 관리자가 중요하지 않다는 사실을 증명하려고 했다. 옥시젠 프로젝트의 공동 책임자 닐 파텔(Neal Patel)은 "다행히 실패했다"라고 말했다.

구글은 직원 3만 5,000명, 관리자 5,000명, 책임자 1,000명, 부사장 100명이라는 규모에 비해 비교적 평평한 조직이다. 초기 단계에서 구글은 관리자가 전혀 중요하지 않다는 믿음을 증명하려고 했지만 실패했고, 관리자 역할의 중요성을 깨달았다. 이 실험은 1947년 뉴욕 현대 미술관에서도 진행됐는데 역시 실패했다. 미술관은 1929년부터 재임한 전설적인 초대 관장 알프레드 바(Alfred Barr)를 해고했다. 6인으로 이뤄진 집행위원회가 그 자리를 대신하기로 했다. 하지만 계획한대로 잘되지 않았다. 바는 봉사 차원에서 계속 미술관에 남아 절반 수준의 연봉으로 다른 직무를 수행했다. 미술관은 관장의 필요성을 깨닫고 그를 복직시켰다.

옥시젠 프로젝트는 구글의 관리자들이 대부분 잘하고 있으며 직원들의 행복과 생산성에 영향을 미치는 요소가 많다는 사실을 증명했다. 구글은 관리자의 성공을 좌우하는 여덟 가지 특징을 다음과 같이 정의했다.

1. 좋은 코치 역할을 한다.
2. 팀에 권한을 부여하고 미시적 관리(micro-management)를 하지 않는다.
3. 팀원의 성공과 개인적 웰빙에 관심을 표현한다.
4. 생산적이며 목표 지향적이다.
5. 커뮤니케이션을 활용해 경청하고 정보를 공유한다.
6. 경력 개발을 도와준다.
7. 팀을 위한 분명한 비전과 전략이 있다.
8. 팀에 조언을 해줄 수 있는 직무의 기술 능력을 갖췄다.

8번을 제외하고 나머지는 세 가지 범주에 속한다.

• 비전과 목표 설정(4번, 7번)

• 개인을 관찰한다(3번, 6번)

• 팀에 자유로운 작업을 허용한다(1번, 2번, 5번)

이 연구의 커다란 편향은 긍정적이라는 것이다. 구글은 막대한 시간과 자원을 들여서 최고의 인재를 채용한다. 해마다 2,000만 건의 이력서가 구글에 쏟아진다. 다시 말하지만 인재 채용은 벤처 투자자가 스타트업에 투자하는 것과 같다. 새로 채용된 인재는 이식된 기관이 신체의 건강을 좌우하는 것처럼 팀의 건강에 매우 중요하다. 기업이 팀에 가장 긍정적으로 기여할 수 있는 최고의 인재를 채용하고 싶은 것은 당연한 이치다.

관리자가 확실한 직무 기술을 갖춰야 한다는 8번 항목은 전문성의 역할로 되돌아간다. 기술 중심 기업에서 특히 중요한데, 구루보다는 가이드 같은 태도로 전문성을 나눠야 한다.

⌃⌃ 끝내기의 미학

지금까지 창조적 프로젝트 관리에 필요한 도구를 살펴봤지만, 누구나 혼자든 함께든 일을 끝내야만 하는 순간과 마주해야 한다. 테이트 미술관 관장 니콜라스 세로타(Nicholas Serota) 경의 말을 빌리면 일을 끝내야 하는 시간에는 "어두운 방에 갇혀서 차가운 수건을 머리에 두르고 그냥 일만 해야 한다"고 할 수 있다. 충분히 좋은 관리자의 목표는 완벽한 아이디어가 완벽하지 않은 실행으로 이어질 수 있는 위험을 안심하고 무릅쓸 수 있게 해주는 것이다.

누구나 기획안이나 보고서, 행사, 프레젠테이션, 계약 등 중요한 프로젝트를 끝내야만 하는 현실과 맞닥뜨린 순간이 있었을 것이다. 에이미 포엘러(Amy Poehler)는 《예스 플리즈(Yes Please)》를 집필하던 과정을 '드라이버로 냉장고에 낀 성에를 제거하는 것'에 비유했다.

작업을 결승선까지 밀고 나가는 것은 결코 평범한 일이 아니다. 창조적 프로젝트의 절반에 이른 것만 해도 오랜 길을 걸어왔다는 뜻이다. 42.195킬로미터의 마라톤 코스에서 약 37킬로미터 구간에 이른 것과 똑같다. 창조적 프로젝트를 끝내기란 제논의 역설을 거스르는 것이라고 할 수도 있다. 제논의 역설은 아킬레스가 거북이와의 거리를 절반 따라잡으면 거북이 역시 절반만큼 움직이므로 절대 따라잡을 수 없다고 하지만, 어느 시점에 이르면 따라잡는 데 걸리는 시간의 합이 같아지므로 경기에서 거북이를 이길 수는 없어도 따라잡을 수는 있다.

2014년 10월에 앤서니 도어가 〈리얼 심플(Real Simple)〉에 에세이 한 편을 실었다. 작업을 끝내는 방법에 대한 글을 써달라는 요청에 도어는 할로윈 의상과 관련된 어릴 적 이야기를 꺼냈다. 도어는 창의적인 DIY를 강조하는 집안에서 자랐다. 그의 집은 "할로윈 의상을 가게에서 구입하면 게으름을 뜻했고, 심지어 잘못된 교육법이라고 비춰질 수도 있다는 분위기였다"고 말할 정도였다.

그는 일곱 살 때 도서관에서 책을 보고 '기사 갑옷'이라는 의상을 만들기로 했다. 도서관은 그의 어머니가 DIY 작업을 위해 꼭 들르는 곳으로, 서가 옆에는 다양하고 저렴한 재료를 구할 수 있는 드럭스토어(drug store)가 있었다. 기사 의상에 필요한 검정색 카드보드지가 품절이라서 대신 재고가 넉넉한 하얀색 카드보드지를 구입하고, 저녁 내내 검은색 매직으로 색칠했다. 그런데 그해 할로윈에는 비가 내렸다. 집집마다 돌아다니며 사탕을 모은 후에 파티에 참석했을 때 그의 의상은 비에 젖어 보라색으로 변해있었다. 그는 어머니에게 자신의 할로윈 의상이 최악이라고 말했지만, 어머니는 "정말 멋졌어!"라고 했다고 한다.

도어는 비에 젖은 기사 갑옷을 완성된 책에 비유하며 다음과 같이 말했다.

나는 매일 실패한다. 머릿속에 떠오르는 찬란한 꿈을 절대로 정확하고 완전하게 실행할 수가 없다. 컨디션이 아주 좋은 날에도 여러 날의 실수를 대충꿰어 맞춰서 원래 아이디어의 모방으로 조립할 뿐이다. 우리가 만들고 싶은 것과 만들 수 있는 것의 이상하고도 예측 불가능한 차이는 언제나 존재한다. 그 틈새를 받아들이는 것이 중요하다. 퀼트를 하거나, 그림을 그리거나, 심지어 만족스러운 문단 하나를 쓰기 위해서는 형편없는 결과가 나올지도 모르고, 아무도 관심을 보이지 않을 것이며, 텅 빈 숲에서 쓰러진 나무처럼 귀기울이는 이 하나 없을 것이라는 두려움을 받아들여야 한다. 우리가 흠 없이반짝이고, 완벽하고, 모호한 아이디어를 현실의 제단에서 엉망진창으로 만들 것이라는 두려움을 받아들여야 한다.

하퍼 리는 아무리 힘들어도 "두 발을 바닥에 단단히 붙이고 타자기 앞에 앉아 있어야 한다"고 했다. 회의와 보고서, 산더미처럼 쌓인 일정에 집중하라는 뜻이다. 하나를 끝내고 다음으로 넘어가야 한다. 끝에는 반드시 시작이 필요한 법이다. 또한 시작을 하려면 중간에 생기는 일에 대해서도 위험을 무릅써야 한다.

일을 끝낼 때는 완벽함이 목표가 아니다. 처음에 시작한 아이디어보다 나은 아이디어로 만드는 것이 아니라, 처음의 아이디어를 B 지점으로 성장시켜야 한다. 당신이 완성한 작품은 온전하기에 그 자체로 아름다움과 진실성이 있다. 〈달라스 바이어스 클럽〉 영화의 제작비를 충당하지 못해서 인공조명 대신 사용한 자연광이나 대충 베낀수강 신청 덕분에 미술을 배우고 교수가 된 에드 에핑의 새로운 삶처럼 말이다. W.i.P 관리는 조직 안에서 자신의 일은 물론 주변 사람들의 일로 한동안 가시줄에 둘러싸인 것처럼 있다가 한순간 백합 가득

한 들판으로 나갈 수 있게 해야 한다. 미술대학원에서 나를 가르친 데이비드 레버렛(David Leverett) 교수의 표현이다.

당신이 가시줄에서 벗어나 백합 들판으로 나아가는 과정에서 한창 창조적 프로젝트를 진행하고 있는 사람에게 해줄 수 있는 가장 친절한 찬사는 "당신은 미치지 않았어요. 계속 해요"라는 말이다. 그런 다음에 역할과 과정의 목표를 세우고 거기에 필요한 구조를 만들어 나갈 수 있다.

집 짓기

비즈니스를 잘하는 것이야말로 가장
뛰어난 예술 능력이다.

_ 앤디 워홀 (Andy Warhol)

가장 오래 된 기업들은 '○○ 가문'이라는 이름을 지닌다. 로스차일드 (Rothschild) 가문이나 프레이저(Fraser), 프릭(Frick), 부시(Busch) 등이 그렇다. 가족의 성(姓) 아래에 비즈니스가 존재하는 것이다. 이 혈통적 제국들은 똑같은 구조에서 만들어졌다. 20세기 초의 기술 플랫폼이라고 할 수 있는 '비용 구조' 말이다. 자본주의에서 예술은 비즈니스 모델을 바꾸고 새로운 유형을 탄생시켰지만, 핵심 도구는 여전히 동일하다.

프로듀서는 창조적 프로젝트를 시장 구조 안에 맞추는 역할을 했다. 여기에서는 프로듀서 역할에서 한 단계 나아가 창의성으로 시장 자체를 만들어야 한다. 창의성은 '편지 쓰기'와 '봉투 디자인'으로 설명할 수 있다. 편지 쓰기는 그림, 책, 컴퓨터 같은 물체를 만드는 것이다. 곧 살펴보겠지만 안경도 포함된다. 반면 봉투 디자인은 물체가 존재하는 구조를 만드는 일이다. 기업의 비즈니스 모델이나 예술가의 생업 등이 포함된다. 특히 비즈니스 모델을 디자인할 때는 시장 도구를 이용해 재료를 독창적으로 활용해야 한다. 자본주의의 한계와 가능성을 디자인 수단으로 삼는 것이다.

∧∧ 성공을 이끄는
비전의 힘

나는 2010년부터 캘리포니
아예술대학교(California College of the Arts) MBA 과정에서 경제학을
가르쳤다. 한 달에 한 번 토요일 하루에 8시간씩 수업하며 다섯 번의
주말 동안 한 학기를 끝내는 것이었다. 처음 맡은 수업이라 매우 빡빡
했지만 즐거웠다. 학생들은 뉴욕에서부터 비행기를 타고 오기도 했
다. 중간고사 기간을 앞두고 나는 잠깐의 휴식 시간을 가졌다. 그 기
간에 경험한 모든 일이 시험 문제가 됐는데, 친구와 커피를 마시다가
그녀의 여동생이 워비파커(Warby Parker)라는 신생 안경 회사에 취직
했다는 사실을 알게 된 일 또한 포함됐다.

워비파커는 펜실베이니아대학교 와튼스쿨(Wharton School of the
University of Pennsylvania)의 컴퓨터 연구실에서 시작됐다. 어느 날 창업
자 중 한 명인 데이브 길보아(Dave Gilboa)가 같이 MBA를 공부하던 닐
블루멘탈(Neil Blumenthal)과 제프 레이더(Jeff Raider), 앤디 헌트(Andy
Hunt)에게 비행기 포켓에 700달러짜리 안경을 두고 왔다고 말했다.

제프, 앤디와 함께 공동창업자가 되는 닐이 위로를 건네며, 애초
에 안경이 700달러나 할 필요가 없지 않느냐고 말했다. 그 말을 계기
로 예술적 상품과 비즈니스 모델이 합쳐진 독특한 방식으로 운영되
는 기업이 탄생했다.

닐은 경영대학원에 들어가기 전 5년 동안 개발도상국에 안경을
나눠주는 '비전스프링(VisionSpring)'이라는 비영리단체를 운영했었
다. 그때 안경이 만들어지는 전 과정을 지켜봤다.

"우리가 방글라데시에 나눠주는 안경이 한쪽 생산 라인에서 만들

어지고, 바로 옆 라인에서는 세계적인 유명 패션업체들의 안경테가 만들어지는 모습을 봤죠."

같은 공장, 똑같은 생산비로 만들어지는데 데이브의 안경은 왜 그렇게 비쌌던 것일까? 워비파커가 안경 산업에 진출했을 때, 룩소티카(Luxottica)가 시장의 80퍼센트를 점유하고 있었다. 1961년 밀라노에서 만들어진 룩소티카는 공급 라인의 거의 모든 부분을 소유하는 완전한 수직 통합형 구조로 이뤄져 있다. 렌즈크래프터스(LensCrafters), 펄비전(Pearle vision), 시어스옵티컬(Sears Optical), 타깃옵티컬(Target Optical), 선글라스헛(Sunglass Hut) 등을 소유하고 있으며, 레이밴(Ray-Ban), 오클리(Oakley), 프라다(Prada) 등 다수 브랜드의 안경을 제작한다. 프라다 같은 기업이 디자인 라이선스를 보유하는 대신 판매가의 일정 비율을 주는 전략을 사용하며, 소유 지분 개념과 비슷하다. 하지만 대기업이 독점하는 이런 분야는 파괴적인 경쟁자를 위한 가능성이 활짝 열려 있다. 닐은 기존의 안경 산업을 바꾸고 싶은 목표에 대해 이렇게 설명했다.

"사업가의 입장에서는 멋진 산업이지만, 소비자의 입장에서는 그렇지 않다."

워비파커는 편지 쓰기를 넘어 봉투 디자인에 도전하기로 결심하고, 안경 산업의 비즈니스 모델을 새롭게 구축했다. 우선 그들은 자사 브랜드로 직접 안경을 디자인해 라이선스 비용을 아끼기로 했다. 그리고 안경은 안경점에서 판다는 공식을 깨고 온라인에서 팔기 시작했다. 소매업체에 도매가로 팔면 제품 가격이 3~5배가량 올라가기 때문이다.

안경의 온라인 판매는 운영 순서를 변화시켰다. 일반적으로 미국에서 안경을 구입하려면 처방전을 받고 안경점에 가서 안경테를 골라야 한다. 그러면 안경점에서는 처방전에 맞는 렌즈를 넣기 위해 안경테를 업체에 보내고, 안경이 완성되면 다시 안경점으로 배달된다. 워비파커는 이런 복잡한 과정을 생략하고 소비자가 집에서 편하게 안경테를 써볼 수 있게 택배 서비스를 시작했다. 게다가 미국에서는 처방 렌즈의 규제가 주 단위로 다르게 이뤄져서 일부 주에만 집중적인 물류 센터를 갖추고 운영할 수 있었다. 처음에는 주로 미네소타에서 이뤄졌다.

공동 CEO가 된 닐과 데이브는 비즈니스 도구를 이용해 '선의의 힘'을 실현하고 싶은 비전을 가지고, 안경 하나가 팔릴 때마다 또 하나를 기부하는 혁신적인 비용 구조를 개발했다. 그들은 거기에서 그치지 않고 새로운 봉투를 계속해서 디자인했다. 개발도상국가의 사람들에게 안경을 무료로 나눠주면 안경을 파는 사람과 지역 경제가 무너질 수 있기 때문에 직접 안경을 나눠주지 않고, 비영리 단체에 기부해서 현지 여성들이 약정가격에 팔도록 했다. 한마디로 워비파커는 개발도상국의 여성들을 위한 일자리를 창출하고, 단돈 95달러라는 합리적인 비용으로 안경을 구입할 수 있는 시장을 만들었다. 수많은 혁신으로 대기업 독점 시장에 큰 반향을 일으킨 워비파커는 2015년 〈패스트컴퍼니〉가 선정하는 '세계에서 가장 창조적인 기업' 1위를 차지했다.

워비파커의 경우 편지와 봉투가 모두 디자인의 대상이었다. 닐이 비전스프링을 운영할 때 한 마을에서 거의 실명 직전인 남자에게 안경을 전달했는데, 그는 안경이 흉측하다면서 받지 않으려고 했다. 그때 닐은 누구나 디자인을 중요하게 생각한다는 사실을 깨달았다.

워비파커의 도전을 창조적 프로젝트로 해석하면 인간적이고 희망으로 가득했다. 사업을 확장하면서 흥미롭게도 비즈니스 도구 덕분에 자선 목표를 더욱 확실하게 실행할 수 있었다. 닐에 따르면 그들이 처음에 회사를 차렸을 때 공장 노동자들을 위한 탁월한 인권과 근로 조건을 마련하고 싶었지만, 자문을 해줄 사람을 고용할 처지가 못됐다.

"현재 우리는 전 세계에서 가장 엄격한 노동 감사 기업을 고용해 우리 공장의 안전과 근로자 대우에 대한 감사를 실시한다. 처음에는 그럴 수 없었다. 공장을 돌아보며 '좋네, 비상구 표지판도 제대로 돼 있고, 소화기도 보이고' 이렇게 평가하는 식이었다."

현재 워비파커는 부품과 케이스, 안경테 제조, 주 소재인 아세테이트 생산 등 모든 공급 라인을 통합했고, 노동 안전의 역사를 선도하고 있다.

재료의 독창성

워비파커의 비즈니스 궤도는 내가 가장 선호하는 예술가의 특징을 따른다. 바로 '재료의 독창성'이다. 기본 원칙에 집중하면서 재료를 예상치 못한 목적으로 사용하는 능력이다.

미술대학에서는 재료의 독창성이 넘쳐난다. 작품을 만들어야 하는데, 재료를 구입할 돈이 없다면 길에 버려진 주인 없는 물건들이 재료를 대신한다. 회화과 학과장인 브루스는 다소 의기양양한 모습으로 요리를 못하는 예술가는 보지 못했다면서 요리의 독창성을 예술의 영역으로 끌어와 활용하기도 했다. 이처럼 상황에 민첩하게 대처하는 맥가이버 같은 사고방식을 가지려면 다각도에서 재료가 가진 물성과 가능성을 관찰해야 한다.

비즈니스의 측면에서 재료의 독창성은 편지와 봉투 디자인의 토대가 된다. 독창성은 자각에 속한다. 워비파커가 안경 산업에서 '정체된 흑자'가 자리한다는 사실을 깨달은 것처럼 말이다. 그렇다면 독창성은 새로운 비즈니스 모델을 디자인하는 과정이 된다. 덩치 큰 비즈니스 모델을 해체해서 효율성을 끄집어내고, 더욱 유연한 모델을 만들 수 있는 방법을 찾는 것이다. 나아가 지속과 확장이 가능한 목적의식과 공동체 의식을 마련한다.

비즈니스에서 이상적인 재료의 독창성은 '쓰레기로 보물을 만드는 것'이라고 할 수 있다. 동물 먹이를 생산하는 너트린식(Nutrinsic)은 그 점에서 매우 흥미로운 사례다. 공장에서 우리가 소비하는 다양한 형태의 식품을 만들면 물 형태를 띤 폐기물이 많이 나오는데, 식품 회사들은 이를 돈을 들여 처리한다. 너트린식의 창업자들은 그 폐수가 물고기들이 필요로 하는 내용물과 흡사하다는 사실을 발견하고, 폐기물을 회수해 물고기 먹이로 만들었다. 그 다음에는 다른 여러 동물들의 먹이로도 만들었다. 큰 비용을 발생시켰던 지출 영역이 수입원으로, 쓰레기가 보물로 바뀐 것이다. 이러한 재료의 독창성은 다른 혁신적인 비즈니스 모델에 기틀이 된다. 구글과 링크드인 같은 기업들의 기술 플랫폼의 변형처럼 말이다.

예술과 비즈니스를 융합하는 것은 정치적 행위라고 할 수 있다. 그것은 시장이 당신의 창조적인 삶에 어디까지 들어갈 수 있는지 정의하는 행동이다. 이 모든 결합은 내가 '크레용 문제(crayon problem)'라고 부르는 특징을 띤다. 크레용에는 초록색과 파란색이 있고, 또 청록색이나 녹청색도 있다. 색이 더 강한 쪽에 이름을 붙이는 것처럼 초록색이 더 강하거나, 푸른색이 더 강하거나, 항상 한쪽으로 치우치게 돼 있다는 말이다. 마찬가지로 비즈니스는 수익 동기와 순수한 예술성 중 한쪽으로 치우칠 것이다. 정치적인 차원에서는 임무와 시장의 경계를 분명히 하는 데 있다. 또한 개인적인 측면에서는 학교 수학 선생님이 될지, 증권 중개인이 될지 선택할 수 있으며, 조직적인 측면에서는 신의성실의 원칙을 추구할 수도 있고, 정반대로 오로지 돈을 우선으로 재정적인 결정을 내릴 수도 있다. 이 모든 것이 정치적인 질문이다. 결정적인 정답은 없지만 가능성은 늘 존재한다.

∧∧ 생애의 비용 구조

개인이든 조직이든 사회를 말하든 규모에 상관없이 비용 구조는 비즈니스의 구성단위다. 그것은 프리랜서나 성장 중인 회사, 시장 전체의 생애를 다스린다. 변동비와 고정비를 처음으로 구분한 사람은 회계사가 아니라 영국의 도예가 조사이어 웨지우드(Josiah Wedgwood)였다. 그는 1760년대에 고급

도자기를 생산하는 사업으로 큰 성공을 거뒀다. 그가 만든 도자기는 사회적 지위의 상징이 됐고, 런던에 위치한 그의 전시실은 '화병에 대한 폭력적인 광기'로 문전성시를 이뤘다.

1769년에 웨지우드는 사업 확장에 흔히 나타나는 재정적인 문제에 처했다. 자본 투자로 현금이 없는 상태였다. 그는 무엇이 문제인지 장부를 살폈는데, 몰드 제작, 임대료, 임금 지불 같은 가장 큰 비용이 "시계처럼 정확하게 움직이고, 제품의 생산 수량과 상관없이 거의 비슷하다"는 사실을 발견했다.

이 단순한 발견은 생산량에 상관없이 일정하게 발생하는 고정비와 원료와 부품, 수수료 등에 따른 비규칙적인 변동비의 구분으로 이어졌다. 고정비와 변동비를 구분한 덕분에 웨지우드는 동일한 제품을 더 많이 생산할 수 있는 생산 라인에 집중함으로써 이득을 취할 수 있었다. 고정비와 변동비를 연결해 결국 비즈니스 모델의 유형을 파악하게 해준 도구가 바로 '손익분기점'이다. 손익분기점은 고정비가 충당될 만큼 판매해서 적자를 줄이고, 수익을 내기 시작할 수 있는 변곡점을 알려준다. 손익분기점은 고정비와 변동비, 수익, 수량을 연결

해 비즈니스가 지속 가능하게 운영되는 기준이 된다.

손익분기점을 계산하려면 '단위당 공헌(unit contribution)'이라는 수치와 초등학교 수준의 수학 능력만 있으면 된다. 단위당 공헌은 수익과 변동비의 차이로, 제품이 팔릴 때마다 버는 금액이다. 따라서 고정비를 충당할 수 있는 금액이다. 손익분기점을 그림으로 쉽게 생각해볼 수도 있다. 마케팅 서적에서 흔히 볼 수 있는 '원가 조업도 이익(cost volume profit, CVP)'을 단순화했다고 할 수 있겠다.

쉽게 생각해서 당신의 고정비가 벽이라고 해보자. 벽의 높이가 임대료, 간접비 등 생산 단위에 상관없이 무조건 사용하는 비용을 아우르는 총고정비다. 단위당 공헌은 벽돌이라고 생각하고 벽에 쌓는다. 상품은 장식품 스노글로브(snow globe)로, 하나당 10달러에 판다고 해보자. 재료와 포장 같은 직접 변동비가 하나당 5달러라고 가정하면, 단위당 공헌은 10달러에서 5달러를 뺀 5달러가 된다.

고정비가 100달러라면 벽 꼭대기에 도달하기 위해서는 5달러 벽돌이 많이 필요하다. 벽을 다 채우고 나면 그 이상은 모두 수익이 된다. 이 경우 100달러의 고정비를 충당하려면 5달러 벽돌 20개가 필요하다.● 따라서 스노글로브 20개를 팔아야 손익분기점에 도달한다.

● 손익분기점은 총고정비를 단위당 공헌으로 나눈 것과 똑같다. 또는 BE = TFC/(Price−VC)라고 한다.

그 이하는 적자고, 그 이상은 흑자다.

비용과 조업도의 기계적 관계는 비즈니스 모델에 관한 뉴턴식 진리를 보여준다. 고정비는 항상 그 자리에 있는 벽이다. 단위의 용적이 클수록 벽돌이 더 많아질 것이다. 가격이 높을수록 벽돌의 크기가 높아진다. 벽돌의 크기가 높거나 벽돌이 많이 쌓여 있으면 손익분기점에 이를 수 있는 힘이 커진다. 웨지우드는 비용 분석을 통해 1772년에 발생한 막대한 신용 위기의 폭풍을 무사히 헤쳐 나갈 수 있었다.

고정비와 변동비는 비즈니스의 골격에 대해 많은 것을 알려준다. 예를 들어 구글이나 링크드인 같은 인맥 기반의 기업은 거의 전적으로 고정비다. 빼야 할 변동비가 없고, 가격은 단위당 공헌이다. 아마존 같은 기업은 유통 시스템의 고정비가 막대하며, 낮은 마진으로 많은 양의 상품을 판매해서 벽돌의 수량이 어마어마하다.

변동비와 고정비는 약간의 근로 소득이 있는 비영리 단체를 분석하는 데도 도움이 된다. 기부금과 지원금은 하나의 거대한 블록이고, 그 위에 단위당 공헌의 벽돌이 얹혀 있다. 손익분기점은 비즈니스 모델의 건강 상태를 알아보기 위한 도구이며 체온을 재는 것만큼 가장 기본이며 정확하다.

〰 일상이 상상이 된다

비즈니스 모델이라는 집을 더욱 완전하게 지으려면 또 다른 두 가지 비용의 결합조직이 필요하다. 바로 '거래비용'과 '기회비용'이다. 거래비용은 사람과 사건의 거래에 수반되는 비용이다. 탐색, 계약, 감독, 조정, 의뢰, 미체결, 전환

등에 들어가는 비용이 포함될 수 있다. 다시 말하자면 뭔가를 찾고 지켜보고, 이리저리 움직여보고, 새로운 것을 알아내려고 하는 데 드는 '불완전 비용'이다.

거래비용이 불완전 비용이라면 기회비용은 '상상 비용'이다. 기회비용은 어떤 선택으로 잃거나 포기한 기회에서 나타나는 보이지 않는 비용을 뜻한다. 빌 게이츠(Bill Gates)의 기회비용은 하버드를 중퇴하지 않았다면 마이크로소프트를 창업하지 못했을 수도 있다는 것이다. 컴퓨터로 일하는 사람에게 1일 컴퓨터 고장에 따른 기회비용은 하루치 임금이다. 직접 만든 스노글로브를 온라인에서 파는 사람의 기회비용은 스노글로브를 만드는 동안 돈을 벌 수 있는 다른 수단이나 그 시간에 부엌을 사용할 수 있는 다른 용도 등이 포함된다.

이 두 가지 비용은 함께 비즈니스 세계의 빌딩 블록을 이룬다. 요즘 시대의 가장 보편적인 비즈니스 모델 중 하나는 '기술 플랫폼'이다. 기술 플랫폼은 링크드인이나 이베이처럼 변동비가 거의 없이 고정비에 집중된 비즈니스의 성공을 좌우한다.

빈티지 컵받침을 찾기 위해 몇 주 동안 벼룩시장을 돌아다니는 방법과 온라인에서 검색으로 3분 만에 찾을 수 있는 방법의 시간과 수고의 비용을 고려해보면 이베이의 성공 이유를 알 수 있을 것이다. 링크드인은 새로운 인재를 채용할 때 이력서를 직접 받는 대신 데이터베이스를 검색할 수 있게 했다. 이런 비즈니스 모델은 '네트워크 외부성(network externality)'을 가지고 있다. 가족 및 친구를 그룹으로 묶으면 더 싸지는 휴대폰 요금제처럼 참여하는 사람이 많을수록 유리하다는 뜻이다.

이베이는 아마존과 마찬가지로 크리스 앤더슨(Chris Anderson)이

'롱테일(long tail)'이라고 칭하는 비즈니스 모델에 속한다. 경제학 이론은 단 하나의 제품을 대량으로 생산하라고 하지만, 롱테일 비즈니스는 무한할 정도로 다양한 제품을 내놓아 틈새시장의 수익을 올린다. 2004년에 미국의 대형 서점 체인 반스앤노블(Barnes & Noble)이 구비한 책은 평균 13만 종이었다. 같은 시기에 아마존의 매출 절반은 상위 13만 종의 책 이외에서 나왔다. 아마존은 임대료가 비싼 공간에 책을 보관하지 않아도 된다. 또한 책을 쉽게 찾을 수 있는 알고리즘이 있어서 단일 상품에 주력하는 전통적인 비즈니스 모델을 거스르고 다양한 제품을 저가에 판매하는 롱테일 비즈니스 모델을 운영할 수 있다. 컴퓨터 기술이 틈새시장을 쉽게 오갈 수 있게 해준다는 점도 롱테일의 매력을 더해준다.

비용의 조합을 토대로 하는 기술 플랫폼의 또 다른 유형은 '초과생산설비(excess capacity) 플랫폼'이다. 에어비앤비는 로드아일랜드디자인스쿨(Rhode Island School of Design)을 같이 다닌 브라이언 체스키(Brian Chesky)와 조 게비아(Joe Gebbia)가 창업했다. 게비아가 크로니클북스(Chronicle Books)에 취직한 후 두 사람은 샌프란시스코에서 룸메이트로 같이 살기 시작했다. 얼마 후 샌프란시스코에서 디자인 컨퍼런스가 열렸고, 호텔이 꽉 차서 숙소를 찾기 어려웠던 참가자들에게 자신들의 방을 빌려주고 돈을 벌었다.

새로운 사람들을 만나고 도시를 안내했던 경험이 즐거웠던 그들은 친구 네이선 블레차르지크(Nathan Blecharczyk)의 도움으로 웹사이트를 만들어 오스틴에서 열린 사우스 바이 사우스웨스트(South by Southwest) 축제와 덴버에서 열린 민주당 전당대회 때 방을 빌려줄 사람들을 찾으려고 했다. 그들은 숙박할 곳이 필요한 사람과 남는 방이 있는 사람들을 엮어서 초과 생산설비를 발견했다. 처음에는 선의로 둘러싸인 친구와 가족 네트워크에서 발달한 시스템이었다.

에어비앤비와 집카(Zipcar)의 경우 기술이 구매 순서를 바꾸고 분리해서 부분 판매가 쉽도록 해준다. 예를 들어 예전에는 최소 24시간 동안 차를 대여할 수 있었다. 대여점으로 찾아가서 운전면허증을 보여주고 계약서에 서명하고 키를 받았다. 하지만 집카는 처음에 면허증을 보여주고 계약서에 서명하면 이후부터는 컴퓨터가 예약 시스템에 연결된 전자 카드로 언제 어디서든 차를 이용할 수 있게 해준다. 그리고 원하는 시간만큼 합리적인 가격으로 자동차를 빌릴 수 있다. 소비자는 자동차 대여점으로 찾아가는 거래비용이 들지 않고, 기업은 인건비를 아낄 수 있으므로 24시간이라는 블록을 해체하기가 쉬웠다.

개인이든 기업이든 비즈니스 모델의 새로운 패턴을 만들고 싶다면 일상에서 손쉽게 마주하는 모든 비즈니스 모델을 철저하게 관찰하는 것이다. 콘센트나 페인트, 가구 제조업체, 전기, 배관, 배송 업체 등 어떤 곳이든 최소한 10개가 넘는 비즈니스 모델이 합쳐져 있다. 손쉽게 '물건 이름 대기' 놀이를 통해 연습할 수도 있다. 주변에서 눈에 띄는 물건을 하나 대고(고리타분할수록 더 좋다), 그것이 어떻게 만들어지는지 설명하는 것이다. 의자나 사람들이 입은 옷, 콘센트 덮개나 가전제품 등을 선택할 수도 있다. 실제로 상품 디자이너들과 이 놀이를 함께 해보고 테이블에 달린 바퀴의 아연 도금과 일회용 커피 뚜껑의 미묘한 차이에 대해 많은 것을 배웠다. 아주 작고 초라한 것도 무시하면 안 된다.

비즈니스 모델을 디자인하는 또 다른 연습 방법은 비즈니스 모델들을 이리저리 조합해서 살펴보는 것이다. 한 산업 분야의 비즈니스 모델을 다른 분야의 모델과 섞으면 어떤 모습일까? 에너지 관련 기기를 만드는 할리버튼(Halliburton)이 유치원을 운영한다면? 말도 안 될 것 같은 의외성과 상상이 이 놀이의 핵심이다. 자, 다시 질문으로 돌아가서 할리버튼이 유치원을 운영한다면 어떤 장점이 있을까? 나는 세 가지 장점을 찾을 수 있었다.

첫째, 할리버튼에 대한 정보를 찾기 힘들다는 점에서 학생들의 비밀은 연방 정부의 기준에 따라 철저하게 지켜질 것 같다. 둘째, 할리버튼은 4억 9,000만 달러의 마진이 포함된 미국 정부와의 70억 달러짜리 프로젝트의 유일한 입찰자였다. 따라서 그들은 미취학 아동 교육을 위해 정부로부터 자금을 지원받는 능력이 뛰어날 것이다. 셋째, 할리버튼은 회계와 관련된 논란이 일어난 적이 있다. 어릴 때 말썽 부렸던 아이가 부모가 되면 더 엄격하고, 정보에 뛰어난 규율주의자가 된다는 일반적인 사실로 볼 때 그들은 질서 유지에도 남다를 것이다.

이외에도 수많은 답변이 나올 것이다. 내 생각은 비즈니스 모델을 다른 분야와 합치는 것에 대한 이해로만 받아들이면 좋겠다.

이처럼 완전히 다른 비즈니스의 공통점을 찾아보자. 서로 거리가 먼 비즈니스일수록 둘을 연결해주는 고리를 찾아보는 것이다. 그리고 비슷한 비즈니스일수록 차이점을 찾아보려고 해보자. 밖에서 볼 때 분야는 같지만 규모에서 차이가 나거나(유기농 전문 대형 슈퍼마켓과 과일 노점), 동일한 기능을 수행하지만 수단이 다르거나(유나이티드 항공과 피터팬 버스 회사), 기능은 다르지만 비즈니스 모델이 같은(무기 판매와 기저귀 판매) 비즈니스를 찾아보자. 이것은 재료의 독창성을 기르고, 머릿속에 비즈니스 형태에 관한 백과사전을 만드는 훈련이나 마찬가지다.

﹀﹀ 축구에서 배운 비즈니스

비용 구조와 손익분기점 계
산은 비즈니스가 제대로 돌아가고 있는지 확인해준다. 하지만 충분
히 빠른 속도로 잘 운영되고 있는지는 어떻게 알까? 원하는 수익을
달성할 정도로 확장 가능한지, 원하는 투자 수익을 올릴 수 있는지는
어떻게 알까?

다수의 비즈니스 모델의 디자인은 성장을 지향한다. 하지만 성장
은 두 가지 방법으로 발생한다. 하나는 확장을 통해서, 즉 효율성을
통해서 성장한다. 또 하나는 발명을 통해서, 즉 새로운 형태를 실험하
는 예술 과정을 통해서 이뤄진다.

벤처 투자가 피터 틸(Peter Thiel)은 《제로 투 원(Zero to One)》에서
비즈니스가 기술이 아닌 글로벌화에 집착한다고 지적했다. 그는 글
로벌화를 1에서 N으로 가는 과정이라고 정의하는데, 나는 이것을 '확
장'이라고 부른다. 비즈니스는 한 지점에서 여러 지점으로 이동하는
데 탁월하다. 워비파커는 안경을 디자인한 후 더욱 저렴한 가격으로
대량 생산할 수 있다. 그것이 가능한 지점으로 가려면 먼저 0에서 1로
가는 '틀(mold)'을 디자인해야 한다는 뜻이다. 틸은 두 축에서 일어나
는 두 가지 형태의 성장을 아래 그림으로 제시한다.

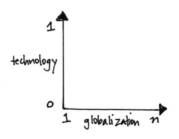

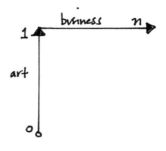

　문제는 한 지점에서 새로운 지점으로 나아가려면 반드시 0에서 1을 거쳐야만 가능하다는 것이다. 바로 위의 그림과 더욱 가까운 모습이다.

　즉 발명은 확장보다 먼저 이뤄진다. 축구는 효율성과 발명이 임무와 하나로 합쳐진다는 사실을 보여주는 흥미로운 은유가 된다. 축구를 할 때 당신의 임무는 정도에 차이는 있지만, 동시에 공격과 수비를 해서 상대 팀의 골을 막고 자기 팀의 골을 넣는 것이다. 비즈니스를 축구장으로 비유한다면 수비의 절반은 효율성이다. 공을 자기 팀 골대에서 가능한 멀리 가져가야 한다. 상대 팀의 득점은 금전적 손실의 발생과 같다. 그리고 자기 팀의 득점은 영리 기업의 경우 돈을 버는 것이고, 비영리 기업의 경우 목표와 비전을 실천하는 것이다. 대부분의 기업과 조직은 두 가지가 합쳐진 의미다. 골대를 향해 공을 움직이는 것은 효율성을 예술성으로 바꾼다. 상대 팀 골대로 곧장 향할 수도 있지만 수비에 막힐 가능성이 크다. 그 순간을 헤쳐 나가서 득점하기 위해서는 독창성이 꼭 필요해진다.

　스포츠 기자 제레 롱먼(Jere Longman)은 바르셀로나의 전설적인 미드필더 리오넬 메시(Lionel Messi)에 대해 이렇게 말했다.

　"오늘날 축구는 크기와 근육, 스피드에 크게 의존하지만, 메시는 효율성뿐만 아니라 창의성을 요구하는 바르셀로나의 스타일을 완벽히 충족했다."

비즈니스는 갈수록 효율성과 독창성을 동시에 생각하는 미드필더의 자세를 요구한다. 워비파커는 기업에서 뛰어난 미드필더다. 수량화 가능한 화폐 가치를 고려하는 동시에 숫자로 계산할 수 없는 삶의 의미와 존엄을 고려해 총체적 결정을 내리기 때문이다. 닐의 말에서도 알 수 있다.

> 우리 회사가 하는 모든 일은 이 지점으로 나아가고, 또 다른 지점으로도 나아간다. 하지만 그것들을 선택하거나 합치려는 시도는 하지 않는다. 비용이 얼마가 들어가든 우리 회사의 인재와 생산성, 열심히 일해서 일을 완수하려는 의지로 보상이 주어지기 때문이다. 그래서 이럴 수도, 저럴 수도 없는 힘든 선택에 놓인 적이 한 번도 없다.

워비파커의 성공은 시장의 도구와 목표를 알면서도, 가치가 중요할 때 그것을 선택했기 때문이다. 그들은 때로 전진을 위해 옆으로 물러나기도 한다. 워비파커는 안경 기부에 따르는 추가 비용 때문에 단위당 공헌이 낮지만, 그래도 그들의 비즈니스 모델은 잘 돌아간다. 오히려 곧바로 골대로 직진하는 것보다 훨씬 효과적일 수 있다. 메시가 경기할 때나, 기업이 전략을 개발할 때 이러한 측면 움직임은 훨씬 더 멋진 경기를 만들어준다.

∧∧ 편지 쓰기와
봉투의 불가분성

워비파커는 편지 쓰기와 봉투를 모두 디자인하지만, 편지와 봉투, 즉 제품과 비즈니스 모델이 더욱 밀접하게 결합돼 있는 경우도 있다. 멀티미디어 디지털 출판 플랫폼 아타비스트(Atavist)의 경우, 이야기와 그 이야기를 들려주는 구조는 불가분의 관계에 있다.

2009년 작가 에반 라틀리프(Evan Ratliff)는 〈와이어드〉에 "배니시(Vanish)"라는 이야기를 발표했다. 그는 자취를 감추고 새로운 신분으로 디지털에 일상 기록을 남길 테니 8월 15일~9월 15일 사이에 자신을 찾아내는 사람에게 상금 5,000달러를 주겠다고 했다. 그중에서 3,000달러는 그가 사비로 지불할 예정이었다. 에반을 찾아내 'fluke'라는 암호를 대고 인증 사진을 찍어야 유효할 수 있었다. 에반은《위대한 개츠비(The Great Gatsby)》에 나오는 이름과 자신의 중간 이름을 합쳐서 만든 '제임스 도널드 가츠(James Donald Gatz)'라는 가짜 신분으로 위장하고 샌프란시스코를 떠났다.

에반은 인터넷 카드로 물건을 구입하고, 낯선 라스베이거스에 사무실을 얻고, 토르(Tor) 네트워크 등 익명성을 보장해주는 인터넷 방법을 공부하는 등 몇 달을 준비했다. 그를 찾으려는 움직임이 게임처럼 인기를 끌었고, 사람들은 그를 찾으려는 쪽과 보호해주려는 쪽으로 마치 대립하는 시민단체처럼 나뉘었다. 중간에 에반은 LA에서 텍사스, 세인트루이스까지 허밋 트러시스(Hermit Thrushes)라는 밴드와 함께 들키지 않고 여행했다. 밴드의 밴을 얻어 타는 대신 기름 값만 내고 '매니저와 후원자' 중간쯤의 역할을 했다.

에반의 이야기는 다양한 사건과 사람들이 연결되면서 하나의 생명체가 됐다. 사실인데도 믿을 수 없는 이야기였다. 이 책에서 결말은 밝히지 않겠다. "배니시"는 수많은 사람들이 참여하며 성공을 거뒀지만, 〈뉴욕타임스〉의 데이비드 카(David Carr)는 "팩스 기계와 같은 길을 가는 심오한 보도 저널리즘"이라고 평가했다.

에반은 숨어 지내는 동안 비디오를 비롯해 여러 형태의 기록을 모았고, 편집자는 그를 찾는 사람들에게 가끔씩 단서로 줬다. 에반은 더 많은 것을 할 수 없다는 사실에 편집자에게 불평했다. 그는 몇 년 동안 새로운 형태의 저널리즘에 대해 생각했고, 2005년에는 비록 실현되지는 못했지만 관련 연구의 보조금을 신청하기도 했다. 에반은 진취적인 〈와이어드〉의 편집자 닉 톰슨(Nick Thompson)과 그의 친구 제퍼슨 라브(Jefferson Rabb)와 맥주를 마시기 위해 만났다가 출판 플랫폼을 만들기로 결심했다.

포트폴리오의 관점에서 볼 때 당시 그들의 삶에는 부가적인 부분이 있었다. 닉은 〈와이어드〉와 〈뉴요커〉의 온라인 편집자로 일했고, 에반은 프리랜서 작가로 글쓰기에 열중했으며, 컴퓨터 엔지니어인 제퍼슨은 댄 브라운(Dan Brown)의 〈다 빈치 코드〉 사이트를 비롯해 작가들을 위한 웹사이트를 만들고 있었다. 그들이 정말 뭔가를 해보기로 결심한 첫 만남은 2009년 10월이었다. 남부 출신의 에반은 그 타이밍이 종교 예식 못지않게 진지하고 중요한 대학 풋볼 시즌이었기 때문에 정확히 기억한다고 말했다. 에반과 닉, 제퍼슨은 무한한 인터넷 공간에 자신들이 좋아하는 긴 형태의 멀티미디어 이야기를 위한 공간을 마련하고, 휴대폰 같은 전자 기기에 전송도 가능한 방법을 찾고자 했다.

그들은 현실적으로 비즈니스를 구상하는 힘든 여건에서도 일주일에 한 번씩 만나 맥주를 마시며 '스토리텔링이 어떻게 디지털과 비즈니스 형태로 존재할 수 있는가' 라는 등대의 질문으로 향해 나아갔다. 처음에는 친구와 출판업자들에게, 그리고 나중에는 투자자들에게 조언을 구했다. 초반에 투자자들은 "이 시대에 출판이라니, 왜 시간 낭비를 하느냐. 일단 돈을 많이 벌어야 원하는 대로 이야기를 출판할 수 있지 않겠느냐"고 비꼬기도 했다. 미식축구 용어로 '펀트(punt, 공을 땅에 닿기 전에 차는 것-옮긴이)'를 하라는 조언이었다.

그러나 그들은 굴하지 않고 아타비스트를 만들었다. 원하는 이야기를 하기 위해서는 이야기가 머물 수 있는 플랫폼을 만들어야 했다. 편지와 봉투를 만든 것이다. 아타비스트는 누구나 이용 가능한 스토리 구축 플랫폼을 제공한다. 마치 메이커스로(Maker's Row)나 바이코(Byco) 같은 기업들이 패션 디자이너들과 모든 분야의 생산자들에게 시제품을 만들어줄 공장을 쉽게 찾을 수 있도록 해주는 것이나, 본드 스트리트(Bond Street)와 업스타트(Upstart)가 기업들의 자본 접근을 용이하게 해주는 것과 비슷하다.

비즈니스 전략의 관점으로 보면 스토리텔링이라는 프로그램은 플랫폼을 지원하기 위한 마케팅 비용처럼 보인다. 마케팅 비용이 분리 가능하다는 점만 빼고 말이다. 확장 가능한 기술 플랫폼과 유기적이고 비상업적인 스토리텔링이라는 비즈니스가 합쳐서 전체를 이루고 있다. 아타비스트의 비즈니스 모델에서 콘텐츠와 구조는 인테리어와 집처럼 불가분의 관계다. 닉과 에반, 제퍼슨은 그런 비즈니스의 일부가 됐다.

비즈니스 모델은 디자인 가능성 측면에서 더욱 유연해지고 있다.

첨단 기술 덕분에 더 쉽고 광범위한 차원으로의 진입이 쉬워졌다. 기업과 산업 내의 혁신적인 봉투 디자인은 시장이라는 거대한 벽화 속으로 합쳐진다. 모든 조직이 짓는 집은 저마다 구조와 철학 면에서 독특하고 혁신적이지만, 여전히 시장이라는 큰 토대 안에서 존재한다. 집을 짓는 것만으로 충분하지 않을 때도 있다. 그럴 때는 토대 자체를 고려할 필요가 있다.

〰️ 자본주의의 한계를 가능성으로

비용 구조와 수익 모델이 디자인 형태라면, 비즈니스 자체의 수단에 내재하는 한계와 가능성은 무엇일까? "민주주의는 최악의 정부 형태다. 단 지금까지 시도된 다른 모든 정부 형태를 제외하고 말이다"라는 윈스턴 처칠의 말은 자본주의에도 해당한다. 기업에서 일하는 예술가는 다음과 같은 자본주의의 한계를 이해해야만 디자인에 변화를 추구할 수 있다.

1. 상상력 부족의 문제

미래를 예측할 수 있는 사람은 없다. 대부분의 헤지펀드 계약조항에는 "이전 성과가 미래의 결과를 나타내지 않는다"는 내용의 문장이 들어간다. 하지만 미래를 예측할 수 없는 데도 그에 따른 리스크를 관리할 수 있다고 생각하는 사람들이 있다. 나심 니콜라스 탈레브(Nassim Nicholas Taleb)는 그 문제를 '블랙 스완(black swan)'이라고 부른다. 블랙 스완은 주식 시장 붕괴처럼 일반적인 논리를 깨는 드문 사건을 말한다. 정상 곡선의 가느다란 꼬리 부분에서 그런 사건이 일어날 가능성은 0.0003퍼센트 정도밖에 되지 않는다. 문제는 정말로 그런 사건이 일어나면 새로운 B 지점이 열리고, 기존의 비즈니스 모델 전체가 더 이상 적용되지 않는다는 것이다. 2008년 시장 위기가 그랬다. 과감하게 도전하는 위험 감수자를 뜻하는 '리스크 테이커(risk taker)'조차 블랙 스완 같은 일을 상상하지 못했다. 그 문제는 B 지점에서 우리 모두와 불가분의 관계에 놓여 있었고, 모두가 뒤처리를 해야만 했다.

2. 이익 집중의 문제

2008년 세계 금융 위기를 비롯해 구조적인 불균형이 자주 발생했다. 한쪽에서 비용을 분산하면 누군가가 집중적인 이익을 얻는 것이었다. 금융구제 프로그램(Troubled Asset Relief Program, TARP)이 처음에 7,000억 달러를 투입하기로 했을 때, 미국의 인구는 약 3억 명이었으므로 1인 당 약 2,300달러를 지원받는 셈이었다. 충분한 금액은 아니었지만 구제를 받는 기업의 입장에서는 생사를 좌우하는 문제였다. 그들의 이익은 집중적이고 ,우리의 비용은 분산됐다.

엘리베이터나 지하철 문을 향해 뛰어들어 잠시 출발이 지연될 때 안에 타고 있는 사람들에게는 몇 초라는 시간을 비용으로 발생시키지만, 밖에서 다음 문이 열리기를 기다려야 하는 사람들에게는 5분을 절약할 수 있다. 즉 사람들의 비용 분산으로 우리는 집중 이익을 얻는다. 하지만 한 명이 5분을 절약할 때마다 몇 초를 잃는 수백 명의 시간을 합치면 5분이 넘는다. 부분의 손해가 확산된다.

비즈니스에는 이러한 비균형적인 '비용–편익(cost-benefit)'이라는 구조적 문제가 만연하다. 이러한 문제의 다수가 인류 공동 자산, 즉 '글로벌 공유재(global commons)'와 같은 특징을 띤다. 영국은 작은 마을에 사는 사람이 도시의 녹지에 양을 방목하고 싶은 유혹을 느낄 수 있다. 하지만 그렇게 한다면 도시의 녹지는 전부 바닥날 것이다. 환경 오염도 이런 식으로 일어난다. 귀찮아서 쓰레기를 무단 투기하고 싶은 유혹이 들 수도 있다. 사과를 먹고 남은 쓰레기를 버려도 큰일이 생기지 않는다고 생각하는 사람들도 많다. 만약 너도나도 그렇게 행동한다면 거리는 순식간에 쓰레기통으로 역할을 바꾸게 될 것이다.

비용 분산과 이익 집중의 또 다른 문제는 '지역적인 구조'다. 1970년 대의 유명한 자동차 범퍼 스티커 중에는 미국 정부를 향해 "빵 바자회를 열어 폭격기를 사라"고 하는 내용이 있었다. 학교의 일반적인 기금 모금 방식을 인용한 것이었다. 폭격기와 은행의 보너스처럼 국방비나 거래 수수료 같은 막대한 금액을 다수의 소량에서 끌어다가 자금을 조달하는 것들이 있다. 그런가 하면 교사의 월급이나 빵 바자회처럼 처음부터 끝까지 모든 자금을 조달해야 하는 경우도 있다.

이것은 은행가와 교사의 월급이 얼마가 돼야 적당한가라는 도덕적인 질문이 아니라, 어째서 교사보다 은행가의 월급을 마련하기가 더 쉬운가라는 구조적인 질문이다. 은행가의 월급은 막대한 금액의 일부일 뿐이다. 반면 빵 바자회를 여는 교사들의 월급은 1달러씩 모아 나가야 한다. 기술 플랫폼이 비용 분산과 크라우드펀딩을 쉽게 만들어주고 있지만, 구조적 불균형을 초래한다.

3. 외부효과의 문제

경제 이론의 핵심은 유토피아적이다. 우리가 희귀 자원을 가장 효과적으로 사용할 수 있도록 시장이 행동을 조정할 수 있다는 믿음이 존재한다. 경제 이론에 따르면 가장 비싼 것이 가장 큰 가치가 있다. 하지만 시장은 모든 것의 가치를 가격으로 포함시키지 않는다. 긍정적이든 부정적이든 시장 바깥에 존재하는 가치를 '외부효과(externalities)'라고 한다. 경제 시스템이 계산하지 못하는 누출된 부분이다.

비즈니스의 비용 구조에서 당신의 시간은 외부효과다. 미국의 종합 미디어 그룹 타임워너(timewarner)가 당신의 케이블 설치를 늦게 해줄 때, 당신의 시간 비용은 타임워너의 비용 구조와 전혀 관련이 없다. 타임워너는 설치 기사에게 돈을 지불하기 때문에 설치 기사가 적을수록, 이를테면 10명이 아니라 그 이하일수록 타임워너의 입장에서는 비용을 아끼고, 기사가 늦을 가능성이 커진다. 즉 타임워너는 당신의 소중한 시간을 비용 삼아 돈을 절약하는 것이다.

당신의 비용은 비교적 분산적이고, 기업의 이익은 비교적 집중적이다. 마찬가지로 당신이 건강 보험 회사에 네 번째로 전화를 거는 시간에도 아무도 보상해주지 않는다. 보험 회사도 마찬가지로 느긋하게 물 위에 둥둥 떠서 이익을 취한다. 연락이 늦어지는 동안 당신의

2
4
4

이자 발생 계정으로 이익을 얻는 것이다.

　나는 마법의 지팡이가 생기면 가장 먼저 세계 평화를 빌고, 기업들의 일 처리가 늦을 때나 기업의 실수로 다시 연락해야 할 때마다 드는 사람들의 시간 비용에 대한 최소한의 대가를 지불하는 세상을 만들고 싶다는 생각을 자주 한다. 외부효과에도 가격을 매기는 것이다. 거기에 더해 종이 낭비, 환경 쓰레기 같은 외부효과에 가격을 매겨서 정크 메일(junk mail)에 더 높은 요금을 부과시킨다면 현대 사회에서 살아가는 개인의 삶의 질에 엄청난 변화가 나타날 것이다.

　공해나 환경오염에서 예술가의 창작까지 모든 것에 재산권을 부여하면 비교적 공평한 비용 계산에 도움이 되는데도 그런 일이 충분히 이뤄지지 않고 있다. 계산되지 않는 비용은 현재 설계상의 문제를 나타낸다. 무엇보다 가격이 가치와 동등하지 않으면 경제가 제대로 돌아가지 않는다는 것이 더 큰 문제다.

4. 정치적 문제

이 진술이 틀렸음을 증명해보라.

　'모든 사회적 문제는 교육이나 선거자금 개혁으로 해결할 수 있다.'

　특별 이익 단체와 정보가 부족한 유권자라는 문제는 우리가 안고 있는 가장 큰 정치적 문제다. 정치가들이 유권자의 환심을 사기 위해 지역구에 여러 혜택을 끌어들이려고 수천 페이지 분량의 입법안을 내놓으며 내분을 벌이고 있으니 유권자들은 제대로 된 정보가 부족할 수밖에 없다. 금융 서비스 산업의 법률을 제정하거나 규제하는 사람들은 그 분야를 제대로 이해하지 못한다. 당사자인 유권자들이 더 잘 이해할 수 있다.

의사결정에 대한 갈등이 일으키는 문제도 있다. 이를테면 피고인 변호사나 의료사고 관련법, 건강보험회사, 건강보험 개혁 등이다. 적어도 선거자금 개혁의 부재는 우리를 토론에 굶주리게 만든다. 자금 제공자와 로비스트들은 저녁식사에서 대화를 장악하는 허풍쟁이와 똑같아진다.

우리는 스스로 배워야 할 책임이 있지만, 이런저런 일로 바쁘기 마련이다. 역시나 정치 시스템에 대한 이해는 개인에게 이익 분산이고, 개인이 그럴 시간을 내는 것은 비용 분산이다. 우리가 어떻게 해서든 그럴 시간을 내면 시스템 전체에 집중 이익이 발생하고, 그럴 시간을 내지 않는다면 집중 손실이 발생한다.

세상에는 정보가 너무도 많아서 전부를 다 알 수가 없다. 나는 개인적으로 타이레놀의 화학적 메커니즘과 비트코인의 암호화된 수학에 대해 알고 싶다. 선거 과정과 타이어 교체하는 방법도 제대로 배우고 싶다. 살아있는 동안 다 할 수 있을지도 모르겠지만 누구나 마찬가지로 적어도 시도는 해봐야 할 책임이 있다.

5. 인간적 문제

지금은 보기가 힘들지만 학생들이 눈 속에서 부츠도 없이 산을 넘어 학교에 걸어갔던 어려웠던 시절이나, 공적인 인물이 정부를 두었지만 굳이 지저분한 속사정까지 알 필요가 없었던 옛 사건을 쉽게 떠올릴 수 있을 것이다. 또한 배니스터나 '가장 위대한 세대'들의 존엄성과 용기라는 가치가 구식이 되고 약해졌다는 사실도 쉽게 알 수 있다. 기술과 기업이 시대를 장악할수록 사람들은 자신의 결정에 대한 책임감을 잘 느끼지 못한다.

컴퓨터와 종이의 이상한 공존은 거대한 경제 산업 단지와 인간
적 특징에도 해당된다. 컴퓨터는 종이의 역할과 필요성을 대체할 수
있다. 컴퓨터 화면으로 더 많이 더 빠르게 읽을 수 있기 때문이다. 하
지만 우리는 컴퓨터 사용이 늘어날수록 인쇄를 더 많이 하고 있다.
마찬가지로 기업의 인프라와 기술은 인간의 오류를 자동화 시스템
과 의사결정으로 대체하려는 의도였다. 하지만 알고리즘 트레이딩
(algorithmic trading)에서 컴퓨터로 운항하는 비행기까지 자동화 시스
템이 늘어날수록 그것을 헤쳐 나가기 위해 인간이 더 필요해진다.

6. 공통 위험의 문제

마이클 폴란(Michael Pollan)은 《잡식 동물의 딜레마(The Omnivore's
Dilemma)》에서 우리에게 슈퍼마켓의 둘레, 즉 육류와 신선제품이 있
는 곳에서만 물건을 구입하라고 제안했다. 그 외 나머지 식품은 옥수
수 시럽과 기타 옥수수 부산물로 만들어진다고 설명했다. 금융에서
도 같은 일이 벌어진다. 서로 관련 없는 일련의 거래들이 갑자기 하나
의 공통 위험 요인으로 엮일 수 있다. 전체 금융 시스템은 전부 옥수
수로 이뤄져 있어서 모든 것이 한 군데로 몰릴 수 있는 일반적인 위험
이 자리한다.

예를 들어 월스트리트의 거래자는 미국 달러와 일본 엔화의 환율
과 상대적 금리를 살피면서 '차입 거래(carry trade)'의 기회를 노린다.
저금리로 엔화를 빌린 다음 달러로 바꿔서 수익이 더 높은 외화를 구
입한다. 문제는 모두가 그렇게 하면 미국 채권 시장이 엔화로 이뤄지
게 된다는 것이다. 이 문제는 정보가 가진 특정한 경제적 특징에 초점
이 향하므로 바로잡기가 쉽지 않다. 투자 전략은 제로섬인 경우가 많

다. 축구나 미식축구의 경기처럼 오로지 한 팀만 이길 수 있다(한 팀이 1승, 한 팀이 1패를 기록하므로 합계가 0이다). 기회는 윈윈(win-win)이 아니므로 거래자들은 좋은 아이디어를 비밀로 하고 싶어 한다. 1승을 원하기 때문이다. 달리 말하자면 모든 거래자가 서로 모르는 사이에 똑같은 행동을 하고 있다는 뜻이다.

이 정보를 규제 담당자 등과 공유하는 것도 곤란한 일이다. 정보는 한 번 알려지면 더 이상 알려지지 않은 상태가 될 수 없기 때문이다. 나에게 비밀 레시피가 있다고 해도 그것을 사람들에게 알려주지 않는 이상 나는 그 가치를 알 수 없다. 하지만 사람들에게 알려줬고, 그들이 기억한다면 과연 돈을 내고 그 정보를 알려고 들겠는가? 모든 정보의 '경제 수명(economic life)'은 관리를 어렵게 만든다. 이러한 한계는 단순히 돈이 더 많거나 적은 것과는 다르다. 개인적으로 감수한 위험이 갑자기 집단적인 위험이 돼버리는 문제다.

7. 자본주의의 만연성 문제

마지막 문제는 자본주의가 어디에나 있다는 것이다. 시스템에 중대한 변화를 실행하는 것은 심각하고도 알 수 없는 일이다. 현대 사회의 '수압균열법(fracking)'이라고도 할 수 있는데, 성공할지 어떨지 아직 알 수 없기 때문이다. 따라서 사람들이 시장 경제를 이해하지 못하는 것은 이 시대의 가장 큰 정치적 난제라고 할 수 있다.

시장 실패와 비즈니스 전략은 동전의 양면이다. 제대로만 활용한다면 더 많은 가치를 추출할 수 있는 방법을 제시한다. 시장 실패가 주는 이익은 스스로 깨우친 '자기 이익(self-interest)'이 발동되는 형태로 나타난다. 이것과 관련해 두 가지 정치적 질문을 하겠다. 당신이 떠올릴 수 있는 가장 강력하고도 결정적인 정치적 질문일 것이다.

첫 번째, 당신의 자기 이익을 얼마나 좁게 또는 넓게 정의하는가? 공교육은 당신의 관심사인가? 아니면 좀 더 좁은 의미에서 물건을 만들고 부를 축적하고 싶은가? 누구나 교육을 받을 수 있는 사회에서 살고 싶은 바람은 자기 이익인가, 각자의 능력으로 기여해 부자가 되는 것은 우리의 공통 관심사인가?

정답은 없다. 하지만 이러한 개인적인 정치관은 비즈니스가 하나의 시스템으로써 어떻게 기능해야 하고, 그 안에서 사람들이 어떻게 행동해야 하는지에 대한 변수를 설정해줄 것이다.

두 번째, 당신은 이론이나 실제에 얼마나 관심을 기울이는가? 예를 들어 형편없이 운영되거나 지나치게 덩치가 큰 관료주의가 만연한 정부 기관이 있다는 사실에 많은 사람이 동의할 것이다. 당신은 실제의 결함을 알아차린 후에 불완전함을 수용하는가, 아니면 정부가 사람들에게 안전망을 제공하지 않으면서도 이론적으로 완벽하기를 바라는가?

이 문제의 답은 당신의 투표를 결정할 뿐만 아니라 조직적 문제 해결에 어떻게 접근해야 하는지에 대해서도 많은 것을 알려준다. 불완전하게 시행되는 원리로 리드할 것인지, 완벽하게 준수되어야 하는 법칙으로 리드할 것인지에 대한 질문이다.

조직은 물론 사회를 포함해 모든 창조적 프로젝트는 대부분 처음에는 이상적인 형태로 보인다는 것이 현실이다. 적어도 작은 규모의 다양한 그림 프로젝트를 해본 내 경험상으로는 그렇다. 하지만 일을 시작하고 중간에 이르면 처음에 상상했던 것과 전혀 닮아있지 않다.

하지만 그 시점 이후가 중요하다. 사회와 가족, 일터 등 우리가 살아가는 세상은 이미 절반 정도만 완성된 그림과 마찬가지다. 캔버스가 텅 빈 경우는 거의 드물다. 이미 가진 것을 토대로 희망하는 것을 쌓으려는 때가 대부분이다. 무(無)가 아니라 우리가 살아가는 A 지점에서부터 B 지점을 만들려고 한다. 따라서 누구나 완벽에 미치지 못하는 것과 씨름해야만 한다. 완벽함의 목표는 기껏해야 온전한 전체로 향하는 궤도를 그려줄 뿐이라는 사실을 받아들여야 한다. 창작물은 절대적 완벽함이 가능한 진공 상태에서 존재하지 않는다. 우리가 사용하는 재료에 따른 제약이나 주변 사람들과의 상호작용을 통해 형태가 서서히 갖춰진다.

⋀⋀ 경제가 해줄 수 없는 것을 요구하지 마라

지금까지 떠올린 거대한 질문에 대한 유일한 정답은 자신의 생각을 알고, 다른 사람들과 토론해보는 것이다. TV와 인터넷의 메시지를 끌어내고 개방적인 주제에 대해 아날로그 방식의 대화를 나누는 것이다. 다시 말하자면 자본주의에는 민주주의의 도구가 필요하고, 정보를 갖춘 유권자가 필요하다. 예술은 주체적 사고의 대표적인 요소이며 주체적 사고는 민주주의를 움직이는 가장 강력한 수단이다. 당신이 어떻게 생각하는지는 중요하지 않다. 그저 생각한다는 것, 계속 생각할 것이라는 그 사실 자체가 중요하다.

자본주의의 디자인 제약은 있는 그대로의 상태다. 마찬가지로 유화가 마르려면 시간이 오래 걸리고 얼음 조각가는 얼음이 녹지 않도록 열기와 싸워야 한다. 디자인에는 이러한 한계가 고려돼야 한다. 당신이 사용하는 재료의 자연스러운 성질이기 때문이다.

비즈니스가 구속적인 법률 시스템이 아니라 창조적인 빌딩 블록의 기능을 수행하려면 효율적인 자동 시스템도 좋지만, 유연성과 혁신이 가능한 인간적이고 오류가 있는 시스템이어야 한다. 존 F. 케네디(John F. Kennedy) 대통령은 이렇게 말했다.

"경제가 당신을 위해 무엇을 해줄 수 있는지 묻지 말고, 당신이 경제를 위해 무엇을 해줄 수 있는지를 생각해야 한다."

더 많은 사람이 비즈니스를 이해하고, 그 안에서 혼자 또는 같이 무언가를 만들 수 있다면 무엇이 가능하고 어떻게 변화될지를 상상해보라.

나는 예술가들에게 비즈니스를 가르칠 때 그 출발점으로 '잠망경 움직임'이라는 것을 추천한다. 자신의 프로젝트를 보고 목표를 겨냥한다. 잘되고 있지 않은 부분을 파악하고 긴 통 모양으로 된 잠망경을 올려서 동일한 문제를 안고 있는 사람들을 찾는다. 트레이드스쿨(Trade School)이라는 물물교환 경제학교를 공동 설립한 예술가이자

내 친구이기도 한 캐롤라인 울라드(Caroline Woolard)는 급진적인 교육 프로젝트를 시작한 예술가들을 한 자리에 소집했다. 쉬운 일 같이 들릴 수도 있지만, 평소 자신의 일에만 바쁘게 집중하는 예술가들이라는 점에서 매우 혁신적인 발걸음이었다.

나는 예술가들에게 작품을 파는 방법과 갤러리와 연결되는 방법에 대한 질문을 자주 받는다. 돈을 벌고 지원을 받는 법이라는 보편적인 질문이 예술 분야에 맞게 변형된 것이라고 할 수 있다. 갤러리와 함께하는 것은 반복 가능한 길이 따르는 목표가 아니다. 예술 세계에서 성공의 사다리를 올라가는 것은 할리우드에서 성공하는 것만큼이나 특이한 과정이다. 하지만 예술가가 잠망경 움직임을 활용한다면 자신과 똑같은 상황에 놓인 다른 예술가들을 찾을 수 있을 것이다. 그중에는 자신이 존경하는 예술가가 있을 수도 있다. 또한 다른 예술가들과 함께 전시회를 연다면 더 큰 시너지를 만들어서 모두에게 도움이 될 것이다. 실제로 엄청난 성공을 거둔 영국의 예술가 데미언 허스트(Damien Hirst)는 처음 예술계에 입문할 때 친구들과 함께 공동 전시회를 열었다. 만약 공동 전시회를 참가하지 않았다면 세계적인 미술품 수집가 찰스 사치(Charles Saatchi)가 전시회를 방문해 파트너가 되는 일도 없었을 것이다.

기업의 경우에도 마찬가지로 제조업체와 축산업자들이 힘을 합쳐 시장을 만들고 함께 성공을 거둘 수 있다. 우유 이사회(The Milk Board)는 사람들에게 우유를 마시라고 장려하는 광고를 만든다. 각 지역의 유제품 회사를 통해 일반적으로 구입하면 되는 우유다. 힘을 모은 덕분에 성공 가능성이 커져서 각 구성원의 점유율도 올라가지만 지역 시장이므로 구원성들이 서로 직접 경쟁하지는 않는다.

잠망경 움직임은 집단행동이 필요한 곳 어디에나 효과적이다. 일과 삶의 균형, 전체적인 저임금, 모든 특정 상황이 다 해당된다. 혼자일 때보다 훨씬 효과적인 모델을 함께 만들어낼 수 있다.

결국 모든 비즈니스의 디자인 원리는 가격과 가치를 동일하게 만들려는 구조적인 시도로 귀결된다. 물론 자신이 원하는 대로 광범위하게 가치를 정의할 수 있어야 한다. 앞에서 살펴본 것처럼 미리 가치를 알 수 없기 때문에 창조 작업에서는 특히 쉽지 않은 일이다. 따라서 가치 창조 자체에 집중하고, 가능한 범위 내에서 리스크를 관리할 수 있는 구조를 디자인한다면 당신이 지은 집은 번영한 대도시로 이어질 수 있다.

전체 그리기

나는 삶을 사랑한다. 언제나 그랬다. 하지만 아름답기 때문에 사랑하는 것은 아니다. 아름다움은 옷이다. 나는 옷이 아닌 진정한 사랑을 한다. 나는 벌거벗은 삶을 사랑한다. 그 추악함 속에 오히려 아름다움이 있다. 아니, 삶이 추악하다고도 생각하지 않는다. 삶에서 악은 선보다 더 고귀하고, 언제나 폭로에 더 가깝다. 성공했지만 더 큰 실패를 향해 밀어붙이지 않는 사람들은 영적인 중산층이다. 그들이 성공에서 멈추는 것은 하찮음과 타협했음을 보여주는 증거다. 그들의 꿈은 사소했던 것이 틀림없다!

_ 유진 오닐(Eugene O'Neill), 극작가

지금까지 창조적 프로젝트를 위해 캄캄한 과정에서 등대의 질문으로 나아가고, 리스크 관리 도구와 비즈니스 구조를 접목했다. 나아가 창조적 과정은 편지를, 비즈니스는 봉투와 유사하다는 사실도 알았다. 무엇보다 줄곧 넓은 관점을 유지하려고 노력했다. 이 모든 것을 하나로 합치려면 다시 레오나르도 다 빈치에 관한 질문으로 돌아가야 한다. '만약 그가 지금 이 시대를 살아가고 있다면 무엇을 하고 있을까'라는 서문에 말한 질문이다.

레오나르도 다 빈치의 삶의 풍경은 우리네 삶과는 조금 다르게 구성됐다. 그는 캄캄한 과정에 놓여 있을 때도 어떤 상황인지 잘 이해하고 있었고, 등대까지 만들었다. 궁극적인 제너럴리스트였던 그는 인간이 열거할 수 있는 이해력의 최첨단에 살고 있었다. 그의 능력은 지식의 발전 속도와 일치했기에 알아야 할 것을 발견하고, 더하고, 또 다시 발견했다.

그의 이야기는 예술가라는 범주의 높은 기준을 설정하며 이 책을 위한 마지막 질문을 끌어낸다. 협동과 예술을 통해 어떻게 현대의 레오나르도 다 빈치를 육성할 수 있는가? 교육을 통해 그런 사람을 만든다면 B 지점과 무한한 세계에는 어떤 위험이 따르는가? 먼저 도시

를 바꾸겠다는 희망으로 빌딩을 만든 한 예술가의 이야기를 살펴보
기로 하자.

〰〰 비즈니스가 예술이 되는
거대한 도전

크리스토퍼 마이너(Christo-
pher Miner)는 예술가라는 글자 그대로의 정의에 따라서 설명할 수 있
는 예술가다. 예일대학교 미술대학에서 MFA 학위를 받았고, 뉴욕 갤
러리 미첼-인스앤내시(Mitchell-Innes & Nash)와 일한다. 예술평론가
켄 존슨(Ken Johnson)은 2009년 〈뉴욕타임스〉에서 그에 대해 이렇게
말했다.

"요즘 예술에는 진정한 삶이 별로 없다. 크리스토퍼 마이너의 인
간적이고, 재미있고, 놀라울 정도로 단순한 비디오는 예외다."

크리스토퍼의 최신 프로젝트는 비디오가 아니라 '크로스타운
(Crosstown)'이다. 크로스타운은 테네시 멤피스(Memphis)에 있는 150
만 평방피트 규모의 빌딩인데, 곧 도시형 마을과 아트센터로 바뀔 것
이다. 그 프로젝트를 위한 첫 파트너는 멤피스대학교 북유럽 르네상

스 미술사 교수 토드 리처드슨(Todd Richardson)이다.

　문제의 빌딩 시어스 크로스타운(Sears Crosstown)은 거대한 항공모함 크기로 페인트칠이 다 벗겨진 건물인데, 1993년부터 문이 닫혀 있었다. 시어스와 로벅앤컴퍼니(Sears, Roebuck & Company)가 1920년대 초반에 초대형 매장과 통신판매 물류 센터로 전국에 세운 10개 빌딩 중 하나였다. 롤러스케이트를 탄 직원들이 기다란 콘크리트 바닥을 달리며 제품을 찾아 수화물 센터로 보내면 아래층에서 포장해서 배송했다. 1965년 당시 그 빌딩은 매일 4만 5천 건 이상의 통신판매 상품을 처리했다. 지금의 아마존 물류 센터와 비슷했다. 시어스의 빌딩들은 오래 전부터 다른 용도로 사용돼 왔는데 보스턴에 있는 빌딩에는 영화관과 상점, 병원이 들어섰고, 시애틀에 있는 빌딩은 스타벅스 본사로 사용된다.

　멤피스에 있는 시어스 크로스타운은 1927년 2월에 세워졌다. 그러다 1960년대에 고속도로가 들어선다고 해서 주변 건물들을 허물어 뜨렸는데, 고속도로 건설은 실현되지 않았다. 당시 도시 계획자들은 고속도로로 동부와 서부를 연결하기 위해 멤피스 시내 중간 지대의 대부분을 불도저로 밀어 버렸다. 그곳은 미시시피 강이 내려다보이는 절벽에 자리한 고층 건물들과 동쪽으로 교외 쇼핑센터들, 좀 더 가면 농지가 나오는 주택가 사이에 위치했다. 고속도로 건설이 실패한 이유는 자연 속에 유서 깊은 주택들이 자리한 오버튼 공원(Overton Park) 구역을 통과하기 때문이었다. 1971년에 있었던 오버튼 공원 보존 시민들과 미국국립교통시스템센터 산하 기관인 볼페(Volpe)의 대립은 대법원까지 올라갔는데, 공원 지지자들이 토지 수용권(정부가 사회기반 시설 및 공공시설을 건축할 때 필요에 따라 사유지를 강제로 매입할 수 있는 권한-옮긴이)과의 싸움에서 승리한 보기 드문 사례였다.

결과적으로 공원은 지켰지만 멤피스 한가운데에 커다란 흉터가 남아버렸다. 시어스 크로스타운은 도시 계획이 남긴 상처를 감싸는 거대한 일회용 밴드처럼 자리하고 있었다. 주위에는 단층 주택이 즐비했고, 그 옆에는 불도저가 밀어놓은 축구장 크기의 평평한 땅이 남았다. 위에서 내려다보면 고리처럼 갈라졌다가 다시 합쳐지는 도로에서 자동차들이 달리는 모습을 볼 수 있다. 마치 바다에서 파도가 밀려오는 모습을 바라보는 것처럼 기이한 장면이었다. 페덱스와 오토존(AutoZone) 본사가 있는 멤피스는 뼈대가 탄탄한 도시지만, 미국에서 가장 위험한 도시 4위이기도 하다. 해마다 1,500건의 범죄가 일어난다.

크리스토퍼와 토드의 크로스타운 프로젝트는 예술과 경제적인 성공을 좌우하는 새로운 비즈니스 모델을 만드는 것이다. 그들은 서로의 작업을 나눠서 토드는 지역의 비즈니스 및 정부 리더들과 접촉해 학교나 건강관리 기관, 주택 업체 등 빌딩에 입주할 업체들을 찾

고, 크리스토퍼는 아트센터인 '크로스타운 아트(Crosstown Arts)'를 지을 계획이다.

150만 평방피트나 되는 건물을 정복하는 것은 마치 어둠 속에서 안전하게 대서양을 지나는 것과 같은 어마어마한 일이다. 좀 더 과장하자면 롤러스케이트가 아니라 항공기가 필요할지도 모르겠다. 그래서 토드는 부동산 전문가들로 이뤄진 팀과 재무 모델을 만들기 시작했다.

이미 크리스토퍼는 토드와 76페이지에 이르는 작전 매뉴얼을 작성한 터였다. 거기에는 그가 바라는 크로스타운 아트의 모습이 담겨 있었다. 아트센터에 대한 그들의 비전은 갤러리나 상주 예술가 프로그램 같은 기존 모델과 비슷하지만 패턴을 그대로 모방한 것은 아니었다. 거기에 새로운 계획을 더했다.

예를 들어 크리스토퍼는 거주 예술가들은 물론 지역의 기업가들이 점심 식사를 즐길 수 있는 유기농 카페를 만들고 싶었다. 그는 카페가 아트센터에서 가장 중요한 부분이 될 것이라고 생각했다. 항공모함처럼 거대한 빌딩에서 환대(hospitality) 비즈니스를 담당해줄 주력 장소라고 말이다. 하지만 재무팀은 카페 운영이 좋은 아이디어라고 여기지 않았다. 비즈니스 관점에서 볼 때 요식업종이 아닌데 식품에 관여하는 것은 여러모로 번거롭고 시간 낭비였다. 재무팀은 크리스토퍼가 훨씬 저렴한 가격으로 샌드위치를 만들 수 있는 외부 식품업체에 아웃소싱해야 한다고 말했다. 하지만 크리스는 신선하지 않은 토마토에 셀로판 종이로 포장된 샌드위치를 원하지 않았다. 비닐 포장지를 사용하지 않고 정성으로 만드는 순수한 먹거리를 원했다.

크리스토퍼의 예술적 비전은 레오나르도 다 빈치의 '비트루비안

맨(Vitruvian Man)'처럼 완벽하고 전체적이지만, 재무 컨설턴트들은 모두 똑같은 '진저브레드 맨(gingerbread man)'을 찍어내고 싶었던 것이었다.

크로스타운은 고무적인 아이디어지만, 재무 모델 없이는 절대로 실현 불가능하다. 재무팀이 없다면 크리스토퍼와 토드는 자신들의 상상 속에 갇혀서 제대로 실현하지 못하게 될 것이다. 그들이 재무팀과 원활하게 일하려면 비즈니스에 대한 속 깊은 대화를 나누고, 회계 측면에서도 예술을 고려해봐야 한다. 'yes'를 위한 공간을 충분히 지키면서도 'no'를 참고해서 디자인할 수 있어야 한다. 그들이나 재무팀이나 모두 미지의 영역에 놓여 있기 때문에 혼자서는 길을 헤쳐 나갈 준비를 갖추기가 어렵다.

도시는 기업보다 더 복잡하고 유연성이 부족하다. 그리고 기업은 소규모의 개인보다 복잡하고 유연성이 부족하다. 크로스타운 프로젝트에서 빌딩을 디자인하는 예술가는 혼자가 아니라 거대한 협동 작업의 일부분이다. 따라서 예술가는 개인이나 팀의 구분 없이 그 자체로 과정이라고 할 수 있다.

︿︿ 제2차 다윗과 골리앗의 싸움

크리스토퍼와 토드에게 필요한 기술과 정보, 작업 방식은 다수의 팀원들로 레오나르도 다 빈치 같은 제너럴리스트를 여러 명 만들어야 하는 과제를 안겨줄 것이다. 그러자면 레오나르도가 이 시대에 살았으면 어떻게 했을지, 교육의 구조와 그 안에서 예술이 차지하는 위치를 먼저 생각해봐야 하는 딜레마에 빠진다.

레오나르도 다 빈치의 시대 이후 교육의 길은 숫자는 크게 증가했지만 범위는 오히려 좁아졌다. 11세기에 잉글랜드의 케임브리지대학교는 11종의 학위를 제공했다. 18세기에는 13종이었다. 그리고 현재 케임브리지는 예순일곱 가지의 학문 영역을 제공한다(부록 참고). 전체적인 지식 체계로 볼 때 우리는 '전문화의 대호황 시대(gilded age of specialization)'에 살고 있다. 동시에 정보의 수량 또한 크게 증가했다. 2010년 구글의 에릭 슈미트(Eric Schmidt) 회장은 이틀 동안 만들어지는 새 정보가 인류 역사의 시작부터 2003년까지 만들어진 모든 정보와 맞먹는다고 말했다. 마이크로소프트에 따르면 2003년 세계 기업들의 정보를 관리하는 컴퓨터 서버의 데이터가 0.005제타바이트(1제타바이트=1조 1000억 기가바이트-옮긴이)를 기록했는데, 2013년에는 4.2제타바이트로 수를 셀 수 없을 만큼 급증했다. 마이크로소프트의 인비저닝 팀(Envisioning Team) 책임자 안톤 앤드루스(Anton Andrews)는 2020년까지 그 수치가 40제타바이트가 넘을 것이라고 내다봤다.

이제 제너럴리스트는 1인 스포츠가 아니라 협동과 대화로 호기심을 실천하는 새로운 팀이 됐다. 또한 그것은 '하향식(top-down) 범주화'와 '상향식(bottom-up) 자기 규정(다른 곳에 의지하지 않고 자기의 자유 의사에 맡긴다는 독자적 의미-옮긴이)'이 벌이는 제2차 다윗과 골리앗의 싸움이 됐다.

메타제너럴리스트

1920년대에 새로운 제품이 시장을 강타했다. 컬러링 북의 한 페이지처럼 보이는 그림 하나가 들어있는 취미용 색칠 세트였다. 그림은 바짝 말라 갈라진 사막 바닥처럼 분할이 돼있고, 각 부분마다 숫자가 적혀 있었으며, 옆에는 숫자에 따른 컬러가 지정된 물감 팔레트가 자리했다. '숫자 따라 색칠하기'라고 불린 이 세트는 1953년에 미국에서만 8,000만 달러가 넘게 팔렸다. 하나당 평균 소매가가 2.50달러였는데 말이다. 1954년에 이르러 진짜 예술 작품보다 숫자 따라 색칠하기로 만든 그림을 걸어둔 가정이 더 많아졌다.

숫자 따라 색칠하기 세트는 창작의 욕구를 해소해주는 창의적인 제품이라고 생각할 수 있다. 한편으로는 견본을 따라할 수 있는 비예술적 행위였다. 디자인 과정이 선행되지 않고, 곧바로 쓰인 답을 따라서 과제를 완성하도록 만들었기 때문이다. 국립 미국사 박물관(National Museum of American History)에 숫자 따라 색칠하기 작품 전시회를 준비한 큐레이터 윌리엄 버드 주니어(William L. Bird Jr.)는 그 세트에 대해 "문화의 상업화와 기계화를 나타내는 성인의 은유"라고 표현했다. 어느 시점에 이르면 문화의 기계화는 산업일 뿐 더 이상 문화가 아니게 된다. 창의성이 물건을 팔기 위한 배경으로 이용되는 것이다. 표준화가 특별함에 대한 이야기로 가면을 쓰고, 삶 자체가 선택의 여지없는 사지선다형 시험이 된다.

그렇지만 나는 숫자 따라 색칠하기 세트를 좋아한다. 따뜻한 향수를 불러일으키기 때문이다. 특히 미완성일 때가 가장 좋다. 이 세트는 이미 길이 정해진 아이디어를 상징한다. 설명을 따라 가기만 하면 누구나 성공할 수 있다. 개방적인 자아를 상자 안에 가둬두면 가능한 일이다. 여기서 한 가지 가슴 아픈 사실은 자아 형성, 즉 개인의 B 지점을 만드는 데 관여하는 교육이 갈수록 개방적인 과정보다 정형화된 성취 쪽으로 향하고 있다는 것이다.

예일대학교 영어학 교수였던 윌리엄 데레저위츠(William Deresiewicz)는 2009년 가을에 웨스트포인트(West Point)에 있는 육군사관학교 신입생들을 대상으로 연설했다. 그리고 1년 후에 '고독과 리더십(Solitude and Leadership)'이라는 제목으로 연설 내용을 발표했다. 그는 좋은 대학에 들어가기 위해 학교와 과외 활동에서 뛰어난 성취를 달성해야만 하는 현실이 인재들을 혼자 생각하지 못하는 수동적인 사람으로 만든다고 지적했다. 리더가 되기 위해서는 홀로 생각할 줄 알아야 한다. 그의 학생 중 한 명이 그런 사람들을 가리키는 '온순한 양(excellent sheep)'이라는 단어를 만들어냈다.

"그들은 점프해서 후프를 통과하는 실력이 세계적인 수준이다. 어떤 목표를 설정해주든 달성할 수 있다. 어떤 시험이든 성공적으로 통과할 것이다."

데레저위츠는 현재 교육 시스템이 학생들을 질문에 답할 수는 있지만, 질문을 만들지는 못하는 '관료주의적 리더'로 키우고 있는 것은 아닌지 염려했다. 누구나 질문하는 능력을 갖고 있다. 하지만 그 능력을 이용하는 데는 불안전한 요인이 따르기도 한다.

윌리엄스대학교의 미술사 교수 마이클 루이스(Michael Lewis)도 비슷한 문제를 지적한다. 그는 시험 문제를 낼 때 의무적이고 분석적인 문제와 엉뚱한 문제 중에서 선택할 수 있는 자유를 준다. 이를테면 "르네상스부터 19세기까지 계단 디자인의 발달에 대해 논하시오. 보기 인용할 것", "미드 장군이 게티스버그 전투에서 늦잠을 자는 바람에 미국 남북전쟁에서 남부가 승리했다. 당신이 새로운 수도를 위한 건축 의뢰를 받았다면 어떤 건축가들을 선택하고, 그들에게 어떤 지시를 내릴지 설명하시오" 같은 문제다.

그가 강단에 선 25년 동안 상상력 넘치는 질문을 선택하는 학생들을 많이 봐왔는데, 이제는 거의 모두가 '의무적이고 분석적인' 질문을 선택한다고 한다. 그는 이러한 현상에 대해 다음과 같이 말했다.

> 요즘 학생들은 예전 학생들보다 강하다. 현저하게 사회화로 진화해서 개인적으로 더 친절하고 자기 규율이 확고하게 잡혀 있다. 그런 학생들을 가르치는 것은 기쁜 일이지만, 그들은 그 어떤 위험도 감수하려고 하지 않는다. 별로 중요하지 않은 시험의 가벼운 문제조차도.

스스로 질문하고, 질문에 답하는 능력은 B 지점을 창조하는 데 필수적이다. 교육은 지식을 가진 개인을 만드는 것이 아니라, 사람을 사람답게 만드는 일이어야 한다. 하지만 사회가 점점 전문화되고 분석할 질문이 늘어나면서 폭넓은 질문을 하기가 더 어려워졌다. 스페셜리스트라도 독창적이고 폭넓은 행동이 가능하다는 사실을 널리 알릴 필요가 있다. 루이스 문제의 개방성과 협소함을 섞어줄 방법이 필요하다. 개인을 각자의 전문성과 고유한 세계관이 합쳐진 존재로 정의해야 한다. 계단의 역사에 대한 지식뿐만 아니라 가정 상황을 상상하고 추리하는 능력이 있다고 말이다.

모든 사람이 메타제너럴리스트이지만 한편으로는 저마다 자기 규정적이고, 독창적인 제너럴리스트이기도 하다는 점을 알아야 한다. 자아를 구성하는 것은 디자인이나 공학이 아닌 예술적 시도와 행동이다.

∧∧ 돌아온 예술과 과학의 시대

수많은 스타트업 기업을 탄생시킨 하소플래트너 디자인 연구소(Hasso Plattner Institute of Design)가 있는 스탠퍼드대학교는 2006년부터 디자인과 기업가정신뿐만 아니라 '예술' 교육을 강조하기로 했다. 현재의 스탠퍼드 예술 연구소(Stanford Arts Institute)는 '스탠퍼드 챌린지(Standford Challenge)'에서 탄생했다. 스탠퍼드 챌린지는 건강, 환경, K-2 교육, 국제학, 예술이라는 다섯 가지 주제를 바탕으로 하는 전략 계획 및 기금 모금 플랫폼이었다.

이 예술 프로젝트를 이해하려면 당시 스탠퍼드에서 진행된 또 다른 프로젝트를 살펴봐야 한다. 스탠퍼드는 2010~2012년까지 '학부생 교육에 관한 연구(Study on Undergraduate Education)'를 하기 위해 각 전문가를 소집했다. 스탠퍼드의 학부 커리큘럼을 포괄적으로 검토하는 임무를 맡은 17인의 위원회였다. 생물학 교수인 수잔 맥코넬(Susan McConnel)이 공동의장을 맡았다.

맥코넬은 자기 분야에서 최고가 된 사람들이 진정으로 자애롭다는 '민속 이론(folk theory)'을 강화한 사람이다. 보통 수(Sue)라고 불리는 그녀는 신경생물학자이자 열정적인 환경 사진작가이기도 하다. 뇌의 신경회로가 발달하는 방법에 관련된 연구를 한다.

위원회가 내놓은 학부 커리큘럼 보고서는 스탠퍼드의 전공 필수 과정에 문제가 있다고 결론 내렸다. 수는 겸손하고 호기심 가득한 어조로 "교수진은 학생들의 냉소주의를 규탄하겠지만, 학생들보다는 우리의 잘못이 더 크다"라고 말했다.

결과적으로 스탠퍼드는 핵심 전공의 필수 과정을 없애고, '포괄적 필수 과목(Breadth Requirements)'으로 바꿨다. 학생들은 미학, 해석 탐구, 사회 탐구, 과학 분석, 형식 및 양적 추론, 참여적 차이, 도덕 및 윤리적 추론, 창조적 표현이라는 일곱 개 분야에서 1~2개 과목을 선택할 수 있게 됐다. 마지막에 '창조적 표현' 과목이 포함돼 스탠퍼드의 모든 학생은 만들기 형태로 이뤄진 예술 수업도 듣게 됐다. 새로운 계획의 일부로 학생들이 '캡스톤 프로젝트(capstone project, 직접 주제를 선정해 진행하는 총체적인 프로젝트-옮긴이)'를 실시하는 두 가지 프로그램도 마련됐다. 그중 하나는 수와 작가 앤드루 토드헌터(Andrew Todhunter)가 진행하는 '시니어 리플렉션(Senior Reflection)'이라는 과학 분야 과정이고, 또 하나는 스탠퍼드 예술 연구소가 마련한 '아너스 아트(Honors in the Arts)' 과정이었다. 수와 앤드루의 시니어 리플렉션은 과정으로써의 예술과 과목으로써의 과학을 하나로 합쳤다. 우수 학생들을 대상으로 하는 아너스 아트는 예술과 과학의 학문 연구를 강조했다. 결국 둘을 합쳐서 지식체계의 결합 조직에 대해 이야기하고, 예술가는 용감한 탐험가라는 메시지를 전한다.

시니어 리플렉션 프로그램이 신설된 이후 75명 이상이 이수했다. 학생들은 1년 동안 과학 연구와 관련된 예술 프로젝트를 개발하고, 매주 동료들과 집중적인 세미나에서 토론 시간을 가진다. 스탠퍼드는 성적이 좋아야 입학 가능한 명문 대학이지만, 시니어 리플렉션은 오로지 시도와 방법론에 대한 자세를 기준으로 성적이 매겨진다. 결과가 아니라 과정을 중심으로 접근하라는 뜻이다. "우리는 학생들이 길을 잃고 혼란스러워하기를 바랍니다. 그럴 기회가 충분하지 않기 때문이죠"라고 수는 말했다. 그에 반해서 아너스 아트는 예술적 가치에 따른 평가가 이뤄진다. 이 과정에 지원하려면 일차적으로 점수 기준을 갖춰야 하고 경쟁을 통해 선발된다. 학생들은 전문가 구성원에게 최종 프로젝트를 평가받은 후 이수할 수 있다.

2014년에 조던 브라이언(Jordan Bryan)이라는 졸업반 학생이 아너스 아트로 '음악 시각화 소프트웨어'를 만들었다. 이를 위해 그는 골치 아픈 수학 문제를 해결해야 했다. 문제의 해결 방법은 그의 수학 논문이 됐고 수학 연구로 이어졌다. 수학의 기본은 자기표현과는 거리가 멀지만, 예술을 통해 시각적 이미지를 만드는 수학은 달랐다.

수는 시니어 리플렉션을 이수하는 과학 전공자들이 예술을 어려워했지만, 스스로 껍질을 깨고 나오듯 예술을 이해하고 즐기는 수준에 이르렀다는 사실에 자부심을 느끼는 모습을 많이 봤다. 용기와 호기심이 과학자에게도 도움이 된 것 같다는 내 말에 그녀는 "과학자뿐만 아니라 세상 모두에게 도움이 되지요! 다들 도전하세요!"라고 대답했다.

수가 하버드대학교의 학부 과정에 재학 중이었을 때 그녀가 아는 모두가 예술을 전공했다. 하버드에서 '시각환경학부(Visual and Environmental Studies)'라고 불리는 과정이었다. 그녀는 형편없는 그림 실력에도 드로잉 수업을 들었고, 매주 고전해야만 했다. 마지막 주에 그녀는 자전거를 그렸다. "즉흥적으로 바퀴살을 그렸죠." 그때 교수가 다가와서는 "이제 드디어 깨달았구나! 그렇지?"라고 했다고 한다.

그 순간이 예술가의 본질이 무엇인지 보여준다. 현재에 충실한 관찰과 독창적이고 개인적인 사고방식의 수용이 합쳐진 것이다. 로드아일랜드디자인스쿨(RISD) 학장을 지냈고, 벤처 투자 기업 클라이너퍼킨스(Kleiner Perkins)의 최초 디자인 파트너인 존 마에다(John Maeda)는 예술 작품이란 "연과 같다"고 말했다. 언제나 바람은 불고 있지만, 바람의 존재를 알려주는 것은 연이라는 멋진 의미다.

예술은 교양 교육의 기본이다. 세계관을 발달시켜주고 무엇보다 '배우는' 자세와 방법을 가르쳐준다. A 지점은 시험 성적과 평가 기준, 후프 뛰어넘기 같은 것들로 이미 충분히 가득하다. 하지만 B 지점은 특정한 사람들에 의해 만들어진다. 세상을 알아차리기 시작한 평범한 사람들 말이다.

스탠퍼드의 예술 커리큘럼은 존 마에다가 2008~2013년까지 RISD 학장을 지낼 때 시작한 'STEM 교육'에서 'STEAM 교육'으로의 변화 운동과 비슷하다. STEM 교육은 초등학교에서 과학(Science), 기술(Technology), 공학(Engineering), 수학(Mathematics)을 중점으로 교육이 이뤄져야 한다는 내용이다. STEAM 교육은 STEM에 예술(Art)을 더한 것이다. 존 마에다는 2013년 〈사이언티픽아메리칸(Scientific American)〉에서 예술과 과학에 대해 이렇게 말했다.

"둘 다 우리 앞에 놓인 커다란 질문을 한다. 무엇이 진리인가? 왜 중요한가? 어떻게 사회를 앞으로 움직일 수 있는가? 예술과 과학 모두 심오하게 그리고 종종 헤매면서 답을 찾으려고 한다."

스탠퍼드의 두 가지 예술 과정 모두 대화와 영역 통합을 강조한다. 레오나르도 다 빈치의 두뇌에서 여러 분야의 경로를 내고 교차하는 것 같은 학습이 이뤄진다.

이처럼 교차와 연결점의 구축은 정신 알고리즘의 기본이다. 또한 스탠퍼드에는 페이-페이 리(Fei-Fei Li)라는 인공지능센터의 책임자가 있는데, 그녀는 컴퓨터가 이미지를 인식하고 연결망이 구축되도록 훈련시킨다. 일반적으로 컴퓨터가 고양이를 인식하게 하려면 2,400만 개의 노드(node)와 1억 4,000만 개의 파라미터(parameter), 150억 개의 연결이 필요하다. 다행히도 인터넷에는 고양이를 좋아하는 사람들이 많아서 리는 6만 2,000개의 고양이 사진으로 수월하게 크라우드 펀딩할 수 있었다. 그녀는 대담하고 개방적인 질문을 하려면 뇌의 여러 영역이 함께 움직여야만 가능해진다고 했다.

그녀의 말은 우리에게 어떤 메시지를 전달할까? 자신만의 교차점을 찾아내려면 자신의 은유를 디자인해서 최대한 능숙하고 유연하게 접근해야 한다. 고양이 사진을 인식하는 인공지능처럼 여러 분야의 정보를 합치고 자신만의 방법으로 정리하는 능력이 필요하다. 결과적으로 당신의 '직업적 정체성'은 좁아지는 동시에 넓어지고 범주화가 어려워진다.

〰 직업적 정체성에 대한 질문들

나는 미술대학원에 다닐 때 직업적 정체성이라는 개념에 집착했는데 어쩌면 내게 없었기 때문인지도 모르겠다. 낯선 모임에서 던지는 "무슨 일 하세요?"같은 질문의 직업적 정체성은 현대적인 산물 같지만, 사실은 그렇지 않다. 암스테르담 국립박물관에 걸려있는 램브란트의 1642년작 〈야간 순찰(The

Night Watch)〉을 비롯해 훌륭한 길드 그림은 세상에 직업적 소속을 밝히는 행동이다. 〈야간 순찰〉은 민병대 대원들을 그린 그림인데 방패에 이름이 새겨져있다.

직업적 자아의 일관성은 우리가 타인을 이해하는 데 큰 부분을 차지하고, 자신에 대해서도 많은 것을 알려준다. 당신은 일터를 떠올릴 때 길드 그림에 들어갈 만한 것을 쉽게 생각해낼 수 있을 것이다. 업무에 필요한 소도구, 업무 공간의 모습, 지정되거나 암묵적인 유니폼 등을 통해서 말이다. 그러나 직업적 소속은 점점 약해지고 있다. 마르시 알보허(Marci Alboher)는 교사이자 색소폰 연주자(교사/색소폰 연주자)이거나 변호사이자 전도사(변호사/전도사) 같은 '사선' 커리어 현상에 대한 책을 썼다. 여배우-모델, 의사-연구원처럼 사선 없이 자연스럽게 연상되는 직업에 대한 의식은 시대에 따라 바뀐다. 레오나르도 다 빈치가 직업 훈련을 끝마쳤을 때, 즉 안드레아 델 베로키오(Andrea del Verrocchio) 밑에서 6년 동안 견습생 생활을 한 후 화가는 물론 의사-약제상이 소속된 길드에 가입했다. 그의 직업적 소속은 화가-의

사-약제상-조각가-발명가-건축가-공학자-해부학자-식물학자-도
시계획가 등 끝이 없었다.

직업의 범주와 완벽하게 일치하는 성격과 정체성을 가진 사람은
드물다. 실제로 그 직업을 가졌든 그렇지 않든 특정한 직업과 일치
하는 세계관을 가진 사람들이 있다. 피임약을 개발한 칼 제라시(Carl
Djerassi)는 박식한 발명가이자 소설가였다. 그의 아내는 애정을 담아
"화학자"라고 불렀다. 남편의 원고를 읽고 나서 "화학자 씨, 아주 좋
은데요?"라고 말하는 식이었다. '예술가'는 직업으로 여러 가지 가능
성이 있는 이름표다. 많은 사람이 예술을 하고 있고 모두에게 열려있
기 때문이다.

칼 제라시가 화학자였던 것처럼 크로스타운 프로젝트의 크리스
토퍼는 예술가다. 크리스토퍼는 창의성이 뛰어나서 두 손으로 직접
자신의 집을 지었고, 파티라고 하면 전채 요리를 먹는 것이 아니라 미
시시피의 여름 캠프에서 NASA 유명 과학자들을 테마로 분장하는 것
이라고 생각하는 사람이다. 하지만 그에게도 일반적인 모습이 있다.
가치 있는 일을 하려고 하는 사람이라는 점이다.

만약 우리가 자신의 은유를 직접 선택한다면 어떨까? 자신의 은
유를 직접 만든다는 것은 관심 있는 분야를 합쳐서 독창성과 진정성
을 추구하고, 부분을 합친 것보다 더 큰 사람이 된다는 뜻이다. 또 지
식 체계를 헤쳐 나가는 길을 직접 개척한다는 뜻이다. 막대한 정보의
양으로 전문화를 받아들이면서도 그것이 타인에 의해 선택된 이름표
라고 받아들이지 않는 것이다.

∧∧ 나만의 은유를 디자인하라

자신의 은유에 대해 생각해보는 방법은 여러 가지가 있는데, 직접 만든 짧은 이야기로 자신을 표현하는 것이 첫 번째 목표다. 당신은 평가 기준도 아니고, 인구 통계 목표물도 아니고, 직함도 아니다. 당신은 여러 가지가 합쳐진 존재고 눈송이처럼 더 이상 줄일 수 없다. 당신을 이루는 모든 윤곽에 이름을 붙이거나 그것이 차지하는 공간의 경계를 표시해보자. 거기에 즐거운 마음을 더해보자. 그것이 두 번째 목표다.

우선 당신의 삶에서 가장 많은 정보를 담고 있는 짤막한 일화를 몇 개 떠올려본다. 당신이라는 사람을 하나의 이야기로 압축해서 보여준다면 타인이 말해준 일화도 가능하다. 예를 들어 내 여동생은 자신의 결혼식에서 밴드와 함께 노래를 불렀다. 술을 마신 것도 아니었고 본격적인 식사가 시작되기 전이었다. 오빠의 결혼식에서는 전속력으로 달려들어 부케를 받았다. 나중에 여동생은 말했다.

"경쟁인 줄 알았지."

여동생은 다른 환경에서도 가수와 운동선수의 모습을 보여줬다. 여동생만의 은유다. 반면 나는 사람들을 가르치는 입장이지만 여전히 앞에 나서는 것이 어렵다. 내 은유는 사람과 사물을 연결하는 것, 즉 교량인 것 같다.

짤막한 일화 기법이 통하지 않으면 자신이 앵커우먼 바버라 월터스(Barbara Walters) 같은 면접관이 돼 스스로에게 예상 밖의 질문을 던지고 통찰을 이끌어내려고 해보자.

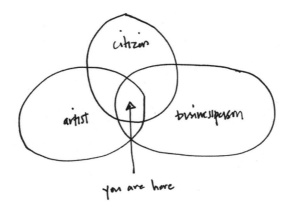

- 당신이 인간이 아니라 자연 속에 있다면 무엇일까, 또는 뭘 할까? 통나무, 다람쥐, 아르마딜로, 강, 은하수 등 무엇이든 떠올려봐라.
- 당신이 중학교 과학책에 나온 낯선 동물이라면 과연 무엇일까? 덩치는 거대하지만 플랑크톤을 먹고 사는 온순한 수염고래? 바버라 월터스가 1980년대에 여배우 캐서린 헵번에게 당신이 나무라면 무슨 나무일 것 같은지 물었던 유명한 질문과 비슷하다.
- 당신이 영화 캐릭터라면 누구일까? 그 이유는 무엇인가?
- 자동차 중에서 당신이 좋아하는 것과 가장 닮은 곳은? 자동차는 연료, 엔진, 시동, 마력, 엑셀을 밟는 발 등 핵심 부분이 힘을 합쳐서 움직일 수 있다. 당신은 어떤 생각이나 열정을 가지고 엔진에 시동을 거는가? 갑자기 차가 멈췄다면 그 상황을 어떻게 헤쳐 나갈 수 있는가? 내비게이션 사용을 선호하는가? 자동차보다 자전거나 비행기가 더 좋은가?

이런 식의 질문을 통해 당신이 세상에 어떻게 참여하고 또 어떻게 번영하는지 조금씩 파악되기 시작할 것이다. 압축된 이야기를 떠올리는 것이다. 다른 방식으로 질문해볼 수도 있다. 산책을 하거나 친구와 와인 한 잔을 마시면서 다음 질문을 떠올려보자.

- 가장 행복했을 때는 언제인가?
- 최근에 성취감을 느낀 적은 언제인가? 그 이유는 무엇인가?
- 규모 있는 저녁식사 모임, 임직원 회의, 신제품 출시 발표 등 복잡하고 어려운 프로젝트를 준비할 때 어떻게 하는가? 먼저 계획을 세우는가? 아니면 전문가에게 연락해서 도움을 요청하거나 위임하거나 스트레스를 미루는가?
- 사람들이 당신과 연관 짓는 단어가 있는가? 만약 여러 명으로 이뤄진 무리에 놓여 있을 때 누군가가 당신을 특정한 세 단어로 표현한다면 어떤 이야기가 나올까?
- 마지막으로 내일 하루 동안 무엇이든 할 수 있는 대신 타인에게 공헌해야 한다면 무엇을 하겠는가?

환율의 측면에서도 당신의 은유를 생각해볼 수 있다. 안전지대에서 약간 벗어난 일을 하려면 평소보다 많은 에너지가 소요된다. 그것은 환율 우위가 별로 없는 화폐로 환전하는 것과 비슷하다. 생산량 단위보다 들어간 에너지 단위가 더 크다. 하지만 쉽게 가능한 일이라면 노력과 생산량이 비슷하게 비례할 것이다. 여기서도 질문이 나올 수 있다.

정말 힘겨운 일이나 반대로 시간 가는 줄 모르고 몰두해서 쉽게 할 수 있는 일이 있는가? 당신이 좋아하는 일, 또는 가장 잘 맞는 일을 알 수 있다. 자신의 은유를 만들면 실질적인 정체성 안에서 예술가가 될 수 있다. 당신의 예술성은 동기를 부여받거나 문제를 해결하는 방법, 이미 아는 것이나 배우고 싶은 것들을 합쳐준다.

기술은 은유를 만드는 작업의 일부분에 속한다. 소유 지분처럼 기술은 작고 미세한 지분의 포트폴리오 관리를 용이하게 해줬다. 커다란 블록보다는 픽셀을 이용해 뭔가를 만들 수 있도록 말이다. 적은 비용으로 작은 가능성들을 관리해주는 기술 능력은 우리가 살아가는 이 시대의 특징이다. 우버의 운전기사들을 비롯해 여러 분야의 노동자들은 한 기업의 지붕 아래 고용된 직원이 아니라 독립적인 프리랜서로 네트워크를 형성했다. 마찬가지로 은유를 만들 때도 자신이 직접 디자인한 지붕 아래에 자유로운 관심사를 모으는 것이다. 기술은 자신이 누구인지 세분화된 그림을 만들어내는 능력이 된다. 당신의 브랜드라고 부를 수도 있을 것이다. 그것은 자신의 실체, 즉 '왜, 어떻게 살 것인가'라는 가장 기본적인 질문을 파고드는 방법이기도 하다.

여기에는 다양성과 잠재력에 대한 믿음이 자리한다. 당신이 하는 일을 할 수 있는 사람이 많더라도 자신만의 특별한 방법으로 하면 된다. 그것은 세상에 자신을 드러내는 방법이기도 하기 때문이다. 당신이 자신만의 질문을 찾고 일에 진정성을 더한다면 당신이 몸담은 조직과 세상은 성공할 수 있다.

서로 다른 것을 연결하는 기술

유능하고 효율적인 사람이 되려면 자신만의 은유 외에 필수적인 도구가 있어야 한다. 그것은 타인과 연결돼 다른 분야에도 익숙해지고, 타인의 방식을 이해하기 위해 필요한 기술이다. 지식 체계와는 좀 다르다. 이를테면 변호사에게는 변론의 논리가 있고, 화학자에게는 과학적 방식이, 영화 시나리오 작가에게는 이야기의 구조를 설계하는 기술이 필요하다.

아이들 장난감 중에 모양을 끼워 맞추는 장난감이 있다. 동그라미는 동그란 구멍에 끼우고, 사각형은 사각형 구멍에 끼워야 한다. 마찬가지로 모든 분야에서 정보를 받으려면 맞는 모양의 플러그나 어디든 꽂을 수 있는 '만능 콘센트'가 돼야 한다.

자신만의 독특한 은유를 만들고 싶다면 다른 분야에 대한 수용과 이해 능력을 키우는 습관을 기르는 것이 좋다. 대학교에서 전공 외에 인문학이나 사회과학, 자연과학 과목을 교양으로 듣는 원리를 일상생활에서도 실천해보는 것이다. 예를 들어 공항에 있을 때 비즈니스나 라이프스타일 잡지를 구입하지 말고, 〈사이언티픽아메리칸〉을 읽는 것이다. 그 반대도 마찬가지다. 중세학자인 내 어머니는 공항에서 〈하버드비즈니스리뷰〉를 읽는다. 그리고 신문을 읽을 때도 평소에 건너뛰는 부분부터 읽어봐라.

나는 아버지를 존경했다. 특히 인간의 신경을 연구하는 예민한 과학자이면서도 사람들에게 자신의 분야를 설명해주는 일을 즐겼다는 점을 좋아했다. 아버지에게 누군가가 다발성경화증이 무엇이냐고 물어보면 '껍질에 문제가 생긴 나무'라는 설명으로 시작했다. 사실이다. 신경세포는 나무처럼 생겼고 다발성경화증은 뉴런의 나무껍질을 둘러싼 미엘린에 생긴 흉터니까 말이다. 아버지는 미엘린에 관한 전문 서적을 적어도 일곱 권은 가지고 있었다.

우리는 입자물리학이나 인간의 순환계, 인공지능에 대해 얼마나 알고 있을까? 타인을 자기 분야로 기꺼이 맞아들이고, 처음부터 3단 기어로 차를 몰아보라고 요구하지 않고 1단 기어와 2단 기어로 설명해주려고 하는 사람들은 정말로 바람직하다. 다른 분야의 사람들을 기꺼이 맞이한다는 것은 교육의 참모습이자 친절함이다. 그러한 환대는 서로 다른 배경을 가진 사람들이 모여 거대하고 복잡한 질문을 같이 파헤쳐 나가게 만든다.

자신만의 은유와 만능 콘센트처럼 어디에나 꼭 맞는 특징은 언제 어디서나 유연한 태도와 자신감을 갖게 한다. 또한 타인과 연결해주고 서로 진실한 대화가 이뤄지게 한다. 콰메 앤서니 애피아(Kwame Anthony Appiah)는 "새로운 생각이 일어나는 공간은 사람의 머릿속이 아니다"라고 말했다.

〰️ 애덤 스미스는 예술가였다

지금까지 직업적 정체성에 대해 이야기했는데, 이 책의 카이저 소제 같은 인물이 있으니 바로 경제학의 아버지 애덤 스미스다. 그는 경제학자라는 꼬리표가 붙었지만, 경제학 분야를 발명하기 전에는 당연히 경제학자가 아니었다. 따라서 그전에는 예술가였다고 할 수 있다. 그가 발명한 분야가 그의 B 지점이었기 때문이다.

애덤 스미스는 1776년에 《국부론》을 통해 경제학의 토대를 마련했고, 모든 사람이 자신의 이익에 따라 행동하면 시장을 이끄는 '보이지 않는 손'이 나타난다는 경제 법칙도 소개했다. 하지만 그전에 애

Adam Smith as an Artist

덤 스미스는 스코틀랜드의 도덕 철학자였다. 〈이코노미스트〉의 초대 편집자 월터 배젓 (Walter Bagehot)은 "개인으로서의 애덤 스미스(Adam Smith as a Person)"라는 잘 알려지지는 않았지만 훌륭한 논설에서 애덤 스미스를 "가장 비즈니스와 거리가 먼 인간 중 한 명"이라고 표현했다.

스코틀랜드 교수였던 그는 책에 파묻혀 지내며 추상적 개념에 빠져 있었다. 그 어떤 사업에도 관여한 적이 없고, 사업을 했다고 해도 절대로 돈을 벌지 못했을 것이다. 어느 날 누군가 그에게 서류에 서명해달라고 했다. 그는 자신의 이름 위에 있는 사람의 서명을 '정교하게 모방'했다. 또 언젠가 에든버러 어시장의 상인은 그를 어울리지 않게 옷을 차려입은 미치광이인줄 알았다고 했다. "도망 나온 바보"라고 생각한 것이다. 스미스의 전기를 쓴 존 레이(John Rae)는 그가 네 살 때 집시에 납치됐다가 무사히 돌아온 일화에 대해 "그는 집시 역할을 잘 해내지 못했을 것이다"라고 적었다.

A 지점에서의 애덤 스미스는 전혀 경제학의 아버지처럼 보이지 않았다. 그가 20년 앞서 쓴 《도덕감정론(The Theory of Moral Sentiments)》은 거래가 아니라 상대방의 입장이 돼보는 능력인 '공감'의 중요성에 대한 내용이었다. 스미스는 상상과 공감이 사회의 접착제로 중요하다고 주장했다.《국부론》을 처음 쓰기 시작했을 때 그의 의도는 경제학이 아니라 인간의 진보 역사를 구성하는 것이었다. 배젓은 다음과 같이 적었다.

> 《국부론》은 애덤 스미스가 생각할 때 여러 책 중에 한 권일 뿐이었다. 아니, 자신이 쓰려고 하는 위대한 책의 한 부분이었다. 그는 인류의 진보뿐만 아니라 개인의 진보도 추적하고 싶었다. 얼마 되지 않는 능력을 가지고 태어나는 인간이 얼마나 위대한 능력을 많이 얻게 되는지 말이다. '인간은 어떻게 지금의 그가 되는가?'라는 질문에 답하고자 했다.

스미스는 국가적인 차원의 매점 행위라고 할 수 있는 중상주의의 시대에 등대의 질문으로 파고든 것이다. 당시는 국가가 부유해지려면 이미 가진 부를 국경 안에서 지켜야 한다는 생각이 지배적이었다. 하지만 스미스는 "국가는 무역을 통해서 더 부유해진다"고 주장했다. 그리고 그 과정에서 시장이라는 하나의 과학에 대해 기술했다. 그는 현재 우리 모두가 살아가는 B 지점을 발명했으므로 예술가라고 할 수 있다. 하나의 시스템으로써의 경제의 토대는 발명된 것이고, 또 다시 발명될 수 있다.

∧∧ 이 시대의 중요한 질문

우리는 애덤 스미스처럼 직

접 질문을 선택하고 그에 대한 대화에 참여할 수 있다. 아무리 특이하고 기이한 질문이라도 상관없다. 예술가가 아니어도 되고, 이상주의자가 아니어도 된다. B 지점을 발명해야만 하는 이유는 우리가 만드는 모든 것이 A 지점이 되기 때문이다. 아직 증명되지 않은 것에 위험을 무릅쓰면 새로운 발명으로 이어질 수 있는 특별한 '평범함'을 알아차릴 수 있다.

인간의 기본은 '창조 능력'에 있다. 넓은 의미에서 예술은 우리가 세상에 드러내는 모든 것을 말한다. 자기 삶의 어떤 범위에서 예술가가 되고 싶은지 선택해야만 한다. 그것은 자신일 수도, 가족일 수도, 직업일 수도, 지역사회일 수도 있다. 당신은 어떤 산업의 선도자가 되거나 중요한 대의가 달린 일을 할 수도 있다. 다른 사람들과 같이 일하거나 혼자 일할 수도 있다. '사람은 누구나 예술가이며 사업가'라는 말도 맞지만, 넓은 의미에서 '시민'이라는 사실이다.

오늘날의 중요한 질문에 답을 찾으려면 모든 분야가 하나로 합쳐져야 한다. 환경 문제나 학자금 대출, 현대 전쟁, 상승하는 의료비 문제, 교육 제도, 금융 개혁의 수수께끼 등 수많은 질문이 있을 수 있다.

아트씽킹의 프레임워크를 대학 교육에 적용하면, '배움이란 무엇인가'에 대한 새로운 질문이 나올 수 있다. 대학을 다시 정의할 수도 있다. 대학은 비영리 조직이면서 왜 자본주의에서 제외되지 않는지, 어째서 계속 커지고, 더 많은 서비스를 제공해야 하며, 다른 대학들과 순위 경쟁을 해야 하는지에 대해 다르게 이해할 수도 있을 것이다.

교육이 마치 역기를 들고 운동하듯이 힘과 근육을 키우며 자본을 확장하고 있다. 기부금이 가장 많은 대학들이 살아남고, 자금을 이용해 지나친 확장 사업을 하다 중단되기도 한다. 대학들이 폐쇄되고 주택가로 바뀌는 모습을 상상하기 어려울 수도 있지만, 뉴욕 소호가 고급 부동산과 상점들이 들어선 동네가 됐다는 사실은 1940년대에 그곳을 매일 출퇴근하던 공장 노동자들이나 1960년대와 1970년대에 소호의 로프트(공장 등을 거주지나 작업실로 개조한 것-옮긴이)를 구입한 예술가들에게도 상상할 수 없는 일이기는 마찬가지였다.

우리는 온라인 교육과 대학의 관계를 다르게 이해해볼 수도 있다. 온라인 공개강좌(Massive Open Online Course, MOOC)가 대학교의 커다란 비용 구조를 담당하는 부속물이고, 다른 것들은 기술 플랫폼 스타트업이라고 말이다. 대학이 계속해서 겸임 교수 네트워크로 분산될 수도 있다. 겸임 교수들은 종신재직권이 있는 유능한 교수들과 맞서 힘을 기르려고 할 것이고, 결국 스타트업 교육에 변화가 찾아올 것이다. 낮에는 사람들이 근무하는 오피스 빌딩들이 저녁에는 예약을 통해 컨퍼런스 룸으로 활용될 수 있다. 교육이 부동산의 문제가 될 수도 있다. 학생들이나 관계자, 가족들의 물리적 생활화와 근무 외 여가 시간을 위한 설비에 맞춰 세분화될 수 있다.

교육에 돈을 지불하는 방식 또한 바꿀 수 있다. 학자금 대출이 1조 2,000억 달러에 이르는 시대에 예술적인 측면을 이 문제에 침투시킬 수 있다. 탐욕스런 자본과 빈부격차에 항의하는 월스트리트 점령 시위대가 '채무 타파(Strike Debt) 운동'을 벌여 모은 기부금으로 약 400만 달러의 학자금 채권을 인수해서 학생들의 부담을 덜어줬다. 오리건대학교는 등록금을 취직 후 20년 동안 소득의 3퍼센트로 내는 방안을 제공한다. 공학 전공이든 예술 전공이든 금리는 똑같다. 아직 실험적인 초기 단계이지만 앞으로 더 활성화될 전망이다. 1,600킬로미터 육상경기에서 마의 4분 장벽을 깨기 바로 직전인 4분 1.4초의 기록이라고 할 수 있을 것이다.

오늘날의 중요한 질문을 환경 분야에서 찾는다면 재활용을 넘어서는 윤리적 집단행동에 대해서도 생각해볼 수 있다. 작가이자 사회운동가인 빌 맥키벤(Bill McKibben)의 환경운동처럼 지구의 기온이 2도만 낮아져도 어떻게 될지 생각해보자. 과학자들은 석유 기업들이 비축된 석유를 채취한다면 지구의 기온이 그보다 더 많이 상승할 수 있다고 생각한다. 하지만 비축된 석유가 올릴 수익은 이미 기업들의 주가에 포함돼 있다. 어떻게 하면 지구의 기온과 기업의 가치 사이에 당면한 문제를 좋은 방향으로 끌고 갈 수 있을까?

기술은 가장 위대한 발명이지만 오늘날의 커다란 질문과 고민을 다수 제기하는 원인이기도 하다. 확장 가능한 기술이 중요하다면 확장 가능하지 않은 것들을 위한 공간은 어떻게 지킬 수 있을까? 컴퓨터가 알고리즘으로 배우고 생각할 때, 수학이 컴퓨터를 확률적으로 훈련시켜서 대다수의 관점을 영속화한다면 어떻게 될까? 소수의 이익을 보호하는 메커니즘을 바탕으로 만들어진 민주주의 국가에서 말이다.

기술은 수단으로써 예전에 불가능했던 집단행동을 가능하게 해준다. 만약 어떤 정치인이 자금 조달을 목적으로 기업가에게 불순하게 접근해서 기업가가 그 경험을 대중이 볼 수 있게 인터넷에 올린다면 사람들은 그 정치인이 아니라 그의 경쟁자에게 기부하게 될 것이다. 자원의 집중화에 대해서도 기술은 반대자들의 집단을 하나로 쉽게 모아준다. 이익의 분산과 집중 문제에 대한 균형을 찾아줄 수도 있다. 또한 기술 플랫폼은 창작물에 대한 부분적인 소유를 가능하게 해준다. 결과적으로 비화폐적인 가치를 나타내줄 뿐만 아니라 가격과 시장 가치를 일치시켜줄 것이다.

그 과정에서 우리는 혼자 또는 함께 창조자이자 제작자가 된다. 우리는 언제나 무언가를 만든다. 친구, 생명, 실수, 시도, 계획, 가족, 연인, 책, 카드, 그림, 보고서, 경험, 사건, 행복, 꿈 등은 우리가 손수 만드는 것들이다. 그리고 무엇보다 더 큰 범위의 예술을 만들고 삶을 만든다. 누구나 가치 창조에 깊이 관여하고 있으며, 존재, 노동, 매너, 재능, 노력 등을 통해 크고 작은 프로젝트에 기여하고 있다. 공로를 인정받지 못하거나 금전적인 보상이 따르지 않을 수도 있고, 당신의 행동이 어떤 영향을 끼칠지 미리 알거나 모를 수도 있다. 하지만 모든 것의 시작은 흰 종이나 다름없었다. 우리에게 주어진 공통의 목표는 자신이 소망하는 대로 그림을 그리며 세상으로 밀고 나가는 것이다.

∧∧ 새로운 시작을 향해

시어스 크로스타운이 멤피스에 세워진 지 88주년이 된 2015년 2월 21일, 새로운 크로스타운을 위한 착공식이 열렸다. 크리스토퍼와 토드는 5년 전에 그 거대한 빌딩을 처음 보면서 과연 뭘 할 수 있을지 생각했었다. 그 후 그들은 길 건너편에 작업실을 마련하고, 지역 사회사업가와 은행, 관공서의 후원을 모아서 전문가들로 이뤄진 대규모 팀을 꾸렸다. 여러 사람의 손과 머리로 만들어진 하나의 레오나르도 다 빈치인 셈이었다. 그 팀에는 건축가, 디자이너, 엔지니어, 시 지도자, 심지어 의사와 신학자까지 포함됐다. 미술사학자인 토드의 말에 따르면 역사적인 피렌체 대성당을 만든 그룹과 똑같은 구성이었다.

착공식이 열리는 주에 멤피스의 날씨는 으스스했다. 포근했던 날씨가 영하로 뚝 떨어졌다. 나는 뉴욕에서 비행기를 타고 갔는데 도착 30분 전부터 진눈깨비와 난기류 때문에 한참 기내가 심하게 흔들렸다. 비행기가 우아하고 정확하게 착륙했을 때는 거의 눈물이 나오려고 했다.

도착해 빌딩을 올려보니 매우 낡은 상태에 괴기스럽게 느껴지기도 했다. 유리가 없는 창문이 많았고 빌딩 외관은 물리치료가 심각하게 필요한 수비수처럼 보였다. 착공식을 위한 거대한 결혼식용 천막 두 개가 크로스타운 사무실 뒤편에 세워져 있었다. 메인 천막에는 다양한 나이대의 사람들로 가득했다. 멤피스 주민들이 몰려드는 동안 크리스토퍼는 밖에 서 있었다. 파란색과 빨간색의 거대한 골프 우산을 쓰고 예술가의 유쾌한 눈으로 인파를 살폈다.

착공식을 위해 자리에서 일어선 토드는 사람들에게 프로젝트의 등대가 된 질문을 밝혔다. "만약 ~하면 멋지지 않을까?"라는 기본적이고도 보편적인 질문이었다. 그 후 협동으로 유연하고도 너그러운 프로젝트가 마련됐다. 프로젝트에 참여한 모두가 소유권을 갖고 있었다. 프로젝트에서 가장 중요한 사람 중 한 명이자 시작 단계에서 많은 도움을 준 사회사업가 스테일리 케이츠(Staley Cates)는 딸의 대학 졸업식 때문에 참석하지 못했다. 당연히 모두가 그 선택을 전적으로 지지했다.

크리스토퍼와 토드는 '전체의 삶'으로 프로젝트를 시작했다. 토드는 프로젝트를 진행하면서도 여전히 대학에서 일하고, 크리스토퍼 역시 작품 활동을 했다. 그들은 등대의 빛으로 캄캄한 과정을 헤쳐 나와 착공식에 이르렀다. 그 과정에는 능동적으로 움직이는 내부 요소와 외부 파트너들이 많이 자리했다.

크로스타운 프로젝트의 규모는 매우 거대했고, 크리스토퍼와 토드, 그리고 모든 협력자들은 예술과 산업 사이의 한 번도 가보지 않은 벼랑에 서 있었다. 일과 여가, 효율성와 필요성, 원대한 아이디어와 실행을 위해 경제, 조직, 개인적인 측면에서 모든 것을 고민해야 했다. 그들은 2012년에 잠재적 입주 업체들에 접촉하고, 리모델링 자금 조달을 위해 정부와 금융 단체에 접근함으로써 비전을 재무적 현실로 바꿨다. 크로스타운은 공공과 민간단체 20개 이상의 출처를 통해 2억 달러를 조성할 수 있었다. 멤피스의 A. C. 워튼(A. C. Wharton) 시장은 "이런 대규모 프로젝트에는 찬성은커녕 반대만 가득합니다"라고 말하며, 선뜻 투자를 결정했다.

그렇게 프로젝트는 조금씩 전진했고, 착공식에 이르러 사람들에게 잠시 멈추고 축하할 수 있는 순간을 허락했다. 텅 빈 크로스타운이 빗속에 단호하게 서 있는 동안 바람에 흔들리는 천막 안은 합창단과 밴드, 시와 카운티 시장 두 명, 현지인의 자부심을 가득 담고 가까이에서 또는 멀리에서 온 사람들로 생기가 넘쳐났다. 그들이 만든 것은 빌딩이 아니라 공동체에 더 가까웠다. 은행과 기업뿐만 아니라 건강관리 업체에서부터 대학교에 이르는 예비 입주자들이 공동 창조자로 합류했고, 비교적 독창적인 자금 조달 구조로 참여한 동료 예술가들도 많았다.

새로운 크로스타운에는 아트센터와 의료 기관, 학교, 거주 공간, 편의시설 등이 들어설 예정이고, 도시의 생애를 보호해줄 뿐만 아니라 건강하고 신선한 점심 식사와 함께 대화할 수 있는 장소도 마련해줄 것이다. 착공식은 끝이자 시작을 의미한다. 일의 축적이자 새로운 과정의 시작이다. 팀은 의지와 믿음, 결단력과 실천, 긍정적인 태도와 일의 완수라는 특별한 조합으로 앞으로 거침없이 나아갈 것이다. "빛을 비추면서 보이는 곳의 끝까지 걸어가고, 그 후에도 계속 걸어가라"는 것이 그들의 신조였다.

착공식을 마치며 토드는 이렇게 말했다.

"우리는 앞으로 나아갈 길이 있다는 희망을 절대로 잃지 않았어요. 그 길을 찾기만 하면 되는 거였죠."

이 책은 편지 쓰기와 봉투 디자인 관점에서 많은 이들의 도움으로 탄생할 수 있었다. 내가 아이디어를 여행하며 글을 쓸 수 있는 시간과 공간을 마련해준 사람들이었다.

우선 넓은 마음으로 이 책을 읽어준 독자들에게 감사한다. 이선 클라인(Ethan Kline), 사브리나 모일(Sabrina Moyle), 제프 휘태커(Jeff Whitaker)는 이 책의 과정 단계에서 허우적거리는 초고를 검토해줬다. 특히 사브리나는 창의성의 유형을 제안하며 긴 메모까지 보내줬다. 마이클 조지프 그로스(Michael Joseph Gross)는 나를 이끌어주는 현명한 가이드였다. 베로니카 로버츠(Veronica Roberts)는 진정한 동료이자 친구이며 솔 르윗과 에바 헤세에 관한 지식을 제공해줬다. 헤더 놀린(Heather Nolin)은 레오나르도 다 빈치와 피렌체의 화폐에 대한 매유 유익한 문헌을 알려줬다. 주디스 프라우다(Judith Prowda)는 예술 관련 법에 대한 전문 지식을 나눠줬다.

매트 앨스도프(Matt Alsdorf), 마르시아 코너(Marcia Connor), 나타샤 데겐(Natasha Degen), 크리스티나 페란도(Christina Ferando), 스테이시 거트먼(Stacey Gutman), 리사 키시엘린스키(Lisa Kicielinski), 샐리 클라인(Sally Kline), 마사 오닐(Martha O'Neill), 에밀리 루빈(Emily Rubin), 데이비드 체(David Tze), 조너선 체(Jonathan Tze), 이블린 스펜스(Evelyn Spence), 일레인 휘태커(Elaine Whitaker) 또한 중요한 독자 역할을 해주며 조언을 아끼지 않았다.

내가 일하는 틈틈이 글을 쓸 수 있게 배려해준 가족과 친구들에게도 무척 감사하다. 허버트 앨런(Herbert Allen), 해럴드 바머스(Harold Varmus), 콘스탄스 케이시(Constance Casey), 비벌리 샤핀(Beverly Chapin), 로지와 딕 거트먼(Rosie and Dick Gutman), 다비 잉글리시(Darby English)에게 꼭 고마움을 표하고 싶다. 그리고 책을 쓰는 동안 명절에 초대해주고 마치 외국에서 온 운 좋은 교환학생처럼 즐거운 정서를 경험하게 해준 피터 머피(Peter Murphy), 오드리 시어(Audrey Thier), 조너선 클루엣(Jonathan Cluett), 코넬리아 알덴(Cornelia Alden) 줄리와 조 카를로(Julie and Zoe Carlo), 제니퍼 폰스(Jennifer Ponce)에게도 고맙다.

하퍼콜린스와 함께 일하게 된 것은 영광이자 큰 즐거움이었다. 출판업계의 요다 같은 홀리스 하임바우치(Hollis Heimbouch)와 스테파니 히치콕(Stephanie Hitchcock), 콜린 로리(Colleen Lawrie)는 출판 전반에 걸쳐 안내자 역할을 해줬다. 그밖에도 하퍼콜린스의 많은 사람에게 특별한 감사를 드린다. 편집장 신디 아차르(Cindy Achar)와 제작 담당자 니키 발도프(Nikki Baldauf)는 원고의 완성도를 높일 수 있게 지도해줬다. 디자인을 해준 사라 브로디(Sarah Brody)와 윌리엄 루오토(William Ruoto), 교열담당자 톰 피토니아크(Tom Pitoniak)에게도 감사한다. 특히 일의 구조 안에서 일어나는 창조적 과정을 다룬 책이다 보니 비즈니스 분야에서 도움을 준 사람들이 많다. 하퍼콜린스의 엘리베이터 안에서 우연히 만난 영업 팀의 캐시 슈나이더(Kathy Schneider), 더그 존스(Doug Jones), 로빈 빌라델로(Robin Bilardello), 편집자들과 함께 이 프로젝트의 프로듀서 역할을 해준 렌 마셜(Len Marshall)에게도 감사한다. 또 끝없는 인내심으로 내 사진을 찍어준 셰이바 레즈바니(Sheiva Rezvani), 이 책이 빛을 볼 수 있게 해준 에이전트 필라 퀸(Pilar Queen)에게도 감사의 마음을 전한다.

　이 책은 내가 로워 맨해튼 문화 위원회(LMCC)의 상주 기업가이자 작가로 일할 때 시작됐다. 멜리사 레빈(Melissa Levin), 윌 펜로즈(Will Penrose), 션 캐롤(Sean Carroll), 클레어 맥널티(Clare McNulty), 샘 밀러(Sam Miller), 케이 타케다(Kay Takeda), 그리고 워크스페이스의 동료들, 특히 책에 언급되는 사람들을 직접 만나라는 조언하며 모험을 떠나게 해준 드루 도노반(Dru Donovan), 터커 바이마이스터(Tucker Veimeister), 베스 로젠버그(Beth Rosenberg), 이하 LMCC 관계자들에게도 감사한다.

　또한 여러 매체의 편집자들에게 많은 도움을 받았다. 〈패스트 컴퍼니〉의 크리스 대넌(Chris Dannen), 〈Art21〉의 켈리 쉰들러(Kelly Schindler), 〈아키텍추럴디자인(Architectural Design)〉의 사만다 하딩엄(Samantha Hardingham), 〈더밀리언즈(The Millions)〉의 C. 맥스 매기(C. Max Magee), 대학예술협회에서 디자인과 비즈니스에 대해 강연할 기회를 준 크리스 가빈(Chris Garvin), 캐롤라인 울라드(Caroline Woolard), 빌 포히다(Bill Powhida), 마이클 맨디버그(Michael Mandiberg), 파블로 헬게라(Pablo Helguera)에게 감사한다. 이들은 내가 처음으로 예술가들의 소유권에 대한 주장을 만들 수 있게 지지해준 그룹이었다.

운 좋게도 많은 사람들과 이야기를 나누고 서신을 주고받거나 정식 인터뷰를 할 수 있었다. 그중에는 책에 등장한 사람들도 있다. 자신들의 소중한 시간을 아낌없이 나눠줬다. 안톤 앤드루스, 나탈리 밸스로프(Natalie Balthrop), 카르멘 밤바치(Carmen Bambach), 안드레아스 폰 벡톨샤임, 닐 블루멘탈, 브라이언 보이어(Bryan Boyer), 애나 카운슬먼(Anna Counselman), 매슈 델레게트(Matthew Deleget), 윌리엄 데레저위츠, 앤서니 도어, 캐롤 드웩, 루이즈 플로렌코트, 토머스 포가티, 딕 포스터(Dick Foster), 대니얼 길버트, 데이브 기루아드(Dave Girouard), 닐 그라보이스(Neil Grabois), 하이디 하케메르(Heidi Hackemer), 스티븐 힌턴(Stephen Hinton), 데인 하워드(Dane Howard), 히샴 이브라힘(Hisham Ibrahim), 클레어 존슨(Claire Johnson), 제시 존슨(Jesse Johnson), 라자 칸(Raza Khan), 마이클 루이스, 페이-페이 리, 매트 메이슨(Matt Mason), 수잔 맥코넬, 빌 맥키벤, 크리스토퍼 마이너, 션 모스 풀츠, 휴 머식, 더그 뉴버그(Doug Newburg), 알렉산더 폰 퍼폴(Alexander von Perfall), 레슬리 펄로, 리카르도 프라다, 사이먼 파일(Simon Pyle), 제퍼슨 라브, 에반 라틀리프, 제임스 레독(James Reddoch), 메이미 라인골드(Mamie Reingold), J. P. 루어(J. P. Reuer), 토드 리처드슨, 댄 로암(Dan Roam), 윌 로젠츠바이크, 톰 삭스, 피터 스콧, 멜레아 수워드, 웨슬리 테르 하르(Wesley ter Haar), 매슈 티우스(Matthew Tiews), 제니퍼 트레이너 톰슨(Jennifer Trainer Thompson), 에일린 트램(Eileen Tram), 에

이미 브제스니예프스키(Amy Wrzesniewski), 조너선 지트레인(Jonathan Zittrrain), 메리 주버(Mary Zuber), 앨라배마 주 먼로빌의 주민에게도 감사의 마음을 전한다.

또한 닐 배스콤의《완벽한 1마일》, 찰스 쉴즈(Charles Shields)의《모킹버드((Mockingbird)》, 스티븐 레비의《크립토》, 론 루빈(Ron Rubin)의《티셔츠를 위해서라면 뭐든지(Anything for a T-Shirt)》도 빠뜨릴 수 없다. 도널드 키오의《실패하는 사람들의 10가지 습관》도 초기 집필에 큰 영감을 줬다.

너그러운 사람들에게 잔뜩 둘러싸여 살아간다는 사실은 정말 행운이다. 서니 베이츠(Sunny Bates), 존 마에다, 로리 릭스(Rory Riggs)는 이 책에서 다룬 주제와 사람들을 소개해줬다. 낯선 이들의 친절함 또한 감동을 줬다. 로저 배니스터의 이웃이었던 사람이 대서양 건너까지 정보가 담긴 꾸러미를 보내줬고 에밀리 포런드(Emily Forlund)는 앤서니 도어를 소개해줬다. 내가 그녀를 한 번도 만나본 적 없고 그녀 또한 도어의 에이전트가 아닌데도 말이다.

이 책의 특정한 주제는 물론이고 예술과 비즈니스를 가르치는 법과 배우는 법에 대해 많은 가르침을 주신 은사님들이 있다. 메건 부세(Megan Busse), 에드 에핑, 제임스 포시어(James Forcier), 마이크 글리어(Mike Glier), 에바 그루딘(Eva Grudin), 게리 제이콥손(Gary Jacobsohn), 데이비드 레버렛(David Leverett), 마이클 루이스(Michael Lewis), 폴 맥어보이(Paul MacAvoy), 테드 마모르(Ted Marmor), 배리 네일버프(Barry Nalebuff), 샤론 오스터(Sharon Oster), 패트리샤 필립스(Patricia Phillips), 네이선 셰드로프(Nathan Shedroff), 제시 셰프린(Jessie Shefrin)이다. 특히 진로에 대해 많은 조언과 격려를 해준 슬레이드미술대학원 브루스 맥린(Bruce McLean) 교수에게 특별한 감사를 드린다.

토머스 파이(Thomas Fahey), 조지프 트잔(Joseph Tjan), 데이비드 앤더슨(David Anderson), 에리카 스츨린드라(Erica Schlindra), 에린 하셋(Erin Hassett), 제시카 헨리(Jessica Henry), 새무얼 만(Samuel Mann), 로즈메리 마리온(Rosemerie Marion), 로셸 카츠(Rochelle Katz), 안드레아스 산 마틴(Andreas San Martin), 크리스토퍼 슐츠, 조슈아 짐, 로버트 무노즈(Robert Munoz), 제니퍼 플라스센시아(Jennifer Plascensia), 스테파니 존스(Stephanie Jones), 엘리자베스 와그너(Elizabeth Wagner)에게도 특별한 감사를 전한다. 이들이 없었다면 이 책을 쓰지 못했을 것이다. 그 외에도 감사한 마음을 전할 분들이 많지만 한정된 지면상 다 열거하지 못하는 점을 이해해주길 바란다.

학구열 강한 내 어머니 일레인(Elaine)과 이야기의 대가이자 삶에 활기를 주는 비벌리(Beverly) 이모, 정말로 마음을 담아 일하는 여동생 스테이시(Stacey), 우리 집안의 독창적인 예술가인 오빠 제프(Jeff)를 비롯해 항상 내 마음속에 자리하는 모든 사람에게 애정과 존경을 보낸다.

책을 쓰는 동안 내 목숨을 구해준 사람들도 있고, 내가 구할 가치가 있는 삶을 만들 수 있게 해준 이들도 있었다. 진심으로 감사한 마음을 전하고 싶다.

에이미 휘태커

• 11세기

예술   문법

논리

수사

연산

음악

기하학

천문학

신학

법

의학

• 18세기

역사   신성한 역사

기독교 역사

민간·고대·근대 역사

자연사

철학	일반형이상학
	신의 과학
	인간의 과학
	자연의 과학
시	비종교적
	종교적

● 21세기

예술과 인문학

건축미술학부, 아시아중동학부, 고전학부, 신학부, 영문학부, 근대중세언어학부, 음악부, 철학부, 예술연구센터, 인문사회과학

생물학 · 수의학

생화학과, 실험심리학과, 유전학과, 병리학과, 약리학과, 생리학과, 발달학과, 신경학과, 식물학과, 수의학과, 동물학과, 웰컴트러스트(Wellcome Trust), UK 거던 암연구소(Cancer Research UK Gurdon Institute), 세인스버리연구실(Sainsbury Laboratory), 웰컴트러스트 줄기세포연구소(Wellcome Trust Centre for Stem Cell Research), 캠브리지 시스템 생물학센터(Cambridge Systems Biology Centre)

임상의학

임상 생화학, 임상 신경학, 혈액학, 유전의학, 약학, 부인과학, 종양학, 정신의학, 소아학, 공중보건학과 일차치료, 방사선학, 수술학

인문사회과학

고고학과 인류학부, 경제학부, 교육학부, 역사학부, 법학부, 범죄학 연구소, 정치학부, 심리학, 사회학 및 국제학, 토지경제학, 라틴아메리카연구센터, 아프리카연구센터, 남아시아연구센터, 개발위원회

자연과학

응용수학 및 이론물리학과, 천문학연구소, 화학과, 지구과학과, 지리학과, 물성물리학 및 금속학과, 아이작뉴턴수학연구소, 물리학과, 순수수학 및 수학통계학과

기술

공학, 화학공학 및 생물공학, 컴퓨터연구실, 경영대학원, 캠브리지 지속 가능 리더십 프로그램(Cambridge Programme for Sustainability Leadership)

005　내가 어떻게 예술가가 됐는지는 기억나지 않지만: Vik Muniz, Keynote Lecture for the Symposium "International Museum Education Institute: Focus Brazil—Pedagogy, Art, Participation," Museum of Modern Art, New York. July 22, 2011.

들어가며: 어떤 삶을 선택할 것인가

008　이상적인 의식 상태가 되기만을: Joseph Beuys, "Every Man an Artist: Talks at Documenta V," in *Joseph Beuys: The Reader*, edited by Claudia Mesch and Viola Michely (Cambridge, MA: MIT Press, 2007), 189. (Taken from an interview and recordings made by Clara Bodenmann-Ritter visiting Beuys's project at Documenta V, *Office for Direct Democracy*.)

009　2008년 1월 17일: Tom Symonds, "The Mystery of Flight 038," BBC News, January 24, 2008, http://news.bbc.co.uk/2/hi/uk_news/england/london/7208126.stm.

009　버터워스-헤이즈: Nick Parker, Jamie Pyatt, Alex Peake, and Virginia Wheeler, "Wing and a Prayer," *Sun*, January 18, 2008, 4-5.

009　평범한 사람들: Ben Webster, "First Officer Hailed as Hero for Nursing Stricken Boeing to Safety After Both Engines Fail," *Times*(London), January 19, 2008, 8.

011　내가 미술대학원을 졸업한 2004년: The HBR Editors, "Breakthrough Ideas for 2004," *Harvard Business Review*, February 2004, 2; Daniel H. Pink, "The MFA Is the New MBA," *Harvard Business Review*, February 2004, 11-12.

011 제임스 J. 크레이머: James J. Cramer, "Analyze This," *New York*, March 14, 2004, 18.

012 1926년 콘스탄틴 브랑쿠시: MaryKate Cleary, " 'But Is It Art?' Constantin Brancusi vs. the United States," Inside/Out: A MoMA/PS1 Blog, July 24, 2014, accessed September 14, 2015, http://www.moma.org/explore/inside_out/2014/07/24/but-is-it-art-constantin-brancusi-vs-the-united-states/. 예술에는 수입 관세가 없었지만 조리 기구 및 병원 용품에는 40퍼센트를 세금으로 부과했다. 브랑쿠시는 이에 대해 미국 정부를 고소하여 승소했다.

012 1974년: "Joseph Beuys: Actions, Vitrines, and Environments, Room 4," Tate. org.uk, accessed September 14, 2015, http://www.tate.org.uk/whats-on/tate-modern/exhibition/joseph-beuys-actions-vitrines-environments/joseph-beuys-actions-4. The work is called I Like America and America Likes Me, 1974.

013 마르틴 하이데거: 에세이는 하이데거가 1935년에 발표한 강의에서 비롯됐다. 그는 1950년에서 1960년 사이에 에세이를 완성했고, 1976년에 사망했다.

013 예술 작품의 근원: Martin Heidegger, "The Origin of the Work of Art," in *Basic Writings*, edited by David Farrell Krell (New York: HarperPerennial, 1993), 143-206. See essay overall, including the passage "Whenever art happens—that is, whenever there is a beginning—a thrust enters history; history either begins or starts over again" (201).

015 조지프 슘페터: Joseph A. Schumpeter, *Capitalism, Socialism, and Democracy*, 3rd ed. (1942; reprint, London and New York: Routledge, 2008), 81-86.

015 혁신이 세상을 돌아가게 만든다: "Thanksgiving for Innovation", *Economist Technology Quarterly*, September 21, 2002, 13.

015 한마디로: "Thanksgiving for Innovation," *Economist*, September 21, 2002.

016 핀 공장: Adam Smith, *An Inquiry into the Nature and Causes of the Wealth of Nations, Books I–III*, edited by Andrew Skinner (1776; reprint, New York and London: Penguin Classics, 1999), 109-10.

016 연필 이야기: Leonard E. Read, "I, Pencil: My Family Tree as Told to Leonard E. Read," *Library of Economics and Liberty*, December 1958, accessed September 1, 2015, http://www.econlib.org/library/Essays/rdPncl1.html.

016 비용 시스템의 마법: Milton Friedman, "Power of the Market," Free to Choose, PBS, 1980, accessed September 1, 2015, https://www.youtube.com/watch?v=R5Gppi-O3a8. (See "the magic of the price system" at 1:58.)

017 자라: Seth Stevenson, "Polka Dots Are In? Polka Dots It Is!," *Slate*, June 21,

2012, http://www.slate.com/articles/arts/operations/2012/06/zara_s_fast_fashion_how_the_company_gets_new_styles_to_stores_so_quickly_.html. See also Nelson M. Fraiman, Medini Singh, Carolyn Paris, and Linda Arrington, "Zara," Columbia Business School Teaching Case, 2010.

019 풍선 카테터: David E. Brown, *Inventing Modern America:From the Microwave to the Mouse* (Cambridge, MA: MIT Press, 2002), 12 – 17.

019 《앵무새 죽이기》: Alexandra Alter, "Harper Lee, Author of 'To Kill a Mockingbird,' Is to Publish a Second Novel," New York Times, February 3, 2015, http://www.nytimes.com/2015/02/04/books/harper-lee-author-of-to-kill-a-mockingbird-is-to-publish-a-new-novel.html?_r=0.

019 청바지 세 벌: Charles Shields, *Mockingbird* (New York: St. Martin's Griffin, 2006), 186, 200.

020 로저 배니스터: Harry Wallop, " 'I gave it everything': Sir Roger Bannister Marks 60 Years Since His Record," *Telegraph*, May 3, 2014, http://www.telegraph.co.uk/sport/othersports/athletics/10803219/I-gave-it-everything-Sir-Roger-Bannister-marks-60-years-since-his-record.html.

020 영화에서: Daniel Noah, "The Major Dramatic Question," Gotham Writers' Workshop, accessed October 8, 2015, https://www.writingclasses.com/toolbox/articles/the-major-dramatic-question. First introduced to the author by Pete Jensen, faculty, Gotham Writers Workshop.

021 픽사: Ed Catmull with Amy Wallace, Creativity Inc.: *Overcoming the Unseen Forces That Stand in the Way of True Inspiration* (New York: Random House, 2014).

025 창조하는 창의성과 독창적인 창의성: Mihaly Csikszentmihalyi, Creativity: *The Psychology of Discovery and Invention* (New York: HarperCollins, 1996), 8.

025 정신이 있고 사고할 수 있기에 모두가 공유하는 특징: 위의 책, 7.

026 스타벅스: "About Us," Starbucks.com, accessed February 2, 2015, http://www.starbucks.com/about-us/company-information.

027 자신의 진실성을 발견하는 것: Dror Benshetrit, "Design Outside the Lines," panel discussion organized by the New York City chapter of the Industrial Designers Society of America, held in the offices of FAB.com, New York, November 19, 2013.

028 레오나르도 다 빈치: Martin Kemp, *Leonardo* (Oxford and New York: Oxford University Press, 2004).

031 G. K. 체스터튼: Read, "I, Pencil." See also Dale Ahlquist, "Who Is This Guy and Why Haven't I Heard of Him?," American Chesterton Society, accessed

October 8, 2015, http://www.chesterton.org/who-is-this-guy/.

Chapter 1: 넓게 보기

034　인간이라면: Robert A. Heinlein, *Time Enough for Love* (New York: Ace Books, 1988), 248.

035　양조장을 소유한 사람다운 친근함: "Folks," Fogarty Winery, acc essed October 8, 2015, http://www.fogartywinery.com/folks. The winery was founded in 1978 as more of a hobby interest by Fogarty, in partnership with the winemaker Michael Martella. They first produced wines commercially in 1981, hence the "Est. 1981" date on their bottles.

035　다섯 살 때: Thomas Fogarty, interview by author, December 12, 2011.

035　30만 명의 목숨을 구하는 의료 기구: "Dr. Fogarty," Fogarty Institute for Innovation, accessed September 3, 2015, http://www.fogartyinstitute.org/about-fogarty.php.

036　비행 청소년: Thomas Fogarty, interview by author, December 12, 2001. See also Brown, *Inventing Modern America*, 12; and Jim Quinn, "Hall of Fame Interview: 'Failure Is the Preamble to Success,'" *Invention & Technology Magazine*, Winter 2004, accessed October 8, 2015, http://www.inventionandtech.com/content/"failure-preamble-success"-0.

036　낚시: Thomas Fogarty, interview by author, December 12, 2011.

036　열악한 노동 착취의 현장: 위의 책.

036　고작 열세 살이었다: Quinn, "Hall of Fame Interview." 13살의 나이는 포가티의 기억에 근거했다. 8학년 때부터 병원에서 일하기 시작했다고 했지만 정확하지 않을 수도 있다.

036　시급 18센트: David Cassak, "The Inventor's Inventor: An Interview with Tom Fogarty," *In Vivo*: The Business and Medicine Report, February 2003, 27-28.

036　전용 세척제: Thomas Fogarty, interview by author, December 12, 2011.

037　수술 보조를 맡게 됐다: Quinn, "Hall of Fame Interview."

037　열한 번째 자식: Thomas Fogarty, interview by author, December 12, 2011.

037　그런 일이 반복되면: Cassak, "The Inventor's Inventor," 28.

038　가게 권리: Quinn, "Hall of Fame Interview."

038　라텍스 장갑: Cassak, "The Inventor's Inventor," 29.

038 두세 번 실패한 후에: 위의 책.

038 1959년 의대 4학년: Eileen Tram, Executive Assistant to Dr. Thomas J. Fogarty, email to author, October 31, 2014. Based on Eileen Tram conversation with Dr. Fogarty that day. See also "Profile: Thomas Fogarty," *Vascular News*, May 4, 2006, accessed September 3, 2015, http://www.vascularnews.com/vn-archives/vascular-news-29-and-north-american-edition-12/profile-tom-fogarty. The profile includes a timeline of Fogarty's life, including medical school, 1956–60.

039 사망선고만 내리면 됐거든: Cassak, "The Inventor's Inventor," 28.

039 미끼를 묶고 만드는 일을 항상 해왔기 때문에: Brown, *Inventing Modern America*, 15.

039 낚시의 매듭을 접착의 도구로: "Dr. Fogarty," Fogarty Institute for Innovation, accessed September 3, 2015, http://www.fogartyinstitute.org/about-fogarty.ph.

041 문화적 차이: Richard E. Nisbett, *The Geography of Thought: How Asians and Westerners Think Differently...and Why* (New York: Free Press, 2004), 89.

042 장소가 연못처럼 보였다: 위의 책. See also Takahiko Masuda and Richard E. Nisbett, "Attending Holistically vs. Analytically: Comparing the Context Sensitivity of Japanese and Americans," *Journal of Personality and Social Psychology* (2001): 922–34, accessed September 3, 2015, https://www.ualberta.ca/~tmasuda/index.files/Masuda&Nisbett2001.pdf.

042 파레토의 법칙: Dave Lavinsky, "Pareto Principle: How to Use It to Dramatically Grow Your Business," Forbes.com, January 20, 2014, accessed February 2, 2015, http://www.forbes.com/sites/davelavinsky/2014/01/20/pareto-principle-how-to-use-it-to-dramatically-grow-your-business/.

043 schole: Richard Nisbett, "The Geography of Thought," *New York Times*, April 20, 2003, accessed January 25, 2015, http://www.nytimes.com/2003/04/20/books/chapters/0420-1st-nisbe.html?src=pm&pagewanted=2.

044 《몸과 영혼의 에너지 발전소》: Jim Loehr and Tony Schwartz, *The Power of Full Engagement: Managing Energy, Not Time, Is the Key to High Performance and Personal Renewal* (New York: Free Press, 2003).

047 우리는 광활한 존재에서 둘러싸여 살아가지만: Jean Paul Richter, trans., *The Notebooks of Leonardo da Vinci—Complete* (1888, reprint: Seattle, WA: Pacific Publishing, 2010), sec 1215, 219.

048 예상치 못한 손님: Will Rosenszweig, interview by author, August 22, 2014.

050   리처드 드루: Ernest Gundling, *The 3M Way to Innovation: Balancing People and Profit* (Tokyo: Kodansha International, 2000), 56–57. See also Virginia Huck, *Brand of the Tartan: The 3M Story* (New York: Appleton, 1955), 133–38.

051   20퍼센트 타임제: Kaomi Goetz, "How 3M Gave Everyone Days Off and Created an Innovation Dynamo," *Fast Company*, accessed February 1, 2011, http://www.fastcodesign.com/1663137/how-3m-gave-everyone-days-off-and-created-an-innovation-dynamo.

051   애드센스: Ryan Tate, *The 20% Doctrine: How Tinkering, Goofing Off, and Breaking the Rules at Work Drive Success in Business* (New York: HarperBusiness, 2012), 15–17.

052   나는 구글이 알타비스타에 완전히 눌릴 거라고 생각했어요: Paul Buchheit, The Technology Blog, July 30, 2014, accessed October 10, 2014:, http://paulbuchheit.blogspot.com/2014/07/the-technology.html.

052   창의적인 활동: 창의성의 분류에 대한 아이디어는 이 책의 초기 독자이자 언제나 나를 응원해주는 친구 사브리나 모이얼(Sabrina Molyer)과의 대화에서 처음 나왔다. 이곳에서 그녀의 공헌을 전하고 싶었다.

054   알프레드 챈들러: Geoffrey G. Jones, "Remembering Alfred Chandler," Working Knowledge, Harvard Business School blog, June 15, 2007, accessed September 6, 2015, http://hbswk.hbs.edu/item/5695?item=5695.html. See Alfred D. Chandler Jr., *Strategy and Structure: Chapters in the History of the Industrial Enterprise* (Cambridge, MA, and London: MIT Press, 1962).

054   버락 오바마: David Talbot, "How Obama *Really* Did It," *MIT Technology Review*, August 19, 2008, accessed September 6, 2015, http://www.technologyreview.com/featuredstory/410644/how-obama-really-did-it/.

055   우리 내면에 품고 있는 무한성: Milan Kundera, *The Book of Laughter and Forgetting* (1978; reprint, New York: HarperPerennial, 1996), 225–26.

055   돈 월: William Langwiesche, "Meet the Two Men Who Free-Climbed Yosemite's Perilous Dawn Wall," *Vanity Fair*, April 2015, http://www.vanityfair.com/culture/2015/03/free-climb-yosemite-dawn-wall-tommy-caldwell-kevin-jorgeson.

055   뇌를 위한 섹스: Roger von Oech, Ph.D., *A Whack on the Side of the Head: How to Unlock Your Mind for Innovation* (New York: Warner Books, 1983), 5.

056   큐리오시티 로버: Kenneth Chang and Jeremy Zilar, "NASA's Curiosity Rover Successfully Lands on Mars," The Lede blog, *New York Times*, August 5, 2012, accessed September 6, 2015, http://thelede.blogs.nytimes.com/2012/08/05/

curiosity-is-set-to-land-on-mars/.

059 에이브러햄 매슬로: Abraham H. Maslow, "A Theory of Human Motivation," *Psychological Review* 50, no. 4 (July 1943): 370–96.

060 그랜드 투어: Jean Sorabella, "The Grand Tour" in *Heilbrunn Timeline of Art History* (New York: Metropolitan Museum of Art, 2000), accessed October 8, 2015, http://www.metmuseum.org/toah/hd/grtr/hd_grtr.htm.

060 라즐로 복: Laszlo Bock, "The Biggest Mistakes I See on Resumes, Part 2: Your Top 8 Questions," LinkedIn, January 26, 2015, https://www.linkedin.com/pulse/biggest-mistakes-i-see-resumes-part-2-your-top-8-questions-bock.

063 세상에 그냥 낭비되는 것은 하나도 없다: Brene Brown, "O's Experts Will Now Take Your Makeover Questions," *O, The Oprah Magazine*, September 2014, 124.

064 인간과 그의 존엄성에 관련된 목표가 있다: Pope Francis, "Pope's Prayer Intentions for June Focus on Europe and Jobs Crisis," transcript, Vatican Radio, May 27, 2014, accessed September 3, 2015, http://en.radiovaticana.va/news/2014/05/27/pope's_prayer_intentions_for_june_focus_on_europe_and_jobs_/1101048.

065 나이트클럽 경비원: Robert Draper, "How Francis Is Remaking Rome," *New York Post*, September 20, 2015, 8. See also David K. Li, "Pope Francis Worked as Nightclub Bouncer," *New York Post*, December 3, 2013, accessed September 20, 2015, http://nypost.com/2013/12/03/pope-francis-i-worked-as-a-bouncer/.

065 미뤄라: Tom Sachs, interview by author and award acceptance speech, Louise Blouin Creative Leadership Summit, September 23, 2015. This list appeared as "10 Bullets for the *WSJ*," *Wall Street Journal*, September 24, 2011, accessed January 25, 2014, http://www.wsj.com/news/interactive/TomSachsLttr102911. See also tenbullets.com. With thanks to Tom Sachs, who gave the author his own photocopy of the bullets after he read from them accepting an award at a party.

065 한스 베르거: Ferris Jabr, "Why Your Brain Needs More Downtime," *Scientific American*, October 15, 2013, http://www.scientificamerican.com/article/mental-downtime/.

066 자아 형성의 토대: Mary Helen Immordino-Yang, Joanna A. Christodoulou, and Vanessa Singh, "Rest Is Not Idleness: Implications of the Brain's Default

Mode for Human Development and Education," *Perspectives on Psychological Science* 7 (2012): 352. The title comes from a 1984 book, *The Use of Life*, by John Lubbock.

067   일의 성과도 올라갔다: Leslie A. Perlow and Jessica L. Porter, "Making Time Off Predictable—and Required," *Harvard Business Review*, October 2009, https://hbr.org/2009/10/making-time-off-predictable-and-required.

067   생산성 향상 시간: Leslie A. Perlow, "Manage Your Team's Collective Time," *Harvard Business Review*, June 2014, https://hbr.org/2014/06/manage-your-teams-collective-time.

068   환자 우선: Thomas Fogarty interview by author.

Chapter 2: 과정 즐기기

072   어떠한 삶이든: George Orwell, "Benefit of Clergy: Some Notes in Salvador Dali," *in All Art Is Propaganda: Critical Essays*, compiled by George Packer, introduction by Keith Gersen (New York: Mariner Books/Houghton Mifflin Harcourt, 2009), 210.

073   1949년: Charles J. Shields, *Mockingbird* (New York: St. Martins Griffin, 2006), 15, for the year she moved to New York and sixteen for her age.

073   BOAC: 위의 책, 20.

073   그녀가 책을 쓴다고 말하기는 했지만: 위의 책, 22. Spoken by Louise Sims, wife of the saxophonist Zoot Sims. "이곳에 먼로빌 출신의 평범한 소녀가 있었어요. 우리는 그녀를 대수롭지 않게 생각했어요. 그녀가 책을 쓴다고 말하기는 했지만요."

073   폭풍 같은 찬사: Newquist, ed., *Counterpoint*, 404.

073   퓰리처상: Shields, Mockingbird, 182, 199.

076   1971년: Edward E. Jones and Richard Nisbett, *The Actor and the Observer: Divergent Perceptions of the Causes of Behavior*, (New York: General Learning Press, 1971).

077   헌팅턴칼리지: 위의 책, 84, 85. She was a Chi Omega.

078   조이, 마이클 브라운 부부: 위의 책, 24-25.

078   1년치 급여: Shields, *Mockingbird*, 25; and Fox, "Michael Brown, 93, Dies."

078   내 재능을 진지하게 써보기를: Shields, *Mockingbird*, 26.

079   《파수꾼》: 위의 책, 114.

080 구글 X: Ricardo Prada, interview by author, at Google X, August 25, 2014. See also Ricardo Prada, "Hi There," Ricardoprada.com, and Bryn Smith, "Getting Hired: How to Score a Job at Google X, the Secret Lab Behind Glass and Self-Driving Cars," Core77, January 21, 2014, accessed September 6, 2015, http://www.core77.com/posts/26282/Getting-Hired-How-to-Score-a-Job-at-Google-X-the-Secret-Lab-Behind-Glass-and-Self-Driving-Cars.

080 물론 아무것도 하지 않는 것보다는 낫지만: Ricardo Prada, interview by author, at Google X, August 25, 2014.

081 스스로 똑똑하다는 믿음: Carol S. Dweck, Ph.D., *Mindset: The New Psychology of Success* (New York: Ballantine, 2006), 4.

082 자신의 작품에 끈덕지게 붙어 있으면: Leonardo da Vinci, *Leonardo on Painting*, selected and translated by Martin Kemp and Magaret Walker (New Haven, CT: Yale University Press, 1989), 203. Kemp's concordance with other sources: BN 2038 28r (R530), Urb 131v-132r (McM 440).

083 레오나르도 다 빈치가 그림을 잘 그린 이유: Michael J. Gelb, *How to Think Like Leonardo da Vinci* (New York: Dell, 2000), 167. See also Kenneth Clark, *Catalogue of the Drawings by Leonardo da Vinci in the Collection of His Majesty the King, at Windsor Castle*, 2 vols. (New York: Macmillan, 1935); *Leonardo da Vinci: An Account of His Development as an Artist* (Baltimore: Penguin Books, 1939)

083 가장 호기심 많은 인간: Gelb, *How to Think Like Leonardo*, 50.

084 못난이 아기들: Ed Catmull, with Amy Wallace, *Creativity Inc.: Overcoming the Unseen Forces That Stand in the Way of True Inspiration* (New York: Random House, 2014), 131.

087 인간은 앞으로 50년 동안: McCullough, *The Wright Brothers*, 208.

087 불과 2년 후: Arthur George Renstrom, *Wilbur & Orville Wright: A Reissue of A Chronology Commemorating the Hundredth Anniversary of the Birth of Orville Wright, August 19, 1871*, U.S. Centennial of Flight Commission and NASA: Monographs in Aerospace History, no. 32, September 2003, NASA publication SP-2003-4532, 7.

088 엘비스 프레슬리: Joel Williamson, *Elvis Presley: A Southern Life* (New York: Oxford University Press, 2014), 30, 128. Elvis said he failed music class. Other reports say he received a C. See also "Elvis Presley: Biography," Sun Records, http://www.sunrecords.com/artists/elvis-presley.

088 오프라 윈프리: David Zurawik, "From Sun Magazine: Oprah—Built in

Baltimore," *Baltimore Sun*, May 18, 2011, accessed September 6, 2015, http://articles.baltimoresun.com/2011-05-18/entertainment/bs-sm-oprahs-baltimore-20110522_1_oprah-winfrey-show-baltimore-history-wjz.

088   프레드릭 스미스: "Fred Smith: An Overnight Success," *Entrepreneur*, October 8, 2008, accessed September 6, 2015, http://www.entrepreneur.com/article/197542.

088   마이클 조던: Bob Cook, "The Reality Behind the Myth of the Coach Who Cut Michael Jordan," *Forbes*, January 10, 2012, accessed http://www.forbes.com/sites/bobcook/2012/01/10/the-reality-behind-the-myth-of-the-coach-who-cut-michael-jordan-in-high-school/.

088   닥터 수스: NPR Staff, "How Dr. Seuss Got His Start 'On Mulberry Street,'" NPR Books, January 24, 2012, accessed September 6, 2015, http://www.npr.org/2012/01/24/145471724/how-dr-seuss-got-his-start-on-mulberry-street.

088   프레드 아스테어: "Fred Astaire: Biography," Biography.com, accessed September 6, 2015, http://www.biography.com/people/fred-astaire-9190991.

089   스티븐 킹: Lucas Reilly, "How Stephen King's Wife Saved 'Carrie' and Launched His Career," Mental Floss, October 17, 2013, accessed September 6, 2015, http://mentalfloss.com/article/53235/how-stephen-kings-wife-saved-carrie-and-launched-his-career.

089   《취미로 그림 그리기》: Christopher Klein, "Winston Churchill's World War Disaster," History in the Headlines, May 21, 2014, accessed September 6, 2015, http://www.history.com/news/winston-churchills-world-war-disaster. The essay "Painting as a Pastime" was first included in Sir Winston Churchill, *Amid These Storms* (New York: Charles Scribner's Sons, 1932). Published as a standalone book: Winston S. Churchill, *Painting as a Pastime* (New York: McGraw-Hill, 1950 and New York: Cornerstone Library, 1965).

090   가장 좋은 순간: Winston Churchill, "Their Finest Hour," (speech, House of Commons, London, England, June 18, 1940), accessed December 4, 2015, http://www.winstonchurchill.org/resources/speeches/233-1940-the-finest-hour/122-their-finest-hour.

090   알렉산더 그레이엄 벨: History.com Staff, "Alexander Graham Bell Patents the Telephone," "This Day in History," A+E Networks 2009, accessed September 7, 2015, http://www.history.com/this-day-in-history/alexander-graham-

bell-patents-the-telephone.

090 바비: "Ruth Handler" (obituary), *Economist*, May 2, 2002, accessed September
7, 2015, http://www.economist.com/node/1109674. Ruth Handler was born
in 1916. Barbie was released in 1959.

090 루이즈 부르주아: Holland Cotter, "Louise Bourgeois, Influential Sculptor,
Dies at 98," *New York Times*, May 31, 2010, accessed September 7, 2015,
http://www.nytimes.com/2010/06/01/arts/design/01bourgeois.html?_r=0.
The exhibition was a 1982 retrospective at the Museum of Modern Art in
New York.

090 아론 소킨: Aaron Sorkin, "Remarks by Aaron Sorkin '83 at Syracuse
University's 158th Commencement and the SUNY College of Environmental
Science and Forestry's 115th Commencement," Syracuse University News
Service, May 13, 2012. Sorkin failed a drama class in college. After college
he was trying to become a writer and working variously as a bartender,
telemarketer, and driver.

090 레이먼드 챈들러: Carolyn Kellogg, "The Reading Life: Happy Birthday to
Me—and Raymond Chandler," *Los Angeles Times*, July 17, 2011, accessed
September 7, 2015, http://articles.latimes.com/2011/jul/17/entertainment/
la-ca-raymond-chandler-20110717.

090 데이비드 세이들러: "David Seidler Profile," *Telegraph*, February 28, 2011,
accessed September 7, 2015, http://www.telegraph.co.uk/culture/film/
oscars/8352445/David-Seidler-profile.html.

090 800억 달러: The market capitalization of 3M was $87 billion as of September
19, 2015, https://www.google.com/finance?q=NYSE%3AMMM&ei=naf9Ve
m2Gs7KmAHE-Z7wBg.

092 본초 자오선: 경도와 위도에 대한 기준은 오랫동안 존재해왔지만, 1884년 국
제자오선회의(International Meridian Conference)에서 22개의 정부가 합의
하며 본초 자오선을 기준으로 삼게 됐다. (one opposing, two abstaining). "The
Quest for Longitude and the Rise of Greenwich—A History," Greenwich
Meridian, accessed September 7, 2015, http://www.thegreenwichmeridian.
org/tgm/articles.php?article=9. See also: "Greenwich and the Millennium,"
Royal Museums Greenwich, accessed September 7, 2015, http://www.rmg.
co.uk/explore/astronomy-and-time/astronomy-facts/history/greenwich-
and-the-millennium.

092 매립지: Snejana Farberov, "How Hurricane Sandy Flooded New York Back to

Its 17th Century Shape as It Inundated 400 Years of Reclaimed Land," *Daily Mail*, June 15, 2013, http://www.dailymail.co.uk/news/article-2342297/Manhattans-original-coastline-revealed-Hurricane-Sandy-flooded-land-reclaimed-400-years.html.

092　식민지: Jeffrey Howe, "Boston: A History of the Landfills," Digital Archive of American Architecture, Study Guide to FA 267 from Saltbox to Skyscraper: Architecture in America, Boston College, accessed October 9, 2015, http://www.bc.edu/bc_org/avp/cas/fnart/fa267/bos_fill3.html.

092　석탄재: F. David 'Ferdie' Gilson, "South London Harriers: A Brief Club History," South London Harriers, last updated February 24, 2015, accessed October 9, 2015, http://www.southlondonharriers.org/about-us/club-history.html. "Sir Frederick Treves, a famous medical doctor of the time, calculated that a square mile of fog contained about six tons of soot."

093　메리 올리버: Parker J. Palmer, *A Hidden Wholeness:The Journey Toward an Undivided Life* (San Francisco: Jossey-Bass/Wiley, 2004), 34. See also Mary Oliver, "Low Tide," *Amicus Journal*, Winter 2001, 34.

093　1974년: Thich Nhat Hanh, *The Miracle of Mindfulness*, translated by Mobi Ho, translator's preface by Mobi Ho (1975; reprint, Boston: Beacon Press, 1987), vii–viii.

093　설거지하는 방법은 두 가지가 있습니다: 위의 책, 4.

094　매너의 반응: Lady (Laura) Troubridge, *The Book of Etiquette:The Complete Standard Work of Reference of Social Usage* (1926; Surrey: Kingswood/World's Work, 1948) v–vi.

095　2000년대: David Gelles, "A C.E.O.'s Management by Mantra," *New York Times*, March 1, 2015, Business, 1 and 6, http://www.nytimes.com/2015/03/01/business/at-aetna-a-ceos-management-by-mantra.html?_r=0. And author correspondence with Ethan Slavin, Aetna, January 19, 2016. See also "Ten Big Companies That Promote Meditation," OnlineMBA, February 1, 2012, accessed October 8, 2015, http://www.onlinemba.com/blog/10-big-companies-that-promote-employee-meditation/.

096　변증법적 행동치료: "Dr. Marsha Linehan, Founder," Linehan Institute, accessed September 20, 2015. Also see Marsha M. Linehan, *DBT Skills Training Manual*. 2nd ed. (New York and London: Guilford Press, 2015).

097　근본적 수용: Tara Brach, *Radical Acceptance:Embracing Your Life with the Heart of Buddha* (New York: Bantam, 2004).

097 끝과 다음: 위의 책, 327.

097 삶의 험난한 봉우리와 계곡도: Norman Lear, *Even* This *I Get to Experience* (New York: Penguin Books, 2014), 324.

099 뉴욕 마라톤대회: Author correspondence with Lauren Doll, New York Road Runners, January 22, 2016. See also: Nicole Lyn Pesce, "26 New York City Marathon Facts from Its New City Museum Exhibit," *Daily News*, October 20, 2015, accessed January 24, 2016, http://www.nydailynews.com/life-style/26-facts-new-york-city-marathon-article-1.2403391; and "Going Green" Making Strides for the Environment," New York Road Runners, accessed January 24, 2016, http://www.tcsnycmarathon.org/about-the-race/going-greenmaking-strides-for-the-environment.

099 2천여 명: Rubin, *Anything for a T-Shirt*, 45, 47.

100 볼링 트로피를 재활용한 트로피: 위의 책, 23; and "History of the New York City Marathon," TCS New York City Marathon, accessed October 9, 2015, http://www.tcsnycmarathon.org/about-the-race/marathon-facts/history-of-the-new-york-city-marathon#sthash.UbWLRq7S.dpuf. "Winners were given inexpensive wristwatches and recycled baseball and bowling trophies. The entry fee was $1 and the total event budget was $1,000."

100 우스꽝스러운 모습: Rubin, *Anything for a T-Shirt*, 19.

101 단 세 명뿐: Amy Whitaker, "The Obscure Early Lives of the Artists."

102 1961년에는 전 세계적으로 유명한 작가가 됐다: 위의 책.

102 버크민스터 풀러: Lloyd Steven Seiden, Ed., *A Fuller View: Buckminster Fuller's Vision of Hope and Abundance for All* (Studio City, CA: Divine Arts, 2011), 137. See also the R. Buckminster Fuller Collection, Stanford University Libraries, for recordings of Fuller's lectures and interviews, accessed December 7, 2015, https://library.stanford.edu/collections/r-buckminster-fuller-collection.

Chapter 3: 등대 찾기

104 실패는 성공만큼 흥미진진하다: Roger Bannister, *The First Four Minutes*, 50th Anniversary Ed. (1955; reprint, Stroud, Gloucestershire: Sutton, 2004), 164.

105 1954년 5월 6일: 위의 책, 161, 167.

105 9년 동안 깨지지 않고: "The World Record for the Mile Run," MAA.org, accessed October 9, 2015, http://www.maa.org/sites/default/files/images/

upload_library/3/osslets/100multiParameterAnimation/mile_record_scatter.
html.

106 3분 58초: A.A.P., "Landy Now Through the 'Barrier,'" *Examiner* (Launceston,
Tasmania), June 23, 1954, http://trove.nla.gov.au/ndp/del/article/96270699.
1954년 6월 21일, 랜디는 핀란드의 투르쿠에서 3분 58초를 뛰어 배니스터가
5월 6일에 세운 신기록을 46일 만에 갱신했다. 배니스터의 친구이자 함께 훈
련했던 크리스 채터웨이는 당시 랜디와 경쟁하고 있었다. 랜디는 약 40야드
떨어진 채터웨이와의 경쟁에서 그의 뒤를 이어 기록을 세웠다.

108 군더르 하그와 안네 안데르손: Bannister, *The First Four Minutes*, 30.

108 18위: Bannister, The First Four Minutes, 19; and Bascomb, The Perfect Mile,
14.

109 1945년: Bascomb, *The Perfect Mile*, 15.

109 1946년 가을: 위의 책. Bannister, *The First Four Minutes*, 27, 29.

109 미안하지만 자네는: Bannister, *The First Four Minutes*, 33.

109 군인 출신: 위의 책, 36.

109 줄담배: 위의 책, 34 and 35.

110 얼스 코트: Bascomb, *The Perfect Mile*, 105 – 6.

110 젠틀맨 아마추어 정신: Graham Tanner and Laurence Chandy, "The History
of the Oxford University Athletic Club," 90, http://www.ouccc-oldmembers.
co.uk/OUAC-History-Sep11.pdf. Tanner was an OUAC coach from 1976 to
2007. Chandy (Magdalen College) was OUAC president from 2001 to 2002.
The history was first written by Tanner and then updated by Chandy.

111 네 번째이자 마지막 바퀴: Bascomb, *The Perfect Mile*, 203-4. 실제 경기에서 브
래셔는 처음의 두 바퀴 반을 달렸고, 채터웨이는 네 번째 바퀴의 반에 진입했
다. (220-24).

111 일정한 속도: Malcolm Boyden, "3:59.4 Sir Roger Bannister Documentary,"
BBC Radio Oxford, May 9, 2014, 16:50 – 17:40 minutes, http://www.bbc.
co.uk/programmes/p01ysrsq.

112 만약 이번이 유일한 기회라면: Bascomb, *The Perfect Mile*, 216.

112 영상: "First Four-Minute Mile-HQ (Roger Bannister: 1954),"
AthletixStuffChannel, YouTube, accessed October 9, 2015, https://www.
youtube.com/watch?v=wTXoTnp_5sI.

112 그 친구 덕분에 성공할 수 있었다: Bannister, *The First Four Minutes*, 165.

113 기절하기 직전: Roger Bannister, "Twin Tracks (excerpt)," *Telegraph*, March 30,
2014, http://www.telegraph.co.uk/sport/10731234/Roger-Bannister-The-

day-I-broke-the-four-minute-mile.html.

113 배니스터를 일으켜 세우고 있었다: Bascomb, *The Perfect Mile*, 219, 224; Boyden, "3:59.4 Sir Roger Bannister Documentary," at 8:20 minutes.

113 가장 큰 협력자: Boyden, "3:59.4 Sir Roger Bannister Documentary," at 22:30 minutes. Bannister has claimed this repeatedly. Here he talks about being a good father and grandfather and husband.

117 가장 혁명적인 개념: Levy, "Prophet of Privacy," *Wired*, November 1994, http://archive.wired.com/wired/archive/2.11/diffie_pr.html.

118 《우주 고양이》(The space Cat)》: Steven Levy, *Crypto: How the Code Rebels Beat the Government—Saving Privacy in the Digital Age* (New York: Penguin, 2001), 36.

118 스탠퍼드대학교에는 1965년에 컴퓨터공학과가 생겼다: Although there had been a "Division of Computer Science" within the Math Department since 1961, and the Stanford Artificial Intelligence Project was begun in 1962, the Department of Computer Science was created in January 1965. "Department Timeline," Stanford Computer Science Department, Stanford University School of Engineering, accessed September 7, 2015, http://www-cs.stanford.edu/timeline.

118 베트남전 징집을 피하기 위해: Levy, *Crypto*, 9. See also "Whitfield Diffie: 2011 Fellow Award Recipient," Computer History Museum, accessed September 7, 2015, http://www.computerhistory.org/fellowawards/hall/bios/Whitfield.Diffie/.

118 파우스트의 거래: Levy, *Crypto*, 14–15.

119 불가분의 관계: 위의 책, 19.

119 신뢰할 수 없는 사람들: 위의 책, 36.

119 비밀스러운 일: 위의 책, 25.

119 앨런 콘하임: 위의 책, 30–31.

120 아래층으로 콜라를 가지러 갔다가: Levy, "Prophet of Privacy."

122 예술가란 비현실적인 천재: Stephen Weil, *Rethinking the Museum and Other Meditations* (Washington, DC, and London: Smithsonian, 1990), 171. John Maynard Keynes, the first Chairman of the Arts Council, from a 1945 BBC Broadcast on the Arts Council's formation.

122 호스피스 병동의 간호사: Bonnie Ware, *The Top Five Regrets of the Dying: A Life Transformed by the Dearly Departing* (Carlsbad, CA: Hay House, 2012).

125 기네스의 간부: Bascomb, *The Perfect Mile*, 168.

125 4분 7.2초: OUAC History, 67.

125 세계 신기록을 세웠다: http://www.ouac.org/statistics/world-record-holders/.

125 우리가 버스를 쫓아가려고 달리는 것보다: OUAC History, 63.

126 쌍둥이 노리스와 로스: Bannister, *The First Four Minutes*, 160.

126 지구의 10억 명을 초월하는 능력: 위의 책, 8.

128 1865년 : Kurian Tharakan, "Tiny Softsoap's Unconventional Strategy to Win Against the Industry," Duct Tape Marketing, September 29, 2012, accessed September 7, 2015, http://strategypeak.com/softsoaps-unconventional-strategy/.

128 대어 같은 산업 부문 속의 피라미: For related general strategies regarding vertical integration, see John Stuckey and David White, "When and When *Not* to Vertically Integrate," *Sloan Management Review*, Spring 1993, 71-83.

128 38퍼센트를 점유했다: Greenhouse, "Minnetonka's Struggle to Stay One Step Ahead."

129 적당한 도전: Bannister, *The First Four Minutes*, 201.

130 1,300명: Doug Robinson, "After 60 years, Sub-4-Minute Mile Still the Standard for Runners," *Deseret News*, May 6, 2014, accessed September 7, 2015, http://www.deseretnews.com/article/865602579/After-60-years-sub-4-minute-mile-still-the-standard-for-runners.html?pg=all.

130 히샴 엘 게루주: "Fasteest Run One Mile (Male)," Guinness World Records, accessed September 7, 2015, http://www.guinnessworldrecords.com/world-records/fastest-run-one-mile-(male).

131 영웅을 처음부터 보기는 힘들다: Bascomb, *The Perfect Mile*, 321.

132 에베레스트 등정: 위의 책, 192-93.

132 프랑스의 한 저널리스트: 위의 책, 1.

Chapter 4: 보트 만들기

136 모든 시작은 작다: Sir William Gurney Benham, *Cassell's Book of Quotations* (London: Cassell, 1907), 628. Underlying citation: Cicero, *De Finibus* 5, 21, 68.

138 100만 평방 피트: It was technically 1,076,390 square feet (100,000 square meters) and 9.7 miles of blue polypropylene rope. "Wrapped Reichstag," official website of Christo and Jeanne-Claude, accessed September 7, 2015,

http://christojeanneclaude.net/projects/wrapped-reichstag?view=info#. Ve23vs4boZY.

138 빨랫줄: "The Gates," official website of Christo and Jeanne-Claude, accessed September 7, 2015, http://christojeanneclaude.net/projects/the-gates#. Ve24a84boZY.

138 프로젝트의 자금을 마련했다: Jeanne-Claude, "Most Common Errors," official website of Christo and Jeanne-Claude, 1998, accessed December 5, 2015, http://christojeanneclaude.net/common-errors.

139 1958년: "Wrapped Cans and Bottles," official website of Christo and Jeanne-Claude, accessed September 7, 2015, http://christojeanneclaude.net/projects/ wrapped-cans-and-bottles?view=info#.Ve25U84boZY.

139 1962년: "Wrapped Objects, Statues and Women," official website of Christo and Jeanne-Claude, accessed September 7, 2015, http://christojeanneclaude. net/projects/wrapped-objects-statues-and-women#.Ve25ms4boZY.

139 2013년 11월 7일: Vindu Goel, "Twitter Prices Its Initial Offering at $26 Per Share," *New York Times*, November 6, 2013, accessed September 7, 2015, http://www.nytimes.com/2013/11/07/technology/twitter-prices-ipo-at- 26-a-share.html?pagewanted=all&_r=0.

139 거래 첫날: David Gelles, "So Far, So Good for Twitter," Dealbook, *New York Times*, November 7, 2013, accessed September 20, 2015, http://dealbook. nytimes.com/2013/11/07/twitter-shares-surge-in-a-smooth-start-to- trading/?_r=0.

139 블로거 플랫폼: Ryan Mac, "Who Owns Twitter? A Look at Jack Dorsey, Evan Williams and the Company's Largest Shareholders," *Forbes*, October 4, 2013, accessed September 7, 2015, http://www.forbes.com/sites/ ryanmac/2013/10/04/who-owns-twitter-a-look-at-jack-dorsey-evan- williams-and-the-companys-largest-shareholders/.

139 2013년 상반기 동안: Stephen Gandel, "Twitter's Shady Accounting," *Fortune*, October 8, 2013, accessed September 20, 2015, http://fortune. com/2013/10/08/twitters-shady-accounting/. Twitter was reporting adjusted EBITDA, meaning earnings before interest, tax, depreciation, and amortization, and also adjusted to take out accounting for grants of stock to employees.

140 단지 지금 수익이 없을 뿐이라는 믿음: Richard Costelo, "Twitter: Form S-1 Registration Statement," U.S. Securities and Exchange Commission, 12-

14 and F-30, accessed September 7, 2015, http://www.sec.gov/Archives/edgar/data/1418091/000119312513390321/d564001ds1.htm. See also Gretchen Morgenson, "Earnings, Without All the Bad Stuff," *New York Times*, November 9, 2013, accessed September 7, 2015, http://www.nytimes.com/2013/11/10/business/earnings-but-without-the-bad-stuff.html.

141   자서전: Harry M. Markowitz, "Biographical," Nobelprize.org, accessed September 7, 2015, http://www.nobelprize.org/nobel_prizes/economic-sciences/laureates/1990/markowitz-bio.html.

141   분산투자된 포트폴리오: 위의 책, and Harry M. Markowitz, "Prize Lecture: Foundations of Portfolio Theory," Nobelprize.org, December 7, 1990, accessed April 4, 2016, http://www.nobelprize.org/nobel_prizes/economic-sciences/laureates/1990/markowitz-lecture.pdf

142   매슈 딜리젯: Matthew Deleget, interview by the author, and presentation at Lower Manhattan Cultural Council Artist Summer Institute, Governors Island, August 10, 2015.

143   머니페니: "Books," Mrs Moneypenny, accessed October 9, 2015, http://www.mrsmoneypenny.com/books.

143   점심시간마다 달리기 훈련을 했고: Bascomb, *The Perfect Mile*, 106.

143   남의 집을 돌보며 생활비를 충당했다: Levy, *Crypto, 3ubin, Anything for a T-Shirt*, 12-13.

144   뉴욕 마라톤대회의 창립자 르보: R, *Mockingbird*, 20, 25-26, 116.

144   환상적인 도박: Harper Lee, "Christmas to Me," *McCall's*, December 1961, accessed September 7, 2015, http://heyboobooks.tumblr.com/post/2447111228/christmas-to-me-an-essay-by-harper-lee.

145   1만 2,000달러: Levy, *Crypto*, 25.

145   스냅챗: Susanna Kim, "Meet People Who Were CEOs Living in Their Parents' Homes," ABCNews, November 13, 2014, accessed September 7, 2015, http://abcnews.go.com/Business/ceos-founders-lived-parents/story?id=26888490.

145   첫 2년 동안: Rubin, *Anything for a T-Shirt*, 22, 26.

150   역사학자들은: This date comes from Jack Wasserman, *Leonardo* (New York: Harry N. Abrams, 1975), 144. He cites Vasari. The dates also appear in the timeline of Leonardo's life in Ludwig Goldscheider, ed., *Leonardo da Vinci*, 3rd ed. (New York: Oxford University Press, 1948), 21.

150   피렌체의 베키오 궁: Jane Roberts, "The Life of Leonardo," in Martin Kemp

and Jane Roberts, *Leonardo da Vinci*, with a preface by E. H. Gombrich (London: Hayward Gallery, 1989), 35.

150 35플로린: "Contract for the Battle of Anghiari, May 4, 1504," in *Leonardo on Painting*, edited by Martin Kemp, selected and translated by Martin Kemp and Margaret Walker (New Haven, CT: Yale University Press, 1989), 270.

150 1솔도: William Arthur Shaw, *The History of Currency, 1252 to 1894* (New York: Putnam, and London: Clement Wilson, 1896), 301–9, accessed September 7, 2015, https://books.google.com/books?id=GrJCAAAAIAAJ&pg=PR3&dq=The+History+of+Currency,+1252–1894+by+WIlliams+Arthur+Shaw&hl=en&sa=X&ved=0CB8Q6AEwAGoVChMI0MuH4cjlxwIVh52ACh1VEQVc#v=onepage&q=The%20History%20of%20Currency%2C%201252–1894%20by%20WIlliams%20Arthur%20Shaw&f=false. See also Julian Abagond, "Money in Leonardo's Time," Abagond, May 10, 2007, accessed September 7, 2015, https://abagond.wordpress.com/2007/05/10/money–in–leonardos–time/.

150 계약 조건: Carmen C. Baumbach, et al., Eds. *Leonard da Vinci, Master Draftsman* (New Haven, CT, and New York: Yale and Metropolitan Museum of Art, 2003), 234..

150 1505년 6월: Jane Roberts, "The Life of Leonardo," 35, and Baumbach, *Leonardo, Master Draftsman*, 19.

151 약 50년 후: 위의 책.

151 프랑스 왕: Michael White, *Leonardo: The First Scientist* (New York: St. Martin's Press, 2000), 255, accessed September 7, 2015, https://books.google.com/books?id=–OmWWh2BqYkC&pg=PA254&lpg=PA254&dq=leonardo+patronage+king+of+france&source=bl&ots=M3kcEui1mm&sig=NpjlstNTu7tZaj5ngbsi_dvPZo&hl=en&sa=X&ved=0CC8Q6AEwA2oVChMIkeearcvlxwIVRck–Ch3j4AJt#v=onepage&q=leonardo%20patronage%20king%20of%20france&f=false.

152 《군주론》: Kemp and Walker, *Leonardo on Painting*, 271. *The Prince was*, historians believe, first distributed as a pamphlet in 1513 and then published in 1532.

152 브루스 헨더슨: Martin Reeves, Sandy Moose, and Thijs Venema, "BCG Classics Revisited: The Growth Share Matrix," *BCG Perspectives*, June 4, 2014, accessed September 7, 2015, https://www.bcgperspectives.com/content/articles/corporate_strategy_portfolio_management_strategic_planning_growth_share_matrix_bcg_classics_revisited/.

주

156 구글의 창업자: John Battelle, "The Birth of Google," *Wired*, August 1, 2005, http://www.wired.com/2005/08/battelle/. See also John Battelle, *The Search: How Google and Its Rivals Rewrote the Rules of Business and Transformed Our Culture* (New York: Penguin, 2005), and Sara Kettler, "The Google Chronicles: 7 Facts on Founders Larry Page and Sergey Brin," Biography.com, August 19, 2014, http://www.biography.com/news/google-founders-history-facts.

156 죽음의 상인: Andrew Glass, "Sen. Nye Assails 'Merchants of Death' on Sept. 4, 1934," Politico, September 4, 2007, http://www.politico.com/story/2007/09/sen-nye-assails-merchants-of-death-on-sept-4-1934-005614. See also: *Empires of Industry: Dupont Dynasty*, History Channel (New York: A&E Networks, 2000)

158 《자본의 미스터리》: Hernando de Soto, *The Mystery of Capital: Why Capitalism Triumphs in the West and Fails Everywhere Else* (New York: Basic Books, 2003), 7.

159 최저 임금의 약 30배: 위의 책, 18-21.

160 안드레아스 폰 벡톨샤임: Andreas von Bechtolsheim, Oral History with William Joy, interviewed by Daniel S. Morrow, in conjunction with the 1999 MCI WorldCom Information Technology Leadership Award for Innovation, March 18, 1999, San Francisco, 8, accessed February 1, 2015, http://www.cwhonors.org/archives/histories/BechtolsheimandJoy.pdf.

160 인텔 8080: 위의 책, and another correspondence with Andy Bechtolsheim, January 20, 2016.

160 구글 창업에 10만 달러를 투자할 수 있게 해줬다: "#40 Andreas von Bechtolsheim & Family," in "The Richest People in Tech," *Forbes*, accessed September 7, 2015, http://www.forbes.com/profile/andreas-von-bechtolsheim/. See also Michael Knigge, "Von Bechtolsheim: I Invested in Google to Solve My Own Problem," *Deutsche Welle*, August 12, 2009, accessed September 7, 2015, http://dw.com/p/J7do.

160 앨버트 스타: Cassak, 30.

160 인공 승모판: Nicholas T. Kouchoukos, MD, "Dr. Albert Starr: A Historical Commentary," *Society of Thoracic Surgeons*, 2014, accessed September 7, 2015, http://www.sts.org/news/dr-albert-starr-historical-commentary.

161 에드워즈라이프사이언스: "About Us," *Edwards Lifesciences*, accessed September 7, 2015, http://www.edwards.com/sharedpages/pages/ourhistory.aspx.

161 이 청년이 발명한 카테터를 꼭 좀 만들어주세요: Cassak, "The Inventor's Inventor," 30.

161 로열티가 계속 수익을 창출해준 덕분에: "Dr. Fogarty," Fogarty Institute for Innovation, accessed September 7, 2015, http://www.fogartyinstitute.org/about-fogarty.php.

161 1973년 서더비 파크 버넷 경매장: Amy Whitaker, "Ownership for Artists," in *The Social Life of Artistic Property* (Hudson, NY: Publication Studio, 2014), accessed September 7, 2015, http://www.thesociallifeofartisticproperty.com/webVersion/ownership-for-artists/index.html.

161 로버트 스컬: Patricia Cohen, "Artists File Lawsuits, Seeking Royalties," *New York Times*, November 2, 2011, page C1.

162 라우센버그는 밝혀진 작품 가치에 대한 소유권이 없었다: Lindsay Pollock and Philip Boroff, "Crichton's $29 Million Jasper Johns Flag Boosts Christie's Sale," Bloomberg.com, May 12, 2010. See also Whitaker, "Ownership for Artists."

162 32만 5,000달러: Judith Prowda, "Assessing Artists' Resale Rights Legislation," *New York Law Journal*, January 23, 2012, 1. See also Jori Finkel and Mike Boehm, "Sam Francis Foundation Sues Nine Galleries for Artist's Royalties," *Los Angeles Times*, November 2, 2011, accessed August 14, 2012, http://articles.latimes.com/2011/nov/02/entertainment/la-et-artists-royalties-20111102/2.

163 웹사이트 〈가이드스타〉: http://www.guidestar.org/Home.aspx.

163 EDGAR 시스템: https://www.sec.gov/edgar/searchedgar/companysearch.html.

164 미국 노동통계국: http://www.bls.gov/bls/blswage.htm.

165 매슈 블랭크: Matthew C. Blank, "PGA East: SPARK! The Conversation: Matthew C. Blank & Tom Fontana," May 13, 2015, Paley Center for Media, New York.

167 플라스틱 우쿨렐레: "Ruth Handler: Marketing Toys," *Who Made America?*, PBS.org, accessed February 1, 2015, http://www.pbs.org/wgbh/theymadeamerica/whomade/handler_hi.html.

167 MGA 설립자: "ABC Nightly News Report: Bratz vs. Barbie," December 23, 2006, accessed February 2, 2015, https://www.youtube.com/watch?v=lIdlHcZmniI.

167 마텔이 지급한 변호사 비용만 1억 3,800억 달러에 이른다: John Kell, "Bratz Doll Maker MGA Entertainment Sues Mattel," *Wall Street Journal*, January 13, 2014, accessed September 7, 2015, http://www.wsj.com/articles/SB1000142

405270230359540457931868019060 3384.

167 공정 이용: For the fair use factors, see the United States Code, Title 17, section 107, accessed online December 7, 2015: http://www.copyright.gov/ title17/92chap1.html#107. For a discussion of fair use applied in the fine arts, see Judith B. Prowda, *Visual Arts and the Law* (Surrey, England, and Burlington, VT: Lund Humphries, 2013), 82. For a discussion of how the fair use factors are applied with different emphasis in different cases, see Judge Easterbrook's opinion in *Kienitz v. Sconnie Nation LLC*, United States Court of Appeals, Seventh Circuit, No. 13-3004, 2014 WL 4494825 (2014), which specifically critiques the treatment of "transformative use" in *Cariou v. Prince*.

168 로열티의 비율을 협상할 수 있다: Amy Adler, Dale Cendali, and Judith Prowda, Esq. (moderator), Panel Discussion, Sotheby's Institute of Art, New York, October 16, 2013. See also Nicholas O'Donnell, "Free Speech, Fair Use, and Meaning—Recapping an Evening of Copyright and the Visual Arts at the Sotheby's Institute" *Art Law Report*, October 17, 2013, accessed September 7, 2015, http://www.artlawreport.com/2013/10/17/free-speech-fair-use-and-meaning-recapping-an-evening-of-copyright-and-the-visual-arts-at-the-sothebys-institute/.

168 마빈 게이 유족들: Ben Sisario and Noah Smith, "'Blurred Lines' Infringed on Marvin Gaye Copyright, Jury Rules," *New York Times*, March 10, 2015, accessed September 7, 2015, http://www.nytimes.com/2015/03/11/business/media/ blurred-lines-infringed-on-marvin-gaye-copyright-jury-rules.html. See also Prowda, *Visual Arts and the Law*, 80, for a discussion of George Harrison's 1969 song "My Sweet Lord," which was found to copy Ronald Mack and The Chiffons' 1963 song "He's So Fine" but not to be infringing.

169 2000년: Nicholas O'Donnell, "No Infringement in Cariou v. Prince—Second Circuit Plays Art Critic and Finds Fair Use," *Art Law Report*, April 25, 2013, accessed September 7, 2015, http://www.artlawreport.com/2013/04/25/ no-infringement-in-cariou-v-princesecond-circuit-plays-critic-and-finds-fair-use/download case; http://www.google.com/url?sa=t&rct=j&q =&esrc=s&source=web&cd=1&ved=0CCAQFjAA&url=http%3A%2F% 2Fcyber.law.harvard.edu%2Fpeople%2Ftfisher%2Fcx%2F2013_Cariou. docx&ei=ldWhVImPDI_7gwS_lIPYCg&usg=AFQjCNEK55PbxXbXQdikp GKP9CjA7qC_1Q&sig2=2CYmRNuD3TlBelvnCYPK5w&bvm=bv.82001 339,d.eXY. With thanks to Judith Prowda, art law faculty, Sotheby's Institute.

169   그가 그 작품으로 받은 돈은 8,000달러였다: *Patrick Cariou v. Richard Prince*, United States Court of Appeals, Second Circuit, 714 F.3d 694 (2013), accessed September 7, 2015, http://cyber.law.harvard.edu/people/tfisher/cx/2013_Cariou.pdf.

170   양쪽 방향으로 미묘한 판결이 나면서 끝났다: Brian Boucher, "Landmark Copyright Lawsuit Cariou v. Prince Is Settled," *Art in America*, March 18, 2014, http://www.artinamericamagazine.com/news-features/news/landmark-copyright-lawsuit-cariou-v-prince-is-settled/.

170   프린스는 차용 그림을 각각 1,000만 달러 이상에 팔았다: Brian Boucher, "Richard Prince Wins Major Victory in Landmark Copyright Suit," *Art in America*, April 25, 2013, http://www.artinamericamagazine.com/news-features/newsrichard-prince-wins-major-victory-in-landmark-copyright-suit

172   두 가지 암 치료제: Filgrastrim and Pegfilgrastrim, respectively. "Royalty Pharma Acquires a Portion of the Memorial Sloan-Kettering Cancer Center's US Royalty Interest in Neupogen. Neulasta," January 22, 2004, accessed September 7, 2015, http://www.royaltypharma.com/press-releases/royalty-pharma-acquires-a-portion-of-memorial-sloan-kettering-cancer-center-s-us-royalty-interest-in-neupogen-neulasta; author email correspondence with Alexander von Perfall, February 5, 2015. Rory Riggs, the chairman of Royalty Pharma, is a former colleague of the author.

173   비트토렌트: Author interview with Matt Mason, then chief content officer for BitTorrent, January 12, 2015.

173   2015년: Evie Nagy, "Most Creative People 2015, #11, Matt Mason, Chief Content Officer, Bittorrent," *Fast Company*, June 2015, accessed September 7, 2015, http://www.fastcompany.com/3043911/most-creative-people-2015/matt-mason.

174   디지털 복사본을 사용할 권리: Author interviews, Sean Moss-Pultz, 2014-15. Christopher Hall, Casey Alt, Lê Quý Quoc Curòng, and Sean Moss-Pultz, "Bitmark: A Decentralized Property System," https://bitmark.com/bitmark.pdf. The author discloses a small financial interest in Bitmark. See also Josh Constine, "Monegraph Uses Bitcoin Tech So Internet Artists Can Establish 'Original' Copies of Their Work," *TechCrunch*, May 9, 2014, accessed September 7, 2015, http://techcrunch.com/2014/05/09/monegraph/.

174   저작권을 침해하지 않은 원본: Hall, Alt, et al., "Bitmark: A Decentralized

주

Property System."

174   적지 않은 부분이 당신의 소유가 된다: Division of Trading and Markets,
"Jumpstart Our Business Startups Act: Frequently Asked Questions About
Crowdfunding Intermediaries," Securities and Exchange Commission,
February 5, 2013, accessed September 7, 2015, https://www.sec.gov/
divisions/marketreg/tmjobsactcrowdfundingintermediariesfaq.htm. The JOBS
Act itself instructed interpreting these rules within 270 days of the April 5,
2012, signing of the act into law. Those rules have not yet been codified as of
the time of writing.

Chapter 5: 함께하기

178   그것은 상상의 실패다: Donald R. Keough, *The Ten Commandments of Business
Failure* (New York: Portfolio/Penguin, 2008), 111.

179   여러모로 좋은 날은 아니었어요: Author interview with Ed Epping, July 3,
2015.

182   희극의 전통: Adam Phillips, *Winnicott* (Cambridge, MA: Harvard University
Press, 1988), 14.

182   충분히 좋은 엄마: 위의 책, 31. "[H]is work, in a sense, initiates a comic
tradition in psychoanalysis."

182   홀로서기: D. W. Winnicott, *The Maturational Process and the Facilitating Environment:
Studies in the Theory of Emotional Development*, edited by M. Masud Khan (Madison,
CT: International Universities Press, 1965), available at http://www.abebe.
org.br/wp-content/uploads/Donald-Winnicott-The-Maturational-
Process-and-the-Facilitating-Environment-Studies-in-the-Theory-of-
Emotional-Development-1965.pdf; *The International Psycho-Analytical Library*
(London: Hogarth Press and the Institute of Psycho-Analysis, 1965), 64:1 –
276. See "The Theory of the Parent-Infant Relationship" (1960), beginning
on 37.

183   안아주는 환경: Winnicott, "The Theory of the Parent-Infant Relationship,"
in Winnicott, *The Maturational Process and the Facilitating Environment*, 44 – 45,
47 – 48.

183   진정한 자아만이 창조적일 수 있다: James F. Masterson, *The Narcissistic and
Borderline Disorders* (New York and London: Brunner-Routledge, 1981), 104.

184 철저한 투명성: John Cassidy, "Mastering the Machine," *New Yorker*, July 25, 2011, accessed July 29, 2015, http://www.newyorker.com/magazine/2011/07/25/mastering-the-machine.

185 작가 애덤 고프닉: Adam Gopnik, "Last of the Metrozoids," *New Yorker*, May 10, 2004, 90.

186 알몸으로 저울에 서는 것 말이죠: Finkel, "Tales from the Crit."

187 나는 비판을 잘 받아들이지만: Robert Giroux, "The Supernatural Grace of Flannery O'Connor," FSG Work in Progress Blog, http://www.fsgworkinprogress.com/2015/03/the-supernatural-grace-of-flannery-oconnor/.

187 좋은 조종자 또는 항해자: Finkel, "Tales from the Crit."

187 분위기의 흐름을 관찰하는 거죠: Laura Montini, "'Brain Trust': The Stellar Creative Process Designed by Pixar," Inc.com, June 4, 2014, accessed July 1, 2015, http://www.inc.com/laura-montini/how-pixar-s-creative-process-has-evolved.html.

187 형편없었다: Catmull, with Wallace, *Creativity*, Inc., 90.

189 벼랑에서 이것저것 실험하는 사람을 보면: Author interview with Ed Epping.

189 불교계의 스승: Matthieu Ricard, "Empathy Fatigue'—1," blog, October 3, 2013, http://www.matthieuricard.org/en/blog/posts/empathy-fatigue-1.

189 환자의 고통에 직접적으로 동질감을 느끼는 사람일수록: 위의 책, and Matthieu Ricard, "Empathy and the Cultivation of Compassion," blog, May 4, 2009, http://www.matthieuricard.org/en/blog/posts/empathy-and-the-cultivation-of-compassion. See also O. M. Klimecki, S. Leiberg, M. Ricard, and T. Singer, "Differential Pattern of Functional Brain Plasticity After Compassion and Empathy Training," *Social Cognitive and Affective Neuroscience* 9, no. 6 (2014): 873–79.

190 그녀의 죽음을 듣고: Veronica Roberts, "Converging Lines: Eva Hesse and Sol LeWitt," from the catalog *Converging Lines: Eva Hesse and Sol LeWitt* (New Haven, CT: Yale University Press, 2014), 13. With thanks to Veronica Roberts for further conversations about Sol and Eva's friendship.

190 그 결정은 르윗의 이후 작품 활동에도 영향을 끼쳤다: 위의 책, 13.

192 받아서 다시 넘겨주면 장학금을 줬다: Bascomb, *The Perfect Mile*, 105–6.

193 고어 비달: Gore Vidal, "Gore Vidal Quotes: 26 of the Best," *Guardian*, August 1, 2012, accessed September 21, 2015, http://www.theguardian.com/books/2012/aug/01/gore-vidal-best-quotes.

194 3회 연속 뒤로 재주넘기: Catmull, with Wallace, *Creativity*, Inc., 98.

194 〈인사이드 아웃〉: Pete Docter, *Inside Out* (Pixar, 2015), http://www.imdb.com/title/tt2096673/.

194 약 30억 달러의 흥행 수익을 올렸다: http://www.boxofficemojo.com/movies/?id=pixar2014.htm, accessed July 1, 2015: $90.4 million opening weekend, second place.

194 약 3년째가 됐을 무렵: Lisa Miller, "How *Inside Out* Director Pete Docter Went Inside the 11-Year-Old Mind," Vulture.com, June 16, 2015, accessed August 11, 2015, http://www.vulture.com/2015/06/pete-docter-pixar-inside-out.html.

194 영화의 중심을 찾은 것이었다: Lisa Miller, Vulture.com, June 16, 2015. See also Andy Greenwald, "Grantland Q&A: Talking with Director Pete Docter About Pixar's Terrific 'Inside Out,'" Grantland.com, June 19, 2015, accessed September 7, 2015, http://grantland.com/hollywood-prospectus/pixar-inside-out-pete-docter-podcast-andy-greenwald/; and Brook Barnes, "'Inside Out,' Pixar's New Movie From Pete Docter, Goes Inside the Mind," *New York Times*, May 20, 2015, accessed September 7, 2015, http://www.nytimes.com/2015/05/24/movies/inside-out-pixars-new-movie-from-pete-docter-goes-insidethe-mind.html.

195 영화 프로듀서는 예술적 비전을 현실 세계에 끼워 맞추는 중개자: Lynda Obst, *Sleepless in Hollywood: Tales from the NEW ABNORMAL in the Movie Business* (New York: Simon & Schuster, 2013).

195 그런데 유니버설이 영화를 제작하지 않아서: Helen O'Hara (interviewer), "Rachel Winter & Robbie Brenner on *Dallas Buyers Club*," Empire Online, undated, circa 2013, accessed August 11, 2015, http://www.empireonline.com/interviews/interview.asp?IID=1837.

196 맥커너히는 각본을 읽고 론 우드루프 역을 맡기로 결정했다: O'Hara, EmpireOnline.com. See also "Rachel Winter, Producer," Cast and Crew: Dallas Buyers Club, http://www.focusfeatures.com/film/dallas_buyers_club/castncrew?member=rachel_winter, and "Robbie Brenner, Producer," Cast and Crew: Dallas Buyers Club, http://www.focusfeatures.com/dallas_buyers_club/castncrew?member=robbie_brenner.

196 레이첼 윈터에게 공동 프로듀서를 제안했다: O'Hara, EmpireOnline.com.

196 극심한 다이어트: Craig Borten and Melisa Wallack, *Dallas Buyers Club*, directed by Jean-Marc Vallée (Santa Monica, CA: Focus Features), DVD, 2014. See

also A. O. Scott, "Taking on Broncos and a Plague: Matthew McConaughey Stars in 'Dallas Buyers Club,'" New York Times, October 31, 2013, http://www.nytimes.com/2013/11/01/movies/matthew-mcconaughey-stars-in-dallasbuyers-club.html.

196 18킬로그램이나 감량했다: E! Online, http://www.eonline.com/news/365424/skinny-matthew-mcconaughey-dishes-on-hisshocking-weight-loss (38 pounds); Julie Miller, "Matthew McConaughey Considering Releasing His Dallas Buyers Club Weight-Loss Diary to the Public," *Vanity Fair*, February 18, 2014, http://www.vanityfair.com/hollywood/2014/02/matthewmcconaughey-dallas-buyers-club-weight-loss-diary (47 pounds); Theo Merz, "Should I Try the Matthew McConaughey Diet?," *Telegraph*, February 6, 2014, http://www.telegraph.co.uk/men/active/10616932/Should-I-try-the-Matthew-McConaughey-diet.html (38 pounds).

196 촬영을 연기해야 할 것 같다고 말했지만: Producer's Guild of America (PGA East) Screening Q&A, October 23, 2013, AMC Loews Lincoln Square 13, New York.

196 인공조명이 전혀 들어가지 않았다: 위의 책.

196 약 400만 달러로 영화를 만들 수 있었다: 위의 책.

197 옵스트의 말처럼: Obst, *Sleepless in Hollywood*, 37, interviewing Peter Chernin, who estimates that the DVD business accounted for half of movie profits.

197 매트릭스의 사선은 프로듀서의 역할을 나타낸다: Vijay Kumar, *101 Design Methods: A Structured Approach for Driving Innovation in Your Organization* (Hoboken, NJ: Wiley, 2012), 8.

197 휴 머식: Interview of Hugh Musick, by the author, January 25, 2013.

197 《디자인 방식 인문》: Kumar, *101 Design Methods*, 8.

198 예술과 상업을 종합하는 목적으로 출발한 학교였다: Barry Bergdoll and Leah Dickerman, *Bauhaus 1919–1933: Workshops for Modernity* (New York: Museum of Modern Art, 2009), 58–60.

199 실내 오염으로 사망하는 사람: "Acumen Makes First Cookstove Investment with BURN Manufacturing," Acumen blog, June 11, 2015, http://acumen.org/blog/acumen-makes-first-cookstove-investment-with-burn-manufacturing/.

199 케냐 인구의 약 90퍼센트가 전기 없이 생활하고: 위의 책.

199 세상을 구하는 친환경 소비자 제품: Author interview with Peter Scott, BURN Manufacturing CEO, August 12, 2015.

199 나이로비 북쪽: 위의 책.

200 애초에 은행이나 증권 거래소가 만들어진 이유에 해당하는 문제였다: "Acumen Makes First Cookstove Investment with BURN Manufacturing."

203 프로그래밍이 왜 재미있는가?: Frederick Brooks Jr., *The Mythical Man Month: Essays on Software Engineering* (1975; Reading, MA: Addison Wesley Longman, 1995), 7.

203 인간은 완벽해지는 것에 익숙하지 않다: 위의 책, 8.

203 스크럼을 구조화하는 운동을 시작했다: "Ken Schwaber" and "Jeff Sutherland," Scrum Guides, http://www.scrumguides.org/ken.html and http://www.scrumguides.org/jeff.html. For a Scrum Guide, see http://www.scrumguides.org/docs/scrumguide/v1/Scrum-Guide-US.pdf#zoom=100.

206 추론의 사다리: Karen Christensen, "Thought Leader Interview: Chris Argyris," *Rotman Magazine*, Winter 2008, 13, accessed September 21, 2015, https://www.rotman.utoronto.ca/-/media/Files/Programs-and-Areas/Rotman%20Magazine/Thought%20Leader%20Articles/ThoughtLeader_Argyris.pdf.

208 캐롤 드웩: Carol Dweck, *Self-Theories: Their Role in Motivation, Personality, and Development* (Philadelphia: Taylor & Francis Psychology Press, 2000).

209 루브릭: David Grant, *The Social Profit Handbook* (White River Junction, VT: Chelsea Green, 2015).

211 리사 유스케이바게: Thomas Gebremedhin, "Good World to Be In: Interview with Lisa Yuskavage," Daily blog, *Paris Review*, April 29, 2015, http://www.theparisreview.org/blog/2015/04/29/good-world-to-be-in-an-interview-with-lisa-yuskavage/. "처음 뉴욕에 왔을 때 그런 그림은 내가 가진 많은 생각을 보여줬지만, 그것은 내적으로 엄청난 실패작이었어요. 그 후 1년 동안 그림 그리는 것을 그만뒀어요. 내가 느끼는 바를 표현할 수 없었어요. 마치 다른 사람을 위한 쇼 같았어요. 다시 진짜의 내가 되기 위해 노력했어요. 나는 예술이 고상한 사람들을 위한 것이라고 생각했고, 나도 그들 중 한 사람이 되기 위해 노력했어요. 그때 나는 내 그림에서 베레모를 쓰고 있었고, 새끼손가락을 올리고 있었어요. 그래요, 나는 가짜였어요. 나는 사기꾼이었어요. 부끄럽지만 그 방법 외에는 어떻게 해야 될지 몰랐어요."

212 다행히 실패했다: David A. Garvin, "How Google Sold Its Engineers on Management," *Harvard Business Review*, December 2013, https://hbr.org/2013/12/how-google-sold-its-engineers-on-management.

212 규모에 비해 비교적 평평한 조직이다: 위의 책.

214 차가운 수건을 머리에 두르고 그냥 일만 해야 한다: Said by Nicholas Serota in a strategic planning meeting, summer 2000. With permission.

214 냉장고에 낀 성에를 제거하는 것: Amy Poehler, *Yes Please* (New York: Dey St., 2014), x.

216 나는 매일 실패한다: Doerr, *Real Simple*, 59.

216 두 발을 바닥에 단단히 붙이고 타자기 앞에 앉아 있어야 한다": Shields, *Mockingbird*, 186.

Chapter 6: 집 짓기

220 비즈니스를 잘하는 것이야말로 가장 뛰어난 예술 능력이다: Andy Warhol, *The Philosophy of Andy Warhol (From A to B and Back Again)* (1975; reprint, London: Penguin Books, 2007), 88. See also Natasha Degen, ed., *The Market* (Cambridge, MA: MIT Press, 2013), 184.

222 펜실베이니아 대학교 와튼스쿨: Anne Freedman, "Making Waves on Their Own Ship," *Wharton Magazine*, Winter 2012, http://whartonmagazine.com/issues/winter-2012/making-waves-on-their-own-ship/.

222 닐이 위로를 건네며: Maureen Callahan, "The Right Frame of Mind," *Vanity Fair*, October 2012, accessed September 7, 2015, http://www.vanityfair.com/style/2012/10/warby-parker-glasses-frames.

223 바로 옆 라인에서는: Neil Blumenthal interview with author, February 26, 2013.

223 수직 통합형 구조: Halah Touryalai, "Ray-Ban, Oakley, Chanel or Prada Sunglasses? They're All Made by This Obscure $9B Company," *Forbes*, July 2, 2013, accessed September 7, 2015, http://www.forbes.com/sites/halahtouryalai/2013/07/02/ray-ban-oakley-chanel-or-prada-sunglasses-theyre-all-made-by-this-obscure-9b-company/.

223 사업가의 입장에서는 멋진 산업이지만, 소비자의 입장에서는 그렇지 않다: Neil Blumenthal interview with author, February 26, 2013.

223 안경 산업의 비즈니스 모델을 새롭게 구축했다: 위의 책.

225 2015년: Max Chafkin, "Warby Parker Sees the Future of Retail," *Fast Company*, March 2015, accessed September 21, 2015, http://www.fastcompany.com/3041334/most-innovative-companies-2015/warby-parker-sees-the-future-of-retail.

225 가장 엄격한 노동 감사 기업을 고용해: Neil Blumenthal interview with author, February 26, 2013.

225 노동 안전의 역사: 위의 책.

226 너트린식: "Company Overview of Nutrinsic Inc.," *Bloomberg Business*, accessed October 9, 2015, http://www.bloomberg.com/research/stocks/private/snapshot.asp?privcapid=36826619. See also Bob Rosenberry, "Oberon FMR: The 'FMR' Stands for Fish Meal Replacement," *Shrimp News International*, June 17, 2011, accessed October 9, 2015, http://www.shrimpnews.com/FreeReportsFolder/FeedsFolder/OberonFMR62011.html.

228 화병에 대한 폭력적인 광기: Jane Gleeson-White, *Double-Entry: How the Merchants of Venice Created Modern Finance* (2011; New York: W.W. Norton, 2012), 137 (quoting Wedgwood).

228 시계처럼 정확하게 움직이고: 위의 책, 137–38.

232 반스앤노블 : Chris Anderson, "The Long Tail," *Wired*, October 2004 (expanded into a book in 2006), http://archive.wired.com/wired/archive/12.10/tail.html?pg=3&topic=tail&topic_set=.

232 에어비앤비는 로드아일랜드디자인스쿨: Christine Lagorio-Chafkin, "Brian Chesky, Joe Gebbia, and Nathan Blecharczyk, Founders of AirBnB," 30 Under 30: 2010, Inc.com, July 17, 2010, accessed October 9, 2015, http://www.inc.com/30under30/2010/profile-brian-chesky-joe-gebbia-nathan-blecharczyk-airbnb.html.

234 유일한 입찰자: Mark Gongloff and Andrew Stein, "Halliburton Job Bigger Than Thought," *CNN Money*, May 7, 2003, accessed September 21, 2015, http://money.cnn.com/2003/05/07/news/companies/halliburton_iraq_con/.

235 피터 틸: Peter Thiel with Blake Masters, *Zero to One: Notes on Startups, or How to Build the Future* (New York: Crown Business, 2014), 7–8.

236 제레 롱먼: Jeré Longman "Lionel Messi: Boy Genius," *New York Times*, May 21, 2011, http://www.nytimes.com/2011/05/22/sports/soccer/lionel-messi-boy-genius.html?_r=0.

237 닐의 말에서도 알 수 있다: Neil Blumenthal interview with author, February 26, 2013.

238 에반 라틀리프: Evan Ratliff, "Vanish," *Wired*, accessed November 11, 2014, http://archive.wired.com/vanish/2009/11/ff_vanish2/all/.

238 매니저와 후원자: 위의 책.

239 팩스 기계와 같은 길: David Carr, "Long-Form Journalism Finds a Home,"

New York Times, March 27, 2011, accessed November 11, 2014, http://www. nytimes.com/2011/03/28/business/media/28carr.html?_r=1&.

239   에반은 더 많은 것을 할 수 없다는 사실에 : Evan Ratliff, interview with author, April 11, 2013; and Jeff Rabb, interview with author, December 1, 2014.

239   대학 풋볼 시즌: Amy Whitaker interview with Evan Ratliff.

240   이야기가 머물 수 있는 플랫폼을 만들어야 했다: The publicly available platform was originally called the Creatavist, and then renamed the Atavist. The content part of the Atavist's business was renamed the *Atavist Magazine*. Both the magazine and the platform formerly known as the Creatavist are referred to herein as the Atavist for simplicity. Evan Ratliff, correspondence with the author, October 12, 2015.

241   민주주의는 최악의 정부 형태다: Walter John Raymond, *Dictionary of Politics: Selected American and Foreign Political and Legal Terms*, 7th ed. (1978; Lawrenceville, VA: Brunswick, 1992), 124.

242   블랙 스완: Nasim Taleb, *The Black Swan: The Impact of the Highly Improbable*, 2nd ed. (New York: Random House, 2010).

247   그 외 나머지 식품은: Michael Pollan, *The Omnivore's Dilemma: A Natural History of Four Meals* (New York: Penguin, 2007), 18 – 19.

252   공동 전시회를 열었다: Katherine Markley, "25 Years of YBAs," *artnet News*, June 19, 2013, https://news.artnet.com/market/25-years-of-ybas-52819.

252   지역 시장: For more on this topic I recommend Adam Brandenberger and Barry Nalebuff, *Co-opetition* (New York: Crown, 1996). It is about conjoined competitive and cooperative strategies.

Chapter 7: 전체 그리기

256   나는 삶을 사랑한다: Eugene O'Neill, "To Malcolm Mollan, December 1921," in *Selected Letters of Eugene O'Neill*, edited by Travis Bogard and Jackson R. Bryer (1988; reprint, New York: Limelight Editions, 1994), 160.

258   뉴욕 갤러리 미첼-인스앤내시: Christopher Miner, Mitchell-Innes & Nash, accessed February 2, 2015, http://www.miandn.com/artists/christopher-miner/works/1/.

258   인간적이고: Ken Johnson, "Art in Review: Christopher Miner, 'Easter for the Birds,'" *New York Times*, February 13, 2009, http://query.nytimes.com/gst/

fullpage.html?res=9C05E0D81331F930A25751C0A96F9C8B63.

258 최신 프로젝트는 비디오가 아니라 '크로스타운'이다: "Eyesore Cured in Memphis," *Construction Equipment Guide*, Southeast Edition, August 18, 2015, http://www.constructionequipmentguide.com/Eyesore-Cured-in-Memphis/25998/. The building was, at its full original construction size, 1.5 million square feet. After its renovation, with added atria, it will be closer to 1.1 million square feet.

259 1965년 당시: "Amazon Before Amazon," Crosstown Concourse blog, May 18, 2015, http://crosstownconcourse.com/amazon-before-amazon.

259 보스턴에 있는 빌딩: Thomas Baily Jr., "Founding Partners' Commit to Lease Most of Memphis' Sears Crosstown Building," *Memphis Commercial Appeal*, August 19, 2012, accessed October 8, 2015, http://www.commercialappeal.com/business/founding-partners-commit-to-lease-most-of-memphis-sears-crosstown-building-ep-514683878-323870221.html. Called Landmark Center, the Boston building was completed in 2000.

259 시애틀에 있는 빌딩: Lee Moriwaki, "Old Sears Named Starbucks Headquarters," *Seattle Times*, June 7, 1997, http://community.seattletimes.nwsource.com/archive/?date=19970607&slug=2543322.

259 1971년에 있었던: *Citizens to Preserve Overton Park, Inc., et al., v. John A. Volpe, Secretary, Department of Transportation, et al.*, 401 U.S. 402 (91 S.Ct. 814, 28 L.Ed.2d 136).

260 멤피스는 뼈대가 탄탄한 도시지만: "The Ten Most Dangerous U.S. Cities," *Forbes*, accessed October 8, 2015, http://www.forbes.com/pictures/mlj45jggj/4-memphis/.

262 진저브레드 맨: Christopher Miner, interviews with author, spring and summer 2011. Todd Richardson, correspondence with the author, October 13, 2015.

263 레오나르도 다 빈치의 시대 이후: Bryan Boyer, Justin Cook, and Marco Steinberg, *In Studio: Recipes for Systemic Change* (Helsinki: SITRA, 2011), 30.

263 인류 역사의 시작부터: *TechCrunch*, August 4, 2010. Some people have disputed the second half of this statistic, about the amount of information up to 2003. See also Robert T. Moore, "Was Eric Schmidt Wrong About the Historical Scale of the Internet?," RJMetrics blog, February 7, 2011, http://readwrite.com/2011/02/07/are-we-really-creating-as-much.

263 제타바이트: Anton Andrews, Program at PopTech Conference, October 2014, Camden, Maine. See also: Vernon Turner, John F. Gantz, David Reinsel, Stephen Minton, "The Digital Universe of Opportunities: Rich

Data and the Increasing Value of the Internet of Things," International Data Corporation (IDC) White Paper, EMC Corporation, April 2014, accessed January 24, 2016, http://idcdocserv.com/1678.

264 숫자에 따른 컬러가 지정된 물감 파레트: William L. Bird Jr., *Paint By Number* (New York: Princeton Architectural Press in association with Smithsonian Institution, National Museum of American History, 2001), 3.

264 문화의 상업화와 기계화를 나타내는 성인의 은유: 위의 책, 3.

265 윌리엄 데레저위츠: William Deresiewicz, "Solitude and Leadership," *American Scholar*, March 1, 2010, accessed September 7, 2015, https://theamericanscholar.org/solitude-and-leadership/, and interviews by the author, February 3, 2012, and November 3, 2014.

265 성공적으로 통과할 것이다: Deresiewicz, "Solitude and Leadership."

265 질문을 만들지는 못하는: 위의 책.

266 별로 중요하지 않은 시험의 가벼운 문제조차도: Michael J. Lewis, "Children Who Never Play," *First Things*, September 23, 2014, accessed September 7, 2015, http://www.firstthings.com/web-exclusives/2014/09/children-who-never-play; interview by the author, November 18, 2014.

267 학부생 교육에 관한 연구: Angela Zhang, "Stanford Arts Institute to Pilot New Interdisciplinary Honors Program," *Stanford Daily*, August 8, 2013, accessed September 7, 2015, http://www.stanforddaily.com/2013/08/08/stanford-arts-institute-to-pilot-new-interdisciplinary -honors-program/. Also author interview with Susan McConnell, July 21, 2015.

267 생물학: Margaret Rawson, "Faculty Senate Hears, Debates SUES Report," *Stanford Daily*, January 27, 2012, accessed September 7, 2015, http://www.stanforddaily.com/2012/01/27/faculty-senate-hears-debates-sues-report/.

267 신경회로: Author interview, Susan McConnell, July 21, 2015.

268 우리의 잘못이 더 크다: Rawson, "Faculty Senate Hears, Debates SUES Report."

268 창조적 표현이라는 일곱 개 분야: 위의 책.

268 만들기 형태로 이뤄진 예술 수업: Author interview with Stephen Hinton, Denning Family Director of the Stanford Arts Institute and Avalon Foundation Professor in the Humanities and Professor of Music, July 21, 2015.

268 아너스 아트: Zhang, "Stanford Arts Institute to Pilot New Interdisciplinary Honors Program"; author interview with Susan McConnell, July 21, 2015.

269 우리는 학생들이 길을 잃고 혼란스러워하기를 바랍니다: Author interview with Susan McConnell, July 21, 2015.

269 세상 모두에게 도움이 되지요: 위의 책.

270 연과 같다: John Maeda, talk at Creative Mornings, August 4, 2011. See also CreativeMornings/Findings, accessed September 7, 2015, http://findings. creativemornings.com/post/8477645882/i-think-of-artists-as-kitemakers-the-wind-is.

270 STEAM 교육: Sophia Hollander, "STEAM Blends Scienceand the Arts in Public Education," *Wall Street Journal*, December 2, 2013, accessed September 7, 2015, http://www.wsj.com/news/articles/SB100014240527023047470045792240037212627922. See also: http://stemtosteam.org.

270 예술과 과학 모두 심오하게 그리고 종종 헤매면서 답을 찾으려고 한다. : John Maeda, "Artists and Scientists: More Alike than Different," *Scientific American*, July 11, 2013, accessed July 8, 2015, http://blogs.scientificamerican.com/guest-blog/artists-and-scientists-more-alike-than-different/.

271 고양이를 인식하게 하려면: Fei Fei Li, "How We're Teaching Computers to Understand Pictures," TED2015 Conference, Vancouver, British Columbia, March 17, 2015, accessed September 7, 2015, http://www.ted.com/talks/fei_fei_li_how_we_re_teaching_computers_to_understand_pictures/transcript?language=en, see transcript especially at 8:40 and 9:40.

272 민병대 대원: "Militia Company of District II Under the Command of Captain Frans Banninck Cocq, Known as the 'Night Watch,' Rembrandt Harmensz. van Rijn, 1642," Rijksmuseum, accessed September 7, 2015, https://www.rijksmuseum.nl/en/collection/SK-C-5.

272 방패: "The Night Watch," Museum Het Rembranthuis, accessed September 7, 2015, http://www.rembrandthuis.nl/en/rembrandt/belangrijkste-werken/de-nachtwacht.

272 사선 커리어 현상: Marci Alboher, *One Person/Multiple Careers: A New Model for Work/Life Success* (New York: Hachette, 2007), xi-xvi.

272 약제상: Michael Gelb, *How to Think Like Leonardo da Vinci* (New York: Delta/Random House, 1998), 25.

273 화학자: Edward Carr, "The Last Days of the Polymath," *Intelligent Life*, Autumn 2009, accessed September 7, 2015, http://moreintelligentlife.com/content/edward-carr/last-days-polymath.

273 NASA 유명 과학자들을 테마로 분장하는 것: Author interview and email with

Christopher Miner, July 2011.

275 수염고래: Cynthia Littleton, "Barbara Walters: Probing Questions and a Tall Tale of the Tree," *Variety*, April 8, 2014, http://variety.com/2014/tv/news/barbara-walters-probing-questions-and-a-tall-tale-of-the-tree-1201152684/.

279 새로운 생각이 일어나는 공간은 사람의 머릿속이 아니다: Paola Antonelli, Kwame Anthony Appiah, Linda Shearer, and Philippe de Montebello (moderator), "Keynote Panel: Looking Forward Ten Years: What Is the Museum of 2021?," Association of Art Museum Curators Conference, Metropolitan Museum of Art, New York, May 16, 2011. Panel description accessed September 7, 2015, http://c.ymcdn.com/sites/www.artcurators.org/resource/resmgr/keynote_panel.pdf.

279 카이저 소제: *The Usual Suspects*, directed by Bryan Singer (MGM, 1995).

280 도망 나온 바보: Walter Bagehot, "Adam Smith as a Person," in *Biographical Studies* (London: Henry Holt, 1899), 267–69.

280 집시: Adam Smith, *The Essential Adam Smith*, edited by Robert L. Heilbroner (New York: Norton, 1987), 4, originally in John Rae, *Life of Adam Smith* (London: Macmillan, 1895), 5.

281 인간은 어떻게 지금의 그가 되는가?: Bagehot, "Adam Smith as a Person," 268–69.

283 로프트를 구입한 예술가들: Susan Zukin, *Loft Living: Culture and Capital in Urban Change* (New Brunswick, NJ: Rutgers University Press, 1982); and Ann Fensterstock, *Art on the Block* (New York: Palgrave Macmillan, 2013).

283 학생들의 부담을 덜어줬다: "Rolling Jubilee Student Debt Buy," Strike Debt, September 16, 2014, accessed September 7, 2015, http://strikedebt.org/debtbuy4/.

283 오리건대학교: Tara Siegel Bernard, "Program Links Loans to Future Earnings," *New York Times*, July 19, 2013. http://www.nytimes.com/2013/07/20/your-money/unusual-student-loan-programs-link-to-future-earnings.html?pagewanted=all&module=Search&mabReward=relbias%3Ar%2C%7B%221%22%3A%22RI%3A7%22%7D; Dave Girouard, "How the Market Can Reign in Tuition," *Wall Street Journal*, October 4, 2013, A23.

284 빌 맥키벤: Bill McKibben, "Global Warming's Terrifying New Math," *Rolling Stone*, July 19, 2012, accessed September 7, 2015, http://www.rollingstone.

com/politics/news/global-warmings-terrifying-new-math-20120719.

284 비축된 석유: Bill McKibben, correspondence with the author, October 11, 2015.

284 그 정치인이 아니라 그의 경쟁자에게 기부하게 될 것이다: I had this idea while watching Lawrence Lessig answer an audience question at the event: "Design and Violence Debate IV: The Internet, Open Wide," Gabriella Coleman (for) and Larry Lessig (against), moderated by Paola Antonelli and Jamer Hunt, May 19, 2015. Someone asked Lessig if politicians consulted technologists as experts and he said that he often heard that these conversations were a preface to asking for money. See also Paola Antonelli, "Design and Violence Debate IV: The Internet, Open Wide," Design and Violence, Museum of Modern Art, May 19, 2015, accessed September 7, 2015, http://designandviolence. moma.org/design-and-violence-debate-iv-the-internet-open-wide/.

285 착공식: "Groundbreaking Event Feb. 21 for Sears Crosstown Redevelopment," *Commercial Appeal*, January 17, 2015, accessed September 7, 2015, http:// www.commercialappeal.com/news/local-news/groundbreaking-event-feb- 21-for-sears-crosstown-redevelopment_47604183.

285 신학자: Todd Richardson, "The Dilemma of Discovery," TEDx Memphis, August 29, 2015, https://www.youtube.com/watch?v=1LyIddnW67w. One particularly instrumental member of the expanded team not mentioned in detail here is McLean Wilson, who joined Todd as a co-leader, Crosstown Development Team, while Christopher Miner focused on running Crosstown Arts.

287 2억 달러: Joel Halpern, "Crosstown Project Secures $200M Financing; Announces New Name; Holds Groundbreaking Celebration," Press Release, Low Income Investment Fund, January 21, 2015, accessed January 25, 2016, http://www.liifund.org/news/post/crosstown-project-secures-200m- financing-announces-new-name-holds-groundbreaking-celebration/. The exact amount of the debt transaction led by SunTrust Bank was $80.5 million.

287 이런 대규모 프로젝트에는 찬성은커녕 반대만 가득합니다: Halper, "Crosstown Project Secures $200M."

287 밴드: Katie Fretland, "Crosstown Concourse Groundbreaking Marked with Stories, Music, and Rain," *Commercial Appeal*, February 21, 2015, http:// www.commercialappeal.com/news/crosstown-concourse-groundbreaking- marked-with-stories-music-and-rain-ep-947395517-324457351.html.

287 빛을 비추면서 보이는 곳의 끝까지 걸어가고, 그 후에도 계속 걸어가라: Todd
Richardson, Remarks, Crosstown Groundbreaking Ceremony, Memphis,
Tennessee, February 21, 2015. See also "Breaking Ground," Crosstown
Concourse blog, March 3, 2015, http://crosstownconcourse.com/breaking-
ground.

337

338

ㅊ

ㅋ

ㅎ

숫자 및 영문

창조적 습관을 만드는 예술적 생각법

아트씽킹

초판 1쇄 인쇄 2017년 3월 7일
초판 1쇄 발행 2017년 3월 13일

지은이 에이미 휘태커
옮긴이 정지현
펴낸이 정용수

사업총괄 장충상 **본부장** 홍서진 **편집장(2실)** 조민호
책임편집 조문채 **편집** 유승현 진다영
디자인 [★]규
영업·마케팅 조대현 윤석오 정경민 신다빈
제작 김동명
관리 윤지연

펴낸곳 ㈜예문아카이브
출판등록 2016년 8월 8일 제2016-000240호
주소 서울시 마포구 동교로18길 10 2층(서교동 465-4)
문의전화 02-2038-3372 **주문전화** 031-955-0550 **팩스** 031-955-0660
이메일 yms1993@chol.com **홈페이지** yeamoonsa.com
블로그 blog.naver.com/yeamoonsa3 **페이스북** facebook.com/yeamoonsa

한국어판 출판권 ⓒ ㈜예문아카이브, 2017
ISBN 979-11-87749-17-2 03320